杨国荣 著 作 集　|增订版|

心学之思
——王阳明哲学的阐释

杨国荣◎著

华东师范大学出版社
·上海·

图书在版编目（CIP）数据

心学之思：王阳明哲学的阐释／杨国荣著. 一增订本. 一上海：华东师范大学出版社,2021
（杨国荣著作集）
ISBN 978-7-5760-2371-8

Ⅰ.①心… Ⅱ.①杨… Ⅲ.①王守仁(1472—1528)
一哲学思想一研究　Ⅳ.①B248.25

中国版本图书馆 CIP 数据核字（2021）第 280960 号

杨国荣著作集（增订版）

心学之思
—— 王阳明哲学的阐释

著　　者　杨国荣
责任编辑　吕振宇
特约审读　袁子微
责任校对　姜　峰　时东明
装帧设计　卢晓红

出版发行　华东师范大学出版社
社　　址　上海市中山北路 3663 号　邮编 200062
网　　址　www.ecnupress.com.cn
电　　话　021-60821666　行政传真 021-62572105
客服电话　021-62865537　门市（邮购）电话 021-62869887
地　　址　上海市中山北路 3663 号华东师范大学校内先锋路口
网　　店　http://hdsdcbs.tmall.com

印刷者　上海雅昌艺术印刷有限公司
开　　本　700×1000　16 开
印　　张　23.5
字　　数　283 千字
版　　次　2022 年 1 月第 1 版
印　　次　2022 年 1 月第 1 次
书　　号　ISBN 978-7-5760-2371-8
定　　价　89.80 元

出版人　王　焰

（如发现本版图书有印订质量问题，请寄回本社客服中心调换或电话 021-62865537 联系）

目 录

1　导　论

17　第一章　为学、为道与为人
18　　一、早年经历与哲学问题的萌发
23　　二、多向度的探索
32　　三、龙场悟道
41　　四、事与思
52　　五、晚岁的弦歌诵读与哲学论辩

63　第二章　心体与性体
63　　一、历史的前导
75　　二、心体的重建
83　　三、心与理
89　　四、心体与内圣之境

95　第三章　心物之辩
95　　一、沉思存在的二重路向
102　　二、心与物：意义世界的建构
113　　三、天人之际：存在与境界

121　第四章　良知与德性
122　　一、成就德性

| 133 | 二、化德性为德行 |
| 139 | 三、德性与规范 |

149	**第五章　人我之间：成己与无我**
149	一、成己：成就自我
156	二、万物一体：个体间的沟通
164	三、无我的二重意蕴

173	**第六章　本体与工夫**
174	一、作为本体的良知
180	二、先天之知与后天之致
186	三、本体与工夫之辩
195	四、意见的悬置与解构

203	**第七章　知行合一**
204	一、知行秩序与过程
212	二、知行互动与人伦的理性化
215	三、销知入行与销行入知

223	**第八章　言说与存在**
223	一、心体与言说
228	二、名言与道
236	三、"说"与"在"

243	**第九章　心学的内在张力**
244	一、无善无恶与可能的存在
250	二、可能的展开
254	三、二重趋向与内在的紧张

261	**第十章　心学的分化与演变**
262	一、心体的展开与性体的回归
299	二、致良知说的衍化
312	三、心无本体,工夫所至即是本体
321	**附录　理学的衍化——从张载到王阳明**
365	初版后记
369	2021年版后记

导 论

中国哲学演变至宋明,理学逐渐成为其主流。作为宋明时期占主导地位的哲学形态,理学有广义与狭义之分:广义的理学又称道学,泛指宋明时期以心性的辨析为主要对象的一代思潮;狭义的理学则首先与程朱一系相联系,并与心学相对。尽管人们可以从不同的角度,将广义的理学区分为不同的系统,但就哲学衍化的内在逻辑而言,程朱一系的理学与心学的分野,无疑蕴含更重要的理论意义。

哲学之思总是展开于对自我与世界的无尽追问。在康德的哲学系统中,这种追问具体指向如下四个问题:我能知道什么(What can I know)?我应当做什么(What ought I to do)?我可以期望什么(What may I hope)？人是什么(What is man)？① 海德格尔认为,在以上四个问题之中,应特别注重第四个问题,即：人是什么(What is man)？② 这里涉及的是认识限度、道德实践、终极关怀以及人的存在与本质诸领域。尽管理学没有以这种分析的方式提出问题,但上述问题并未处于其视域之外。当然,较之近代西方哲学以分而论之的方式处理认识界限、道德实践、终极关怀以及人的存在与本质等问题,理学表现的是不同的立场：它在某种意义上将以上诸项化约为一个问题,即如何成圣(如何达到圣人之境)；从朱熹要求做"圣学功夫",到王阳明以成圣为第一等事,都表明了这一点。也正是在此意义上,人们往往将理学理解为"希圣之学"。③ 对理学来说,认识之维首先关联着成圣过程,道德实践具体展开为入圣功夫,终极的期望指向圣人之境,人的本真存在(人是什么)同样亦始终未曾离开内圣的人格。与这一思维趋向相联系,在理学中,本体论、认识论、伦理学以及终极关切呈现为彼此交融的格局。

正如康德试图通过考察人的认识能力以解决普遍必然的知识何以可能的问题一样,理学将心性的辨析视为解决圣人之境何以可能这一问题的切入点。当然,以心性之域为入手处,并不意味着由此展开的仅仅是单一的哲学路向。事实上,首先正是在心性之域,程朱一系的正统理学与心学表现出不同的立场。程朱以性为体,性又与理

---

① 康德在《纯粹理性批判》中提出了前三个问题,参见《纯粹理性批判·先验方法论》第二章第二节,在《逻辑学讲义·导言》中,他则进而提出了第四个问题。

② Heidegger, *Kant and the Problem of Metaphysics*, Bloomington: Indiana University Press, 1962, pp.214－215 及 *Basic Problem of Phenomenology*, Bloomington: Indiana University Press, 1982, p.9.

③ 钱穆：《朱子新学案》,成都：巴蜀书社,1986年,第47页。

合而为一;与性体的建构相应的,则是以性说心,化心为性;由此建立的,是一套以性体为第一原理的形而上学。与性体至上的形而上学系统相对,陆九渊将心提到突出地位,并以此为第一原理。不过,陆九渊对心体的理解本身具有二重倾向,①而其中的个体性规定则在陆的后学中逐渐开始向唯我论衍化。② 个体意义上的心与形而上之性的对峙,表现了理学的内在紧张。

在化解心性之辩的如上紧张方面迈出重要一步的是王阳明。与正统理学一再提升性体并将其形而上学化不同,王阳明的关注点首先指向心体,其思维所向,在于心体的重建。这里的重建,既意味着上接原始儒学的历史源头,亦表现为扬弃性体的超验性质与超越心的个体之维。以心即理为内在规定,心体成为心学的第一原理。尽管"心即理"这一命题并非由王阳明第一次提出,但正是在王阳明的心学中,它才与"良知"及"致良知"说相融合而获得了具体的内涵及多重理论意义。③

以心体的重建为逻辑起点,王阳明的心学对正统理学的教条提出了多方面的责难,并在一系列理论问题上展示出不同的理路,后者在某种意义上可以看作是哲学视域的转换。心性之辩在狭义上首先涉及主体的意识结构。性作为超越经验的规定,更多地体现了理性的品格,正统理学以性体为第一原理,意味着赋予理性以至上的性质;与之相联系的化心为性、融情于性等要求,则使主体意识中的非

---

① 参见本书第二章。
② 在陆九渊的学生杨简"天地,我之天地;变化,我之变化"(《家记一·己易》,《慈湖遗书》,卷七)这一类的议论中,便不难看到此点。
③ 从这一意义上看,狄百瑞认为心学真正的创立者是王阳明,而不是陆九渊,似乎并非毫无所见。参见 W. T. de Bary, *The Messages of The Mind in Neo-Confucianism*, New York: Columbia University Press, 1989, pp.72 – 73, 79 – 87。

理性之维难以落实。就其立论宗旨而言,性体的挺立,着重于在理性的层面将人与其他存在区分开来,并进而为成圣过程的自觉向度提供担保——在正统理学看来,正是理性的主导,构成了人超越感性存在的根据,并使走向内圣之境成为可能。然而,在性体至上的形式下,主体或多或少成为理性的抽象化身,而成圣的过程,亦表现为普遍的理性对个体的外在塑造,这种片面的理性化过程,似乎未能对如何使普遍的圣人模式成为主体的真实人格作出说明。相对于性体,心体的内涵呈现较为复杂的形态。作为精神本体,心体固然以理为内容,并相应地包含理性之维。但从本体论的层面看,心(mind)与身(body)又具有难以割断的联系,①后者则首先表现为感性的存在,这种本体论的事实,决定了心无法与经验内容绝缘;进而言之,心作为与身相联系的意识结构,同时又内含情、意等非理性的规定。这样,心体在总体上便表现为理性与非理性、先天形式与经验内容、普遍向度与个体之维的交融。对心体的如上规定,逻辑地关联着如何成圣的问题。如果说,理作为心体之中的先天规定保证了内圣之境的普遍性与成圣过程的自觉品格,那么,心体之中的个体之维则为普遍的内圣理想成为实有诸己的人格提供了某种根据:精神本体与个体存在的合一,逻辑地引向化人格境界为人的存在。

作为理的内化,性体与本质(essence)处于同一序列;正统理学以性体区分人与其他存在,同时意味着突出人的普遍本质。从儒学的历史演进看,人之为人的本质,很早就成为儒学的关注之点。儒家在天人关系上要求超越人的自然存在,在理欲之辩上要求抑制人的感性欲求,在群己关系上要求认同"大我",等等,都以不同方式确认了类的本质对个体存在的优先。正统理学挺立性体、以性说心,无疑上

---

① 理学中的心,并非单纯的 mind,而是表现为 mind-heart。

承了这一传统:它在某种意义上从形而上的层面展开了本质与存在之辩,而其基本的立场则是本质压倒存在。

作为哲学范畴,存在具有多重涵义,它可以指本体论意义上的"是"或"存有"(being),也可以指人存在于世意义上的"在"(existence)。本体论意义上的"是"或"存有"是一个涵盖面最广,但亦最为抽象(除了有之外,无任何其他具体规定)的范畴,而这一层面上的本质则意味着超越存在的无规定状态。与之有所不同,人在世意义上的"在",首先指向人的个体之维,并展开为具体存在形态(包括与身相联系的感性形态)与过程;相对于此的本质,则首先表现为人之为人的普遍规定,后者又始终关联着理性之维。在儒学的系统中,人的本质往往首先被理解为理性的本质,存在则常常被赋予感性的内涵;从而,理性对感性的优先,总是与本质对存在的超越相互交错。在正统理学所谓"饿死事极小,失节事极大"的教条中,便不难看到这一点。守节既是对理性规范的遵循,又是对形而上的普遍本质的认同;生死所涉及的则是感性生命及个体存在,在此,理性的至上性与本质的优先完全融合为一。就另一侧面看,本质内在地蕴含着"应当":作为人之为人的普遍规定,本质是每一个体都"应当"具有的;当孟子强调"无恻隐之心,非人也;无羞恶之心,非人也;无辞让之心,非人也;无是非之心,非人也"①时,他同时也以双重否定的方式确认了这一点。在类的分子"应当"具有这一意义上,本质同时成为一般的模式,本质对存在的优先,则意味着以这种一般的模式去塑造个体,亦即使每一个体都获得他"应当"具有的规定。作为先天的规定,本质对个体的塑造首先意味着将个体纳入划一的模式,朱熹要求"粹然以醇儒之道自律",即表明了这一点。同时,本质的既定性,亦使个体成为

---

① 《孟子·公孙丑上》。

一种被决定的存在:个体的存在形态,已先天地由其本质所预定。如果说,理性对感性的优先蕴含着存在的抽象化与片面化,那么,以一般模式规定个体则赋予个体存在以某种命定的性质,正统理学通过性体的形而上化而以本质压倒存在,内在地包含着以上二重路向。

较之性体的挺立所蕴含的如上倾向,心体的重建表现出不同的思维向度。如前所述,心体既以理为其普遍的规定,又与身及经验活动相联系;前者逻辑地对应于本质之域,后者则使存在的关注成为题中之义。作为理学家,王阳明始终未曾放弃对普遍本质的承诺,但同时,与心体内含的个体规定及经验向度相应,王阳明对存在的感性之维及多重样式亦有所注意。人作为超越自然的主体,固然应当维护理性的尊严,遵循理性的规范,但人又是具体而非抽象的存在,后者要求正视人的感性生命及情意等规定;正是有见于此,王阳明强调"无心则无身,无身则无心",并把情、意视为主体应有的规定。就个体存在的样式而言,个体的发展诚然受到普遍本质的制约,但存在本身又包含不同的可能,以这一事实为前提,王阳明主张"人要随才成就",并肯定"圣人教人,不是个束缚他通做一般"。相对于正统理学将感性之我视为"私有底物",要求达到"浑然天理",王阳明的如上看法,显然有所不同。可以看到,以心体转换性体,同时蕴含着从形而上的本质向个体存在的某种回归。

心性之辩不仅涉及人之"在",而且指向本体论意义上的存在——"是"或"存有"(being),后者在中国哲学中常常与天道观相联系。相对而言,早期儒家对天道问题讨论较少。宋明时期,随着理气、道器之辩的展开,天道问题亦受到了较多的关注。与提升普遍的性体相应,正统理学往往离开人自身之"在"(existence)去考察存在(being)。这种考察大致表现为两个向度,即宇宙论的构造与准逻辑的推绎,①前者(宇宙论的构造)侧重于以太极、二气、五行、万物等范畴来说明宇宙的生成、演化,后者(准逻辑的推绎)则是从理(形式)与气(质料)的逻辑关系上规定存在。这二重向度尽管着重点不同,但又蕴含着一种共同的趋向,即在人的认识活动(知)与实践活动(行)之外讨论存在。尽管作为儒学的延续,理学并没有完全离开人道与天道彼此沟通的思维趋向,但以上进路却多少表现出就天道而论天道的特点,后者使正统理学很难摆脱思辨的走向:所谓"宇宙论地说"与"准逻辑地说",本质上都是一种超验地说。

与正统理学的超验进路有所不同,王阳明对预设太极之类的形上本体很少表现出兴趣,他也无意在人的意识活动领域之外对理气等关系作出规定。从肯定心体与存在(人的存在)的内在联系出发,王阳明拒绝将本体世界的考察与人自身的存在分离开来。按王阳明的理解,人所面对的世界,总是关联着人的存在:"天地无人的良知,亦不可为天地矣。"这当然不是在实存的层面强调外部对象依存于人,它更多地着眼于意义关系。天地本是自在的,作为自在之物,它们往往表现为原始的混沌,亦无本来意义上的天地之分。天地作为"天地",其意义只是对人才敞开;就此而言,亦可说,没有主体意识及其活动,便无天地(即天地不再以"天地"等形式呈现出来)。依据心学的这一思路,人只能联系人的存在来澄明世界的意义,而不能在自身存在之外去追问超验的对象。质言之,人应当在自身存在与世界的关系之中,而不是在这种关系之外,来考察世界。从构造形而上的终极本体(理、太极)到关注人的存在(existence)过程中呈现的意义世界,这种转换在逻辑上对应于从超验的本质向个体存在的回归。

---

① 严格意义上的逻辑推绎往往表现为一种形式化的推论,理学显然并没有达到这一层面。这里的准逻辑,是就正统理学常常关注理气关系的逻辑定位而言。

从意义关系上看,天人之际总是关联着赋予意义的过程。在心学中,赋予意义的主体往往取得良知的形式。关于良知,不同的哲学系统往往有不同的理解。按正统理学的看法,良知"乃出于天,不系于人"①。出于天而不系于人,意味着赋予良知以超验的性质。对良知的这种界说,可以视为本质之超验化与本体之形而上化的具体展开。与提升性体相联系,正统理学更注重普遍的天理对个体的制约,事实上,当它强调良知出于天而不系于人时,亦意味着化良知为天理。就实践理性之域而言,天理所体现的,主要是形而上的理念,以天理规范个体,同时也就是贯彻和落实普遍的理念,这种看法带有某种理念伦理的性质。

相对于正统理学之化良知为天理,王阳明的注重之点在于化天理为良知。化良知为天理,着重的是良知"出于天"这一面;化天理为良知,则意味着展开"系于人"之维。从系于人这一路向看,重要的首先是由良知到德性的转换。对心学来说,良知固然内含知善、知恶等理性的分辨,但同时,它又应当通过行著习察的道德实践而化为实有诸己的真实存在,这种与人的存在融合为一的内在自我,在某种意义上即取得了德性的形式。作为实有诸己的人格,德性构成了道德行为所以可能的内在根据:从知善到行善的过渡,即以内在的德性为自因;而为善去恶的道德实践亦相应地表现为一个基于主体自律的过程。

与化良知为德性相关联的,是化德性为德行。德性既要通过具体的德行而获得现实的确证,同时又作为恒定的人格结构而统摄着主体的行为。德性对行为的这种统摄,与普遍规范对个体的制约显然有所不同。相对于德性之内含人格意蕴,普遍规范带有无人格的

―――――――――
① 朱熹《孟子集注·尽心上》所引二程语。

特点：它总是呈现为一般律令而超乎个体。在正统理学中，普遍规范往往取得天理的形式，作为道德命令，天理与自我构成了相互对待的二极，道德行为则相应地表现为"天之所以命我而不能不然之事"①。这种看法诚然注意到了道德的崇高性及道德行为的自觉向度，但它亦多少使规范带有某种强制的性质，并难以完全摆脱行为的他律性。与超验的天理不同，作为德性的良知和个体存在无疑有更为切近的联系。由天理颁布命令，行为往往具有异己的性质；以良知引导行为，则意味着扬弃对行为的外在强制：良知的呼唤本质上表现为主体的内在要求。如前所述，正统理学以天理为最高准则，要求自觉地贯彻普遍的道德理念，表现出某种理念伦理的趋向；心学以良知为真实的自我（内在人格），把道德实践理解为化德性为德行的过程，则蕴含了德性伦理的维度；在超越的天理到个体良知的回归之后，是理念伦理向德性伦理的转换。

德性作为主体的内在品格，以自我为其本体论意义上的承担者：成就德性逻辑地指向成就自我。正是以此为前提，王阳明一再强调为己、成己，要求超越日常世俗中的沉沦。从成就德性到成就自我，理论上的这种展开过程始终关联着心体与性体之辩。与性体更多地凸现普遍性原则不同，心体同时蕴含着个体性原则，后者既体现于主体的内在德性，亦展开于作为具体存在的"我"。当然，在心学中，成己与成圣具有内在的一致性：理想的"我"往往被理解为内圣的人格。按其本义，内圣则总是拒斥自我的封闭化，要求实现群体的价值。就现实形态而言，个体的存在总是蕴含着与他人的共在，由此便发生了个体间及自我与群体的关系。

王阳明将万物一体说引入群己关系之域，以此定位自我与群体、

---

① 朱熹：《论语或问》，卷一。

存在与共在的关系。万物一体在广义上既涉及天人之际,亦指向人我之间。就天人关系而言,万物一体意味着超越天人的对峙;就人我之间而言,其内在涵义则是主体之间从分离走向融合,亦即所谓"无有乎人己之分"①。不妨说,万物一体的主题,即是打通个体间关系。在万物一体的形式下讨论人我关系,当然不免带有思辨的色彩,但从心学的内在结构看,它又构成了不可或缺的一个方面。如前所述,王阳明以心立说,心建构意义世界,又具体化为德性而统摄行为,心体的这种提升与为己之说相结合,在逻辑上蕴含着个体原则过度强化的可能,万物一体论对抑制这种演化方向,无疑有其理论上的意义。

从天人之际到人我之间,心学的展开过程始终关联着致良知说。"良知"表现为先天本体,"致"则展开为后天工夫;致良知说逻辑地蕴含着本体与工夫之辩。从本体论上看,良知作为本体,构成了意义世界所以可能的根据。在这一领域,良知似乎获得了双重身份:它既是主体(主体意识),又是实体;意义世界的建构,同时即表现为主体通过意识活动赋予对象以意义的过程。尽管以良知为存在的根据仍然具有明显的思辨的性质,但它沟通实体与主体,肯定对存在的规定不能离开主体的意识活动,显然又不同于对超越的理世界作形而上的追问。良知的本体义不仅体现于心物关系,而且同时关联着成圣的过程。就后者而言,良知首先表现为至善的道德本原,"人皆可以为尧舜者,以此"。从更广的意义上看,作为精神本体,良知往往被视为先天的意识结构,这种意识结构同时又被理解为意义活动的先天条件。

与良知(本体)相联系的是致良知(工夫)。心学对先天与明觉作

---

① 《答顾东桥书》,《王阳明全集》,上海:上海古籍出版社,1992年,第55页。

了区分:良知的先天性固然担保了本体的普遍有效,但却无法使主体自始便达到明觉的形态,良知作为先天的意识结构,首先以本然的形态存在,唯有通过后天的致知工夫,先天之知才能化为明觉之知。"良知"与"致"的这种关系,既以知与行的互动为形式,又展开为本体与工夫的统一:"功夫不离本体,本体原无内外。"①其具体内涵表现为两个方面,即从本体上说工夫与从工夫上说本体。所谓从本体上说工夫,亦即对本体作先天的设定,并以此为工夫的出发点与前提;从工夫上说本体,则肯定本体固然是先天的,但并不是超验的,只有在后天的工夫展开过程中,先天的本体才能获得现实性的品格,质言之,不能离开现实的意识活动来谈精神本体。可以看到,心学对精神本体的如上理解,具有明显的二重性。

在本体与工夫的辨析中,值得注意的是从工夫说本体这一向度。从哲学史上看,休谟曾对内在精神实体(自我)的存在提出质疑,尽管休谟由此而忽视了意识的内在统一性,不免表现出狭隘的经验论立场,但他对离开意识活动而设定超验精神实体的批评,却并非一无所见。当代哲学中赖尔、维特根斯坦等对内在精神实体的消解,在某种意义上可以看作是休谟工作的继续,其中固然渗入了逻辑行为主义的偏狭眼界,但它对意识现象的形而上规定,显然亦有抑制作用。心学认为从工夫上说本体,"无心俱是实,有心俱是幻",②换言之,精神本体并非超然于意识的现实作用,这种思路无疑亦蕴含着扬弃本体超验性的意向。

当然,尽管心学对精神本体的超验性表现出疏而远之的立场,但它始终难以放弃对本体先天性的承诺。在心学之域,工夫的展开过

---

① 《传习录下》,《王阳明全集》,第92页。
② 《传习录下》,《王阳明全集》,第124页。

程,既与主体对本体的自觉把握(化本然之知为明觉之知)及德性的培养相联系,又涉及主体赋予存在以意义(广义的意义世界建构过程)。就后一方面而言,从本体说工夫主要便表现为本体在意义世界建构中的作用,唯有通过意识活动的现实过程才能实现,换言之,离开了赋予意义的后天工夫,本体作为意义建构的先天条件这一规定便缺乏现实性。不难看出,心学在此肯定的主要是意义活动及本体作用的过程性和历史性,而不是本体自身的过程性。从逻辑上看,意义活动总是离不开主体内在的意识结构,从科学的世界图景和解释模式的形成,到释义学意义上的解读本文,都以内在的意识结构为其"先见"。但另一方面,意识结构并不是预定不变的本体,它本身同样是历史地形成并处于历史转换的过程之中。如果仅仅注意意义活动的历史性与过程性,而忽视意识结构本身的历史性与过程性,那么,便很难避免形而上的虚构。心学强调"意之所在即是物",并肯定本体的作用展开于工夫的历史过程,固然表现了扬弃本体超验性的意向,但对本体的先天预设,却使它无法真正摆脱这种超验性。

不过,虽然心学没有完全超越对本体的独断看法,但却为这种超越提供了历史的前提。正是沿着从工夫说本体这一思路,黄宗羲后来进而指出:"心无本体,工夫所至,即其本体。"[1]所谓心无本体,首先意味着悬置心学预设的先天本体。按黄宗羲的观点,精神本体并不是先天既定的结构,它在本质上形成于精神活动(工夫)的过程,并以这一过程为其存在的方式;换言之,本体与工夫的统一不仅在于通过工夫而达到对本体的明觉,而且更在于离开工夫别无本体。这种看法已开始由意义活动(精神活动)的历史性,进展到意识结构(精神本体)的历史性。一方面,"意之所在即是物",精神活动在广义上表现

---

[1] 《明儒学案·序》,北京:中华书局,1985年,第7页。

为一个化本然世界为意义世界的过程,而这一过程又以内在的意识结构为根据;另一方面,"心无本体,工夫所至,即其本体",意识结构本身又形成并展开于精神活动的历史过程,本体与工夫在历史过程中达到内在的统一。从心学的本体与工夫之辩,到黄宗羲的"工夫所至,即其本体",既可以看到理论的深层转换,又表现为思想的逻辑演进。

心学之思以成圣为终极的追求,同时又不断指向存在(existence and being)及其意义。存在的探寻总是关联着名言之域与超名言之域:无论是内在的心体,抑或普遍之道,其"得"(获得)和"达"(表达)都难以离开名言的作用。心体与道能否说以及如何说,"说"与"在"如何定位,等等。对这些问题的思考,同时也使心学在更深的层面得到了展开。

在名言与心体的关系上,王阳明首先将心体理解为超乎名言之域(说不得)的本体。但是由心体的说不得,王阳明既未追随老子,走向带有神秘意味的玄观,亦没有像维特根斯坦那样,自限于和言说相对的沉默,而是将言意之辩与知行之辩联系起来。心体虽超乎名言(说不得),但却并非没有意义,不过,作为成圣的根据,这种意义主要不是借助言说与辨析来彰显,而是通过主体自身的存在来确证。这样,在王阳明的心学中,名言的辨析便从属于个体的自悟,言意之辩上的"说"则相应地转向了身心之学上的"行"。

就名言与道的关系而言,心学同时较多地认同了对道的非名言把握方式。当然,王阳明以心立说,道的规定逻辑地关联着心体。作为心学系统的展开,道的体认更多地指向成就德性,得道、悟道则具体表现为化道体为境界。在此,道的超名言维度取得了道与个体存在为一的形式。通过自悟而化道体为境界,最终总是落实于主体的在世过程。以名言论析道,可以在思辨的层面展开,亦即以言说为其方式，但道与个体存在的合一，则须通过存在过程本身来确证。道作为统一性原理，同时也构成了一种超越的理念，所谓"万物与我为一"，便可视为道的理念内化于主体意识而达到的境界。这种境界使人超越了个体的小我，形成为天地立心、为生民立命的浩然胸怀。作为一种真实的境界，与道合一并不仅仅表现为精神上的受用，它要求通过身体力行而展现于外。正是在此意义上，王阳明一再强调："人须在事上磨炼做功夫，乃有益。"①所谓知行合一，同时也意味着内在的境界与外在的践行之统一。总之，主体与道的关系，既非体现为思辨的论析，也非停留于消极的沉默和单纯的精神受用。化道体为境界与化境界为践行是一个统一的过程，而这一过程又始终以成圣为其终极的目标。

以心体的重建为逻辑前提，王阳明力图在心学的基础上化解形而上与形而下、个体性原则与普遍性原则、存在与本质、理性与非理性、主体与主体间、本体与工夫等内在紧张，从不同的层面对内圣之境何以可能作出理论上的阐释；在心学的逻辑展开中，本体论、伦理学、认识论等呈现为统一的系统。相对于程朱一系的正统理学，心学之思无疑表现出哲学视域的多方面转换；从更广的意义上看，心学又构成了中国哲学历史演进的重要一环。

当然，作为历史中的体系，心学本身又蕴含着内在的张力。如心即理、致良知这些基本命题所表明的那样，心学的思考一开始便呈现出二重品格：心体所内含的个体性规定与理所表征的普遍性规定、心所体现的存在之维与理所表征的本质规定、先天本体（良知）与后天的工夫，等等。这些关系应当如何定位，对心学而言始终是一个理论的难题。在晚年的"四句教"中，王阳明试图提升个体并确认其存在

---

① 《传习录下》，《王阳明全集》，第92页。

的多重向度,但又难以放弃普遍本质对人的预定;试图扬弃本体的超验向度,但又无法拒斥对本体先天性的承诺。这种理论上的张力,亦表现了心学在哲学上的转换特征,而从心学本身的历史演进看,以二重性为表现形式的内在紧张,又进一步引发了王门后学的分化。

第一章
为学、为道与为人

王阳明,名守仁,字伯安,生于明成化八年(1472),卒于明嘉靖七年(1529)。祖籍浙江余姚,自其父始迁居山阴。曾修学讲论于越城附近的阳明洞,故有阳明之号,并以此行于世。

哲学家的生平往往很平淡。尽管他们的思想可以"极高明",并产生震撼人的力量,但其哲学的沉思却常常伴随着宁静单一的书斋生活。康德在这方面提供了典型的范例。这位哥尼斯堡的哲人诚然在哲学上进行了一场所谓哥白尼式的革命,但终其一生,却几乎没有离开过他生活其间的小城。他时钟般的刻板生活,似乎构成了近代学院哲学家的经典范式。相对于这一类的学院哲学家,王阳明的一生显得颇不平凡。作为哲学家,他固然有过龙场悟道之类的哲学沉思,但这种沉思并非完成于宁静安逸的书斋,而更多地是以居夷处困、动心忍性等人生磨难为背景。从早年哲学问题的萌发,到晚岁的哲学总结,王阳明的哲学历程与其曲折的人生旅程处处融合在一起,为学、为道与为人则相应地展开为一个统一的过程。

一、早年经历与哲学问题的萌发

王阳明的祖先常被追溯到晋代著名书法家王羲之,这种谱系是否可靠,现在已不易考定。王阳明的六世祖为王纲。王纲(1302—1372)在明代初年曾由刘伯温的推荐,出任兵部郎中,后升为广东参议,1372年因苗民起事死于增城,明廷特建祠加以表彰。这位先祖无疑使其后代引以自豪,而其忠烈节义则对他们产生了绵绵不断的影响。一百多年后,王阳明受命安抚广西,在归途中特意绕道增城,拜谒了其先祖的祠庙,并留下了他一生中最后一首诗:"我祖死国事,肇禋在增城。荒祠幸新复,适来奉初蒸。……病躯不遑宿,留诗慰殷勤。落落千百载,人生几知音? 道同著形迹,期无负初心。"[①]历史仿佛有意安排王阳明去继续其先祖的未竟之业,而二者的归宿似乎也有惊人的相似之处。这里既有对先祖的缅怀,又有未负先祖之志的自慰。时光虽然逝去了一个多世纪,但先祖的精神感召却依然可见。

相对于六世祖,祖父王伦的影响无疑更为切近。王伦(?—1490)字天叙,早年便熟读经史,对《仪礼》、《左传》、《史记》等功夫尤深。其学识德行颇闻于浙东、浙西,往往被争聘以教授子弟。王伦为人淡于名利,旷达洒落,善鼓瑟,常弄曲吟诗于清风朗月之下,时人比之陶渊明。平生爱竹,庭院四周环种青竹,并时时啸咏其间,由此得

---

① 《书泉翁壁》,《王阳明全集》,第799页。

竹轩先生之号。王阳明少时常跟随其祖父,王伦的经史修养及旷达磊落的胸襟,无疑构成了王阳明成长的重要背景。

王伦虽有名士风度,但并不显达。到了王阳明父亲王华,王门的家境开始改观。王华(1446—1522)字德辉,别号实庵,晚年号海日翁。自幼好学,曾读书于窗下,时值阳春,邻里孩童相与外出戏游,王华独安坐读书不辍。母亲劝他不妨暂出观春,王华答曰:"大人误矣。观春何若观书?"其苦读如此。三十四岁中举,翌年以状元及第,并授官翰林院编修。后又任东宫辅导,为太子讲读。至致仕(退休)时,已官至南京吏部尚书。王华讲学谨守圣门,为人坦诚醇厚,事母至孝。父亲的这种品格和气质,对王阳明早期精神的发展,不能不产生潜移默化的导向作用。

王阳明生于成化八年(1472)。据年谱记载,王阳明出生前一天,其祖母岑氏"梦神人衣绯玉,云中鼓吹,送儿授岑,岑惊寤,已闻啼声"。《阳明先生行状》亦录下了类似神梦:"天神抱一赤子,乘云而来,导以鼓乐。"王伦得知此梦,觉得非同寻常,于是以"云"名之,而乡里亦颇传此梦,并将王阳明出生之楼称为"瑞云楼"。这种逸闻不免有其玄秘之处,但在天神送儿的神秘传闻中,却无疑寄寓着王门对这位后代的厚望。

然而,尽管其诞生过程经过了种种渲染,但直到五岁,王阳明仍不能开口讲话。据说五岁这一年的某日,一位僧人途经王阳明的住地,见了王阳明便不由感叹:"好个孩儿,可惜道破。"以"云"为名,既象征着云中送儿,又意味着彰显了此事。祖父王伦由僧人之言而悟,于是改"云"为"守仁",而王阳明随即便能说话。"守仁"源出于《论语·卫灵公》:"知及之,仁不能守之,虽得之,必失之。"有关僧人的传闻当然未必可信,但易名一事则自有其寓意。如果说,以"云"为名表现了对天神云中送儿此种玄秘之梦的回应,那么,改名"守仁"则隐隐地寄托着认同儒学正道的期望。尔后阳明所接受的教育,也确实主要以儒学为中心。

王阳明开口虽晚,但悟性甚高。曾背诵祖父王伦所读之书,王伦颇为惊讶,询问后方知其孙乃是在听他平日诵读时所默记。王阳明十一岁那年,父亲王华在京师任职,王阳明亦随祖父王伦赴京师。途经金山寺,王伦与客畅饮,酒酣耳热之后,拟相与赋诗。沉吟未成,王阳明已从一旁赋就:"金山一点大如拳,打破维扬水底天。醉倚妙高台上月,玉箫吹彻洞龙眠。"客闻诗大惊,令阳明再赋《蔽月山房》诗,阳明随声而应,即席又吟一首:"山近月远觉月小,便道此山大于月。若人有眼大如天,还见山小月更阔。"[①]此二诗是否为王阳明少时所作,阳明少时才思是否如此神捷,现已很难考定,但王阳明在早年已表现出过人的文学天赋,恐怕还是事实。后来王阳明在京师与李梦阳等"以才名争驰骋",显然并非出于偶然。

至京师的第二年,王阳明正式入塾学,接受较为系统的儒学教育。相对于其他学童,王阳明似乎显得有些早熟,常面对书册,静坐凝思,其所思所想的,往往是一些具有终极意义的问题。一次,他向塾师提出了一个很不寻常的问题:"何为第一等事?"塾师随口回答:"惟读书登第耳。"对这一答复,王阳明不以为然,他明确表述了与塾师不同的看法:"登第恐未为第一等事,或读书学圣贤耳。"[②]学圣贤亦即成圣,按王阳明的理解,第一等事也就是如何成圣。在十二岁的少年那里,这种发问也许显得过于严肃和沉重,但它却可以被看作是哲学问题的朦胧萌发。哲学史上,不少哲学家在童年或少年时代已孕育了最初哲学问题。卡尔·波普尔曾在其哲学回忆录中写道:"当我

[①] 《年谱一》,《王阳明全集》,第1221页。
[②] 《年谱一》,《王阳明全集》,第1221页。

还是一个孩子,也许是八岁的时候,我就偶然碰到了其中的一个哲学问题。"这个问题便是如何理解空间的无限性。① 不同的文化背景,使哲学家的早期探索形成了不同的方向,然而在早年萌发问题这一点上却又颇为相近。当然,在少年王阳明那里,如何成圣的哲学问题还具有自发的特点,对"第一等事"的追问,乃是随着其思想的不断成熟而逐渐取得自觉的形式。

以成圣(学圣贤)为第一等事,并不意味着仅仅关注内在的德性。据《年谱》记载,少年王阳明常"豪迈不羁"。冯梦龙在《王阳明先生出身靖乱录》一书中叙录了王阳明"豪迈不羁"的若干事例。其一是:阳明少时对军事游戏甚感兴趣,常与其同伴模仿攻战,有时甚至不惜逃学。另一为:王阳明生母去世后,其父亲的侧室经常虐待他,阳明忍无可忍,于是买通一巫婆,用计警吓其庶母,使之不得不从此收敛。这种少时逸事是否真实,已难核证,但王阳明少时即表现出某种豪狂之气,则并非虚构,从阳明后来的回忆中亦可看到这一点。一些论者认为,成圣的志向与豪迈不羁似乎"很难协调一致"。其实,圣与狂并非不相容,在成圣的过程中,豪狂往往构成了一个重要的环节。直到晚年,王阳明仍然认为:"狂者志存古人,一切纷嚣俗染不足以累其心,真有凤凰千千仞之意,一克念即圣人矣。"②这里所肯定的狂,与少时的豪迈不羁,显然有着历史的联系。不妨说,豪狂之气绵延于王阳明的一生,并构成了其重要的性格特征。

成圣内在地包含着对天下之事的关心。十五岁时,王阳明便留心边事,"慨然有经略四方之志"。曾出游居庸关,"询诸夷种落,悉闻

---

① 卡尔·波普尔:《无穷的探索——思想自传》,福州:福建人民出版社,1984年,第10—12页。
② 《传习录拾遗》,《王阳明全集》,第1168页。

备御策;逐胡儿骑射,胡人不敢犯。经月始返。"①这里同样可以看到一种凛然豪气,以天下为虑的志向与驰骋疆域的抱负在少年王阳明那里相辅相成地融合在一起。此时的王阳明对汉代名将马援甚为推崇,曾梦谒伏波将军庙,并赋诗一首:"卷甲归来马伏波,早年兵法鬓毛皤。云埋铜柱雷轰折,六字题文尚不磨。"②四十多年后,王阳明出征广西,归来的途中,虽已重病在身,但仍特意拜谒马援庙。尽管这时王阳明已年近六十,然而少年时代的梦与诗却依然记忆真切。在重录数十年前旧作时,王阳明又深有感慨地赋新诗二首,其中一首的开头为:"四十年前梦里诗,此行天定岂人为!"③四十年前的梦境与四十年后的实境之间的近似,似乎具有一种象征的意义,它多少表现了早年追求与晚岁境界的某种一致。

弘治元年(1488),王阳明十七岁。这一年,王阳明从京师赴江西南昌,迎娶其外舅江西布政司参议诸养和之女。居南昌一年,王阳明主要潜心于练习书法,每日坚持,离南昌时,已用去了数箧纸,书法由此而大进。当然,对王阳明来说,练字并非仅仅旨在书法长进,它同时具有涵养的意义。阳明后来回忆道:"吾始学书,对模古帖,止得字形。后举笔不轻落纸,凝思静虑,拟形于心,久之始通其法。……古人随时随事只在心上学,此心精明,字好亦在其中矣。"④这里诚然明显地渗入了其思想成熟后形成的心学观念,但同样确定的是,王阳明尔后的心学建构与其早期的涵养体贴并非前后隔绝。

1489年,王阳明偕夫人由南昌归余姚。途经广信(上饶),曾特意

---

① 《年谱一》,《王阳明全集》,第1222页。
② 《年谱一》,《王阳明全集》,第1222页。
③ 《谒伏波庙二首》,《王阳明全集》,第797页。
④ 《年谱一》,《王阳明全集》,第1222页。

去拜谒了娄谅(1422—1491)。娄谅(别号一斋)是明代初年著名理学家吴与弼(1391—1469)的弟子,吴与弼在哲学上以朱学为正统,但又在某种程度上表现出心学的倾向,这种为学旨趣无疑也影响了其门人。从王阳明思想发展行程看,与娄谅的会面显然是一个重要的事件。黄绾在《阳明先生行状》中,对这次会见作了如下记载:"明年,还广信,谒一斋娄先生。异其质,语以所当学,而又期以圣人为可学而至,遂深契之。"娄谅所言的要点是圣人可学而至(《年谱》录为"圣人必可学而至"),它规定了终极的价值目标(成圣),又肯定了这一目标可以通过学而实现。对成圣的这种承诺,与少年王阳明对第一等事的追问,存在着惊人的一致之处,正是二者的这种一致,使王阳明在闻知娄谅之说后,很快便加以认同(深契之)。

就人生旅程而言,婚姻关系的建立可以看作是生活的一种转折;就思想发展的历程而言,对成圣的认同则意味着哲学问题开始超越早期的自发形态。《年谱》在阳明见娄谅这一条中写道:"是年先生始慕圣学。"认为王阳明于是年始慕圣学,当然未必确切,但若认定这一年具有某种象征或标志的意义,则并非毫无根据。如前所说,如何成圣作为第一等事而构成了王阳明早期的哲学问题,而这一问题从最初的朦胧萌发,到由深契而取得较为自觉的形态,无疑标志着其哲学童年的终结。

二、多向度的探索

自南昌返归余姚后,王阳明开始了对第一等事多向度的沉思。这一时期,阳明极为勤勉,日间与诸生相与论析经义并准备举业,夜晚则广读经史子集,常持续到深夜。苦读如此,当然绝非仅仅为了科举的成功,这一点,其同学诸生亦已经有所意识:"彼(阳明)已游心举业外矣,吾何及也!"①他们看到了阳明之志已超乎举业,但并不十分清楚阳明究竟游心于何方。事实上,按其思想发展的内在逻辑,王阳明的真正兴趣所在,乃是形而上的哲学问题(第一等事)。

王阳明谒见娄谅时,娄谅曾向他提及"宋儒格物之学"。这使他对宋学,尤其是朱熹的理学发生了兴趣。在一段时间中,阳明曾"遍求考亭遗书读之",对朱熹的哲学颇下了一番功夫。朱熹以为一草一木兼含至理,格物要以天下之物为对象,根据朱熹的格物之说,王阳明曾与一位钱姓的朋友一起面对亭前之竹,以格其中之理。钱氏早晚默坐,竭其心思,到第三天,便劳神成疾。王阳明开始还以他这位朋友精力不足,但自己坚持了七天,也终于因耗神过度而病倒了。对朱熹格物方法的身体力行,不仅没有使王阳明得到任何收获,反而以致疾而告终,这种结果不能不使阳明对朱熹哲学产生某种怀疑。从理论上看,青年王阳明对朱熹思想的如上理解是否准确,固然颇有问题,但值得注意的是,在这种理解中,已蕴含着尔后阳明与朱熹分歧的契机。

不过,"亭前格竹"的失败,固然使阳明对朱熹哲学有所怀疑,但当时的王阳明并未就此与朱学分道扬镳。在相当程度上,阳明还将格竹毫无成效归之于自身天赋有限。若干年后,王阳明又读朱熹的著作,对其《上宋光宗疏》一文颇有所悟。在此文中,朱熹写道:"居敬持志,为读书之本;循序致精,为读书之法。"阳明以此反观往日读书过程,认为自己涉猎虽广,但未能循序以进,故所得甚少。于是,又按朱熹的方法,循序而进,苦读深思。然而,这种方法虽使王阳明在义理的理解上有所长进,但却未能解决物理与吾心的统一问题:"物理吾心,终若判而为二也。"②这一问题长久地困扰着王阳明。如此反复

---

① 《年谱一》,《王阳明全集》,第 1223 页。
② 《年谱一》,《王阳明全集》,第 1224 页。

潜心苦思,最后王阳明又一次沉郁成疾。循沿朱学所导致的这种结果,无疑加深了王阳明对朱熹哲学的怀疑,并促使他寻找不同的探索方向。

弘治十年(1497),王阳明的兴趣一度转向兵家。当时边报甚急,朝廷迫切需要各种将才,而读书求道又一时苦无所得,这种情势,使王阳明少年时代便已萌发的经略四方之志重又再现。当然,王阳明已不满足于弓马骑射,他更关注的是军事理论。在他看来,设立武举,至多只能发现骑射搏击之士,却难以觅得韬略统驭之才,而天下之安更依赖具有军事理论素养者。"于是留情武事,凡兵家秘书,莫不精究。"[1]每逢友人来访或宴客,常排列果核如阵势状,以此为戏。对兵家和兵法的这种投合,当然并非仅仅出于好武,它始终从属于安天下之志向,而在阳明那里,安天下则是成圣的题中之义。就此而言,切入兵家并未离开对第一等事的追寻。

也正因精究兵家不同于偶然的偏好,故其持续的时间颇长。直至王阳明进士及第,任职京师,其军事兴趣依然未减。阳明于弘治十二年(1499)以南宫第二名通过会试,随后至工部任职。同年秋天,受命督造威宁伯王越墓。这本是普通的民用工程,但王阳明却借此机会演练兵阵。他首先收集了王越在历次战役中布兵用阵的材料,仔细加以研究,然后将工匠役夫以什伍之法加以编排,得暇即指挥他们演八阵图,以初试兵法。当时瓦剌虎视眈眈于西北边境,王阳明特上《陈言边务疏》,提出了蓄才以备急,舍短以用长,简师以省费,捐小以全大等一整套御边战略。这些事实表明,在青年王阳明那里,成圣的追求始终没有离开外王的关怀。

精究兵家之外,王阳明还用力于辞章之学。如前所述,少年王阳

---

[1] 《年谱一》,《王阳明全集》,第1224页。

明已初露其过人的文学天赋,经过多年苦读积累,其文学素养又有明显提高。王阳明于二十一岁乡试中举,但此后在举业上却历尽坎坷,1493年与1496年两次参加会试,均告落第。尽管当同舍有人以不第为耻时,王阳明还安慰说:"世以不得第为耻,吾以不得第动心为耻。"①但二度落第,毕竟不能不使人产生某种惆怅之情,而冷峻的兵法、面壁式的向外格物,显然难以给情感世界以充分的慰藉。于是,游心于诗境便成为自我排遣的自然方式。第二次会试落第后,王阳明回到余姚,在龙泉山寺组织了一个诗社,时与诗友对弈联诗。前布政司魏瀚平时以雄才自恃,但与王阳明联诗时,佳句却常为阳明所得,以致不得不感叹:"老夫当退数舍。"由此亦不难想见阳明当时横溢的才气。当然,王阳明之志并不在斗诗争胜,对阳明来说,文学创作作为一种审美活动同时具有陶冶性情的意义。

  进士及第后,王阳明来到了作为文化中心的京师。当时的文化界,正是明前七子活跃之时。前七子的领衔人物是李梦阳(1472—1527)、何景明(1483—1521)等,他们以复古为旗帜,"倡言文必秦汉,诗必盛唐",一反明初台阁体,在文坛颇开风气。也许受这种文化氛围的影响,王阳明此时也十分倾心于诗文,并与李、何等"以才名争驰骋"②。李、何辈在当时已是文学界名流,阳明能与之彼此驰骋,足见其文学造诣已达到相当境界。后来纪昀在《王文成全书·提要》中说王阳明"为文博大昌达,诗亦秀逸有致,不独事功可称,其文章自足传世也"③,这种评语显然并非虚发。

  不过,尽管王阳明已可与李、何等辈在文坛上一见高下,但彼此

---

 ① 《年谱一》,《王阳明全集》,第1223—1224页。
 ② 《阳明先生行状》,《王阳明全集》,第1407页。
 ③ 《四库全书·集部·二〇四》。

的旨趣却并不完全相同。如前所述,阳明虽泛滥于辞章,但并不自限于此。诗文创作与审美活动在王阳明那里总是关联着求道的过程。王阳明一生留下为数可观的诗与文,它们录下了他探索"第一等事"的心路历程,也映现了他内在的情感世界。尽管后来阳明不再唱和于文坛,但艺术对德性的陶冶作用却始终没有被忽略。直到晚年,王阳明仍然认为,志于道与游于艺并非不相容,道如住宅,艺则是对住宅的文饰和美化,一旦志于道,则游于艺便有助于德性的培养:"如诵诗、读书、弹琴、习射之类,皆所以调习此心,使之熟于道也。"①从这些方面看,后来湛若水、钱德洪、黄宗羲等说阳明为学数变,并以驰骋辞章为数变之一,固然有见于阳明早年思想的演化,但却似乎未能充分注意阳明思想中前后一致这一面。

当然,诗文作为艺,诚有助于调习此心,但沉溺于此,亦可能偏离"第一等事"。王阳明后来也意识到了这一点,并开始逐渐疏离当时的文学圈。王阳明的弟子王畿曾追叙了阳明这一时期的思想变化:"弘正间,京师倡为词章之学,李、何擅其宗,先师更相倡和。既而弃去,社中人相与惜之。先师笑曰:'使学如韩、柳,不过为文人,辞如李、杜,不过为诗人,果有志于心性之学,以颜、闵为期,非第一等德业乎?'"②这一叙录可能来源于王阳明的晚年回忆。尽管这段话也许渗入了阳明某些后期思想,但其中提及阳明以追寻第一等德业为志向,并领悟到仅仅游心于诗文难以满足这种终极的追问,则显然合乎王阳明发端于早年的思想衍化逻辑。

根据《年谱》记载,王阳明疏离辞章之学后,便于弘治十五年(1502)告病回越,筑室阳明洞,行导引术。导引在当时主要属道教一

---

① 《传习录下》,《王阳明全集》,第100页。
② 《明儒学案·浙中王门学案二》,第253页。

第一章 为学、为道与为人

系的修行方法,阳明潜心于此,显然表现了对道教的某种认同。事实上,早在1488年,王阳明已开始对道教发生了兴趣。这一年阳明到南昌完婚,举行婚礼这一天,阳明信步走入一个名为铁柱宫的道观,见一道士静坐榻上,便向他请教有关养生之论。听了道士解说后,阳明若有所得,于是与道士相对而坐,直至破晓。冯梦龙在《王阳明先生出身靖乱录》中述录了道士对王阳明所说的一段话:"道者曰:养生之说,无过一静。老子清静,庄子逍遥,惟清静而后能逍遥也。因教先生以导引之法,先生恍然有悟。"这或许不完全是虚构,在阳明日后的教法中,我们似乎仍可隐隐地看到其影响。铁柱宫的这一番经历,也许是王阳明接触道教的开始,而在此后相当长的一段时间中,阳明每每对道教心向往之。

弘治十一年(1498),王阳明依朱熹之教循序读书,不仅所得甚微,而且郁思致疾。苦闷彷徨之余,又与道士谈养生,一度产生了"遗世入山之意"。此时距铁柱宫之行已差不多有十年之久,王阳明的思想较十年前无疑更为成熟,因而这种意向显然不同于少年时代的偶然冲动。三年后,王阳明奉命至江北审查案件,事毕,便前往九华山观景览胜,沿路止宿于无相寺、化城寺等处。当时山中有一位道士叫蔡蓬头,善谈仙道,阳明慕名前去拜访。然而尽管王阳明礼节周到,但蔡蓬头却似乎不愿与阳明深谈,只是一再含糊其辞地说"尚未"。在王阳明的一再恳请下,蔡蓬头才说:"汝后堂后亭礼虽隆,终不忘官相。"结果二人相视一笑,就此道别。蔡蓬头的评语颇有意味。官相似乎象征着儒家的圣王境界,不忘官相背后所隐含的,是未能忘怀儒家的圣王之境。这一时期,王阳明的心态确乎较为复杂。宋儒的理论进路固然扞格不通,但成圣的志向却又难以放弃;遗世入山诚然有其吸引力,但归隐山林又与平治天下相冲突。蔡蓬头的那一番话,有意无意地触及了阳明思想中的这种内在紧张。

除蔡蓬头外,九华山还有一位异人,居住地藏洞,坐卧于松叶之上,以生果为食。王阳明闻其名,特意攀登危崖险壁前去访问。找到岩洞时,这位异人正蒙头熟睡。阳明静坐其侧,直到他醒来。异人见阳明来访,甚感意外,问他路途艰险,何以至此。谈到何为学问的上乘,异人评价道:"周濂溪、程明道是儒家两个好秀才。"王阳明后来曾第二次上山拜访这位异人,但异人已远徙他处,据《年谱》说,这使阳明不免有"会心人远之叹"。[①] 异人是道教一系人物,但却肯定儒家中亦有见道者,而王阳明则将其引为知音,这里既有对儒的认同,又有对道的倾心,其心境很难一语道尽。

江北之行差不多历经一年,而其中相当一部分时间是在游历道观与寺院中度过的。弘治十五年(1502),王阳明回京复命。此后一段时间,阳明又开始了进一步的沉思探索。常常日间处理案牍,晚上挑灯夜读,从五经到先秦两汉诸书,广为涉猎。尽管此时王阳明已过而立之年,但求道的热忱却丝毫不减当年,几乎每日苦读到深夜。过度的思虑积劳,终于使阳明身染呕血之疾。王阳明的体质一直较为虚弱,向有"咳嗽之疾",现又加上呕血,这使他不能不下决心作一较彻底的调治,于是便有前文提及的告假养病之举。

王阳明本来便对养生怀有兴趣,身患沉疴更使他寄希望于道教的养生术。归越之后,便居阳明洞,静坐并行导引之术。"久之,遂先知。一日坐洞中,友人王思舆等四人来访,方出五云门,先生即命仆迎之,且历语其来迹。仆遇诸途,与语良合。众惊异,以为得道。"[②]阳明是否真修就了如此神奇的先知术,现已无法断论,可以由此推知的也许是,阳明此时对道教的某些方术已有较深契入。不过,值得注意

[①] 《王阳明全集》,第 1225 页。
[②] 《年谱一》,《王阳明全集》,第 1225—1226 页。

的是,这一阶段王阳明对导引术等的身体力行,已不完全是一种义理上的认同,毋宁说,他更多地把它们看作为一种术(养生之术或其他方术)。"先知"(预测未来)固然玄之又玄,但后来王阳明便意识到这种方术徒然浪费精力,"非道也"①。而王阳明所追求的,依然主要是作为第一等事的道。

道与术的区分,已蕴含了王阳明与道教分道扬镳的契机。尽管由于体弱多疾,加之较长时间隐居静坐,阳明似乎已难堪世间的纷嚣,并一度再次萌发"离世远去"之念,但道教对他来说毕竟非"道",因而难以满足他对第一等事的追求。相反,人伦关怀却如此强烈,以致即使在出世意向萌发之时,他仍无法忘却对父辈与祖辈的责任:"已而静久,思离世远去,惟祖母岑与龙山公在念,因循未决。"②在儒与道的这种冲突中,前者最终压倒了后者。《年谱》对此作了如下记载:"久之,(阳明)又忽悟曰:此念生于孩提。此念可去,是断灭种性矣。"③不难看出,王阳明对第一等事的追寻,蕴含着一个基本的出发点,即儒家的人伦原则,而对阳明来说,这种原则即植根于人的本性之中。作为告别道教的象征,王阳明于翌年(1503)离开阳明洞,前往杭城西湖养病。

与出入道教几乎同时,王阳明亦常常游心于佛家。1501年审案完毕游九华山期间,阳明不仅接触了不少道教中人物,而且与佛家禅师也有交往。有时留宿寺院,在清风朗月下与猿鹤同听和尚唱偈参禅:"月明猿听偈,风静鹤参禅。今日揩双眼,幽怀二十年。"④此情此景,本身便颇有点禅的意境。遇到熟悉佛教历史的老僧,则与之共话

---

① 《年谱一》,《王阳明全集》,第1226页。
② 《年谱一》,《王阳明全集》,第1226页。
③ 《年谱一》,《王阳明全集》,第1226页。
④ 《化城寺六首》,《王阳明全集》,第667页。

禅家旧事:"微茫竟何是,老衲话遗踪。"① 即使在归越养病期间,阳明亦常往来于佛寺:"岩犬吠人时出树,山僧迎客自鸣钟。"② 间或甚而借居禅房:"一卧禅房隔岁心,五峰烟月听猿吟。"③ 这里无疑体现了某种超越的追寻。不过,相对于理论上的契合,诗境与禅意的呼应在此处显然占了更多的比重。如同对待道教一样,王阳明似乎并未完全在"道"的层面上达到与佛家的认同。

王阳明与佛家的如上关系,使他很难自限于佛家的境界。随着与道教的疏离,对佛家的怀疑也逐渐增长。1503 年,王阳明在杭城养病期间,曾往来于南屏、虎跑诸刹,其中一寺中有位和尚,坐禅三年,既不开口说话,也不睁眼视物。一次,王阳明对这位禅僧大声喝道:"这和尚终日口巴巴说甚么! 终日眼睁睁看甚么!"僧人为之一惊,于是睁开双眼,并开口说话。"先生(阳明)问其家。对曰:有母在。曰:起念否? 对曰:不能不起。先生即指爱亲本性谕之,僧涕泣谢。"第二天,这位坐禅三年的和尚便离开了寺院。④ 这似乎是一场儒佛之间的交锋。王阳明以儒家的人伦原则克服了道教的"离世远去",也以同样的原则唤醒了沉沦于禅境的佛界中人物。尽管对禅僧的开悟运用了近乎机锋的方式,但它的真正象征意义却在于诀别佛家。

弘治十七年(1504),王阳明回京。同年应聘主持山东乡试。在策问中,王阳明已直截了当地指出"佛老为天下害,已非一日"。⑤ 这固然是由于官方考试不能不合乎正统的意识形态,但同时亦表现了王阳明自身的基本态度和立场。这一时期,阳明有鉴于当时学者大

---

① 《化城寺六首》,《王阳明全集》,第 667 页。
② 《游牛峰寺四首》,《王阳明全集》,第 663 页。
③ 《游牛峰寺四首》,《王阳明全集》,第 664 页。
④ 《年谱一》,《王阳明全集》,第 1226 页。
⑤ 《山东乡试录序》,《王阳明全集》,第 860 页。

多沉溺于辞章,而很少讲身心之学,于是倡导立志成圣人之说。这一为学宗旨在当时也许给人以空谷足音之感,"闻者渐觉兴起,有愿执贽及门者",阳明遂开始收弟子讲学,由倡成圣之学到讲成圣之学。

自弘治二年(1489)见娄谅,深契圣人之学,到力倡并开讲成圣之学,在对"第一等事"十余年的探讨思考中,王阳明广涉宋学、兵家、辞章、佛老,最后似乎又回到了出发点:第一等事依然被归结为如何成圣。当然,这并不是简单的返归。较之十二岁时"学以成圣贤"的自发意向,十八岁时对"圣人可学而至"的契合,弘治十八年前后倡立志成圣之学无疑具有更深刻与丰富的内涵:这是一种经过多向度探索之后的认同,而如何成圣作为第一等事则相应地获得了更自觉的定位。在出入于各家诸派的过程中,王阳明固然范围众说而超越之,但这一时期的多方面涉猎,仍不同程度制约着其尔后的思考。

三、龙 场 悟 道

1505年,王阳明经历了一次前所未有的人生洗礼。这一年,明孝宗去世,明武宗登基。其时武宗年仅十五岁,朝政控制在内官刘瑾之手。内官专权导致了朝政的昏暗,这种状况自然引起了朝臣的不满,于是有刘健等联名上疏,要求罢免刘瑾。但结果却是刘瑾地位安然未动,刘健却被革职。南京户部给事中戴铣等上疏力主重新起用刘健,亦以"忤旨"的罪名被解京下狱。王阳明时为兵部主事,深知当时内臣弄权的政治形势,也十分清楚一旦触犯刘瑾辈将会导致何种结果,但仍毅然不顾个人安危,抗疏直谏,要求"宥言官"。尽管此疏在内容上只涉及戴铣等人之狱,但其锋芒却同时针对制造冤狱的权臣,因而自然难为刘瑾所容。疏一递入,即被刘瑾矫诏廷杖四十,随即下狱。

在狱中,王阳明的心境颇为复杂。权臣当道,政治昏暗,这种现状无疑使他感到忧愤和失望,从王阳明狱中所作的诗中,我们不难看到这一点:"天涯岁暮冰霜结,永巷人稀罔象游。"①险恶的政治环境有如严冬,高压下的万马齐喑则给人以永巷人稀之感。身陷囹圄,前景难卜,也使人不免向往远离政治漩涡的田园生活:"匡时在贤达,归哉盍耕垅!"②"幽哉阳明麓,可以忘吾老。"③此外,酷烈的廷杖与狱中生活亦使王阳明多病之躯更为虚弱,孤寂衰病之中,也平添了几分对家人的思念:"思家有泪仍多病。"④不过,王阳明并未由此而完全消沉。立志成圣的信念,激励着他在逆境中依然不忘却对道的追求:"孔训之服膺兮,恶讦以为直。"⑤在狱中的日子里,王阳明静心研究《周易》,并写下了《读易》一诗;也曾和狱中难友相与讲诵,以求道为乐:"累累囹圄间,讲诵未能辍。桎梏敢忘罪?至道良足悦。"⑥这已多少展示了一种哲人的胸襟。出狱时,阳明以诗赠狱中诸友,再次表达了不为世俗所移之志:"愿言无诡随,努力从前哲。"⑦这既是对狱中诸友的勉励,也是一种自勉。

出狱并不意味着磨难的结束,等待王阳明的是更为漫长的炼狱——远谪龙场。临行前,湛若水咏诗九首为他送行,王阳明作八咏以答之,其中有:"洙泗流浸微,伊洛仅如线。后来三四公,瑕瑜未相掩。嗟予不量力,跛鳖期致远。屡兴还屡仆,惴息几不免。道逢同心

---

① 《天涯》,《王阳明全集》,第675页。
② 《不寐》,《王阳明全集》,第674页。
③ 《读易》,《王阳明全集》,675页。
④ 《天涯》,《王阳明全集》,第675页。
⑤ 《咎言》,《王阳明全集》,第662页。
⑥ 《别友狱中》,《王阳明全集》,第676页。
⑦ 《别友狱中》,《王阳明全集》,第676页。

人,秉节倡予敢。力争毫厘间,万里或可勉。"①诗虽不长,但却包含了对儒学道统的简要回顾:从孔子到周程,道已渐微;周程虽上接孔孟,但其学未能得到光大(仅如线);此后数子,已瑕瑜互见。为延续洙泗之道,阳明自己曾曲折探索(屡兴屡仆),而在以后的漫漫长途中,将继续从毫厘入手,以实现万里之志。这里没有对个人命运的悲观,它更多地展示了以绵延道统为己任的抱负。

从京师到贵州龙场,不仅路途遥远,而且历程艰险。其艰其险并非仅仅在于沿途山高水长,而更来自内臣刘瑾的追杀。王阳明被谪贵州后,刘瑾并未就此罢休。他将王阳明等人列为奸党,并遣心腹尾随王阳明,伺机刺杀。至浙江钱塘,为摆脱刺客,王阳明不得已"托言投江",然后乘船入海。本拟到舟山暂避,但遇风漂至福建,于是潜入武夷山。经过这一番变故,王阳明对内官翦除异己、必欲置之死地而后快的凶险心态有了更真切的了解,而世间的这种种叵测风云,也令他不免有几分心冷,于是一度拟远遁他方。但基于人伦的强烈责任感,很快使他打消了远走之念,并决意不顾个人安危,继续赴谪。在这一期间所作诗中,王阳明写道:"险夷原不滞胸中,何异浮云过太空!""肩舆飞度万峰云,回首沧波月下闻。"②它所表现的,已是一种不以险夷为念的超然气度。

经过艰难跋涉,王阳明于正德三年(1508)春抵达龙场,其职务为龙场驿丞。龙场位于贵阳西北的修文县,周围是万山丛棘,十分偏僻闭塞,常有毒蛇走兽出没其间。龙场驿的规模相当小,全部编制只是"驿丞一名,吏一名",外加"马二十二匹,铺陈二十三副"。王阳明初

---

① 《阳明子之南也其友湛元明歌九章以赠崔子钟和文以五诗于是阳明子作八咏以答之·其三》,《王阳明全集》,第678页。
② 《泛海》、《武夷次壁间韵》,《王阳明全集》,第684页。

到龙场,无可居的住房,只好先自己动手盖草庵暂居,虽然草庐高不过肩,但远行疲乏的王阳明已对此感到满足:"草庵不及肩,旅倦体方适。"后又迁到东部山峰,以石穴为室,周围多是动物世界:"鹿豕且同游。"①由于瘴疠弥漫,同行随从都先后卧病,王阳明不但只能自己做饭,而且不得不歌诗调曲以慰从者。龙场是少数民族聚居之处,王阳明与他们彼此语言难通,能以语言交流的,只有从内地亡命到此的各类人物。生活环境之困苦,由此不难想见。

不过,虽处困厄之中,但一时远离政治上的是非之地,外在的纷扰倒相对少了,这使王阳明有机会便集中地静心思考多年探索的问题。自遭刘瑾迫害以来,时常面临如何对待个人荣辱得失问题。经过一段时间的反省,王阳明觉得自己已能超脱得失荣辱的计较,心境较以往更为坦荡洒落。然而,尚有生死一念,未能放下。于是,继续端坐默思,以求贯通。如此反复省思,又回到了成圣这一终极性的问题:"因念:圣人处此,更有何道?"②最后终于豁然有悟。《年谱》对此作了如下描述:"忽中夜大悟格物致知之旨,寤寐中若有人语之者,不觉呼跃,从者皆惊。始知圣人之道,吾性自足,向之求理于事物者误也。"③这一彻悟过程,也就是所谓龙场悟道。

《年谱》的记载,不免有过度渲染之处,中夜大悟云云,也多少给人以几分玄秘之感。相形之下,王阳明本人后来的追忆便显得更为平实真切:"其后谪官龙场,居夷处困,动心忍性之余,恍若有悟,体验探求,再更寒暑,证诸六经、四子,沛然若决江河而放之海也。"④从中不难看到,王阳明经历了龙场悟道,这确是事实,不过,这并不完全是

---

① 《初至龙场无所止结草庵居之》,《王阳明全集》,第 694 页。
② 《年谱一》,《王阳明全集》,第 1228 页。
③ 《年谱一》,《王阳明全集》,第 1228 页。
④ 《朱子晚年定论序》,《王阳明全集》,第 240 页。

一种突如其来的神秘顿悟,而是一个长期沉思与瞬间突破交互作用的过程。人的一生中,其认识与境界往往会经历阶段性的跃迁,而困境中的反省,则可成为实现飞跃的触媒。赴龙场以前,王阳明对"第一等事"已上下求索了十余年。龙场的特定境遇,一方面使他有机会对已往的思考作一总结;另一面也促使他在超越生死之念中,对具有终极意义的问题作出更深刻的体认。这里既有理智层面的认识飞跃,又有境界意义上的精神升华。

龙场之悟,王阳明究竟悟到了什么?从直接的内容看,不外是对格物致知说的重新理解,而其深层的内涵则似乎更为复杂。如前所述,王阳明曾按朱熹之说,格竹之理;后又依其教,循序致精,但总是面临着物理吾心判而为二的问题。正是心与理的分离,使他在朱学之外广涉各家,出入佛老。尽管立志成圣的讲学宗旨,使他又回归了儒家的道统,但心与理如何适当定位的问题并未解决,而这一问题又始终关联着如何成圣。龙场期间,如何成圣依然是王阳明关心的"第一等事",当他自问"圣人处此,更有何道"时,便已表明了这一点,而化解生死之念,同样旨在通向圣人之境。在历经"千死百难"之后,王阳明终于悟到:"圣人之道,吾心自足。"用更形而上的语言来说,理并不在心外:心即理。于是,圣人之道不再超乎个体存在,成圣获得了内在的根据。如后文将要详论的,相对于朱学,这确乎可以看作是一种哲学的转换。

终极思索上的突破,也使王阳明达到了一种新的人生境界。他不仅自身超乎了荣辱得失的考虑,不为生死之念所动,而且以其坦荡磊落的胸怀影响和感染着当地土著,并逐渐与之建立了一种相互尊重和信任的关系。见王阳明居所较为潮湿,当地夷人主动为他盖了新的住房,这些新居王阳明后来分别名之为"何陋轩"、"君子亭"、"玩易窝"等。贵州都御史王质曾遣人到龙场,来人对王阳明倨傲不恭,周围夷人知道后,竟为阳明抱不平而驱打差人,由此亦可见当地土著对王阳明的敬重。当然,这也惹怒了州守,有人劝王阳明向当局谢罪,王阳明严辞拒绝,回答说:"吾岂以是而动吾心哉!"这既蕴含了王阳明对夷人正义之举的某种肯定,也表现了阳明吾心自足的自信。

王阳明在京师时,已开始收徒讲学;龙场悟道后,更有了一种传道的责任感。于是,以夷人所建新庐为舍,王阳明创办了一所书院,取名龙冈书院。这是王阳明所建的第一所书院,规模虽然不大,但在边鄙之地,却产生了不小的影响。王阳明在讲学之余所作诗中,有"门生颇群集"①的描述,可见当时问学者已不少。有的学生为请教一个问题,甚至跋涉百里,仅宿三夜便辞别。为使书院规范化,王阳明还制定了类似院规的"教条",其内容为:"一曰立志,二曰劝学,三曰改过,四曰责善。"②这也可以看作是京师期间立志成圣的讲学宗旨的具体化。在和诸生讲诵论析之余,还常相与漫步于山林之间,或观月于溪边:"夜弄溪上月,晓陟林间丘。"③当年孔夫子令弟子各言其志,曾点以"浴乎沂,风乎舞雩"作答,夫子叹曰:"吾与点也!"龙场讲学的此情此景,有时竟也使阳明与千年前的夫子产生了共鸣:"讲习有真乐,谈笑无俗流。缅怀风沂兴,千载相为谋。"④显然,这是一种基于乐道的精神沟通。

龙冈书院的讲学,使王阳明的才识逐渐为人所知。先是贵州按察副使兼提学副使毛科邀请他前去讲学,王阳明以"移居正拟投医肆"推辞。后席书在贵州提督学政,特向王阳明请教朱陆异同。王阳明不直接与席书讨论朱陆哲学,而着重谈了他在悟道之后对心物、知

---

① 《诸生来》,《王阳明全集》,第697页。
② 《教条示龙场诸生》,《王阳明全集》,第974页。
③ 《诸生夜坐》,《王阳明全集》,第699页。
④ 《诸生夜坐》,《王阳明全集》,第699页。

行关系的重新理解,席书不以为然,"怀疑而去"。次日又来,继续讨论知行之辩,王阳明以五经论证自己关于知行本体的论点,席书的怀疑态度稍有改变。如此往返四次,席书终于"豁然大悟,谓:圣人之学复睹于今日。朱陆异同,各有得失,无事辩诘,求之吾性本自明也"。①王阳明不辨朱陆异同而说知行本体,意味着他已无意仅仅纠缠历史公案,而更多地致力于标举新说。接受一种新的学说往往需要转换原有视域,而这并不是一个容易实现的过程,因此,王阳明的知行学说在当时颇受问难,亦在情理之中。后来王阳明曾回忆道:"昔在贵阳举知行合一之教,纷纷异同,罔知所入。"②然而,这种新的学说自身也有其内在的理论力量,席书之最后接受其看法,即表明了这一点。

这一时期,王阳明虽然尚未以良知与致良知概括其学说,但良知说的一些基本思想已具体而微。王阳明在悟道之后,曾以五经证其说,而这种"证"同时也是阳明以自己的先见重新解释经典的过程。在作于此时的《五经臆说》中,王阳明一再强调心体本明:"心之德本无不明也,故谓之明德。"③而这种心体又与作为第一原理的元为一:"元也者,在天为生物之仁,而在人则为心。"④对心体的注重,尔后又得到了进一步的展开和系统化。当席书经过阳明启示,悟到"求之吾性本自明"时,显然亦受到了王阳明以上看法的影响。王阳明晚年曾回顾道:"吾良知二字,自龙场以后,便已不出此意。"⑤这种总结确有道理。

---

① 《年谱一》,《王阳明全集》,第1229页。
② 《年谱一》,《王阳明全集》,第1230页。
③ 《王阳明全集》,第980页。
④ 《王阳明全集》,第976页。
⑤ 《传习录拾遗》,《王阳明全集》,第1170页。

当然，讲习立说并不是谪居生活的全部内容。身处边鄙，远离故土，常常会有一种深深的乡思。在这一时期所作的诗中，王阳明一再流露出这种情怀："身在夜郎家万里，五云天北是神州。""远客日怜风土异，空山惟见瘴云浮。""游子望乡国，泪下心如摧。浮云塞长空，颓阳不可回。南归断舟楫，北望多风埃。"①与家人的长期隔绝，有时亦使人产生家书抵万金之感，并时时盼望远方的来信："尺素屡题还屡掷，衡南那有雁飞回？"②虽然"讲习性所乐"，在与诸生的论析中可以得到一种理智的满足，但理智的愉悦并不能消解情感的需要。闲时漫步前庭，抬眼远望长空行云，顿有此身漂泊、有如浮云之慨；行云尚有时而定，游子却归期遥遥："山石犹有理，山木犹有枝。人生非木石，别久宁无思！愁来步前庭，仰视行云驰。行云随长风，飘飘去何之？行云有时定，游子无还期。"③与之相近的怀乡诗还有："惟营垂白念，旦夕怀归图。""思亲独疢心，疾忧庸自遣。""岁晏乡思切，客久亲旧疏。""山泉岂无适？离人怀故境。安得驾云鸿，高越飞南景。""绝域烟花怜我远，今宵风月好谁谈？"④如此等等。这一类游子之叹，在王阳明的《居夷诗》中几乎随处可见。诗言志，亦见情，从这些乡愁流溢的诗文中，我们既可想见王阳明当年的心境，也可感受到其丰富的情感世界，后者使阳明不同于难露真情的道学家。

谪居边地固然使人思愁难断，但龙场生活也使王阳明获得了难得的自由："投荒万里入炎州，却喜官卑得自由。"⑤龙场虽然文化落后，倒也山明水秀。也许是早年受祖父王伦的熏陶，王阳明素爱山林

---

① 《居夷诗》，《王阳明全集》，第 693、696 页。
② 《居夷诗》，《王阳明全集》，第 694 页。
③ 《居夷诗》，《王阳明全集》，第 698 页。
④ 《居夷诗》，《王阳明全集》，第 701、697、701、702、710 页。
⑤ 《居夷诗》，《王阳明全集》，第 702 页。

泉石,遇到佳景,常流连忘返:"平生泉石好,所遇成淹留。"①读书讲习之余,王阳明往往闲步于山间小径,或观深谷幽草,听林中鸟语,或驻足溪畔,俯视游鱼。每览胜景,常赋诗以记:"水光如练落长松,云际天桥隐白虹。"②数年前,王阳明曾游历九华山,那里的奇山险峰使他常难以忘怀,而边地的风光与之相比毫不逊色:"溪深几曲云藏峡,树老千年雪作花。白鸟去边回驿路,青崖缺处见人家。遍行奇胜才经此,江上无劳羡九华。"③冬日雪景秀异,春风中的高岩青壁更令人陶醉:"林下春晴风渐和,高岩残雪已无多。游丝冉冉花枝静,青壁迢迢白鸟过。"④身处此山此水,每每让人平添几分飘逸,阳明有时竟也"倦枕竹下石,醒望松间月"。⑤ 这已颇有一些陶渊明的风度了。

不过,王阳明毕竟没有忘情于山水。自然的怀抱诚然使人领悟到"富贵犹尘沙,浮名亦飞絮"⑥。驿丞这种卑位闲职也似乎形同隐居,但求道与行道之志并未由此而淡忘:"心在夷居何有陋?身虽吏隐未忘忧。"⑦即使置身林下溪边,也常常会有吾道何成的忧思:"溪水清见底,照我白发生。年华若流水,一去无回停。悠悠百年内,吾道终何成!"⑧时光易逝,年华如水,此时王阳明已年近不惑,人生的波折,使他华发早生。尽管对"第一等事"的沉思已达到了一种新的境界,但如何将其化为一种普遍的信念,依然是一个尚待努力的问题。

---

① 《居夷诗》,《王阳明全集》,第698页。
② 《居夷诗》,《王阳明全集》,第704页。
③ 《居夷诗》,《王阳明全集》,第705页。
④ 《居夷诗》,《王阳明全集》,第704页。
⑤ 《居夷诗》,《王阳明全集》,第698页。
⑥ 《居夷诗》,《王阳明全集》,第700页。
⑦ 《居夷诗》,《王阳明全集》,第702页。
⑧ 《居夷诗》,《王阳明全集》,第697页。

也正是基于这种忧思,王阳明一再勉励弟子和友人,以求道秉道为贵:"嗟我二三子,吾道有真趣。"①"所贵明哲士,秉道非苟全。"②阳明终究非渊明,渊明可以在"采菊东篱下,悠然见南山"中终其一生,阳明却始终难以忘怀经世行道的理想:"寄语峰头双白鹤,野夫终不久龙场。"③随着谪徙生涯的终结,王阳明确实不久便告别了龙场,在事(经世事功)与思(哲学沉思)的交融中开始了新的求道与行道过程。

四、事 与 思

正德五年(1510),王阳明离开贵州,到江西任庐陵县知县。此后相当长一段时期,王阳明都是在事与思的重合交错中度过的。正是在这种交融中,王阳明对"第一等事"的思考进一步趋于成熟与系统化。

赴庐陵以前,王阳明虽然也多次在吏部、兵部任职,但地方的实际工作较少涉及。在庐陵任上,王阳明获得了展示其实际工作才干的机会。阳明赴任以前,庐陵的社会秩序较乱,案件堆积。王阳明到任后,并不一味依赖严刑峻法。他首先从清理各级政权机构入手,建立了保甲制度,谨慎地选择地方贤达(里正三老),使之劝谕本地。同时又整顿驿站,疏理捐税,杜绝各种管理漏洞。经过这一番整肃,县治面貌为之一变,本来狱案积压的庐陵,"由是圄圉日清"。④

龙场悟道后,王阳明对心体的作用予以更多的重视,这种观念亦体现于其政治实践。庐陵期间,阳明"为政不事威刑,惟以开导人

---

① 《居夷诗》,《王阳明全集》,第700页。
② 《居夷诗》,《王阳明全集》,第701页。
③ 《居夷诗》,《王阳明全集》,第703页。
④ 《年谱一》,《王阳明全集》,第1230页。

心为本"。①他到任后不久,当地流行病疫,老百姓怕传染,往往骨肉之间也不相互照料,一旦患病,便无人送饭送药,常饥饿而死。王阳明目睹此状,甚感忧虑,即以告示劝谕全县父老:"夫乡邻之道,宜出入相友,守望相助,疾病相扶持。乃今至于骨肉不相顾。……中夜忧惶,思所以救疗之道,惟在诸父老劝告子弟,兴行孝弟,各念尔骨肉,毋忍背弃。"②其言词之恳切,令人不能不为之所动。这里并没有诉诸抽象的理论说教,而更多地是以真情相感化,从中已依稀可以看出内在心体与超验天理的差异。

王阳明在庐陵的时间并不很长。正德五年八月,刘瑾伏诛,王阳明的政治生涯出现了转机。同年十二月,王阳明升任南京刑部主事。翌年调至京师,任吏部主事。公事之余,常与友人、学生论学。当时,其弟子徐成之和王舆庵争论朱陆异同,王阳明致书徐成之,阐述了自己的观点。王舆庵认为陆象山专以尊德性为主,徐成之则认为朱晦庵专以道问学为事,王阳明对此提出了不同看法。根据他的观点,陆象山固然重德性,但亦未尝忽视读书;朱晦庵讲道问学,但亦并非不重德性。总之,"晦庵之与象山,虽其所以为学者若有不同,而要皆不失为圣人之徒。"③这里既肯定了尊德性与道问学的统一,又表现出范围朱陆而进退之的思维趋向。

居京师期间,王阳明与湛若水的交往有了进一步的发展。早在弘治十八年(1505),王阳明已结识湛若水。当时阳明开始收弟子讲学,并以立志成圣为讲学宗旨,但却被时人目为标异好名,唯湛若水对此颇为赞赏,二人一见定交,共以倡明圣学相勉。后王阳明因抗疏

---

① 《年谱一》,《王阳明全集》,第1230页。
② 《告谕庐陵父老子弟》,《王阳明全集》,第1027页。
③ 《年谱一》,《王阳明全集》,第1233页。

直谏遭谪,赴谪前,湛若水曾以诗相赠,勉励他继续追求圣学:"愿言崇明德,浩浩同无涯。"①自庐陵入京,王阳明与湛若水重逢,并与黄绾相识(黄绾后执弟子礼),三人遂定为至交,"订与终日共学"。在学术上,阳明与湛若水并不完全相同,湛若水为学主随处体认天理,王阳明则自龙场始,便侧重理与心的统一。但这并不妨碍二者在学问上的相互切磋。当湛若水在正德六年出使安南时,王阳明颇为之怅然,特为文相赠。文中写道:"夫惟圣人之学,难明而易惑,习俗之降愈下而抑不可回,任重道远。"②这既是对湛若水的厚望,也是一种自勉,而其中又蕴含着拒斥流俗(世儒之学),重建和光大圣学之意。

正德七年(1512),王阳明升任南京太仆寺少卿,此时阳明已多年未回越地之家,遂决定顺道回越探亲。恰好其妹婿徐爱亦升为南京工部员外郎,于是两人便于翌年初同舟归越。早在正德二年,王阳明赴谪之前,徐爱已执弟子礼,此次同行,又使徐爱获得了问学的机会。在舟中,王阳明着重向徐爱阐发了《大学》宗旨,内容涉及心与理、知与行、心与物等关系,从中已可看到其心学体系的某些基本思想。徐爱"闻之踊跃痛快,如狂如醒者数日,胸中混沌复开"。③归越后,又与徐爱同游四明山,在山林之中继续心学的讨论。事后,徐爱将王阳明的论学内容记录下来,编入《传习录》首卷。

赴南都前,王阳明先至滁州督马政。这是一个闲职,有较多的时间可以从事论学。滁州虽然地方偏僻,但风景秀丽,环境清静,是读书讲学的好去处。居京师期间,王阳明的弟子便已日增,有的虽地位在阳明之上,但闻阳明之学后,深为叹服,乃师事之,如吏部郎中方献

---

① 《九章赠别序》,《甘泉文集》,卷二十六。
② 《年谱一》,《王阳明全集》,第1234页。
③ 《年谱一》,《王阳明全集》,第1235页。

第一章 为学、为道与为人

夫。至王阳明离开京师前,受业门生差不多已有二十来人。王阳明到滁州后,门生又渐集,日遨游于山水间,在秀峰清泉中相与讨论"第一等事"。有时数百人在月夜环龙潭而坐,"歌声振山谷",其情景蔚为壮观。学生常当场提出问题,王阳明则随时加以阐释,弟子开悟之后,往往踊跃歌舞,师生间的问答显得十分生动。龙场之后,阳明曾一度让弟子静坐,以补小学收放心一段工夫。滁州期间,王阳明虽仍提静坐,但同时强调静坐并非禁绝思虑。其弟子孟源曾就"静坐中思虑纷杂,不能强禁绝"请教王阳明,王阳明回答道:"纷杂思虑,亦强禁绝不得;只就思虑萌动处省察克治,到天理精明后,有个物各付物的意思,自然精专无纷杂之念。"①这里已注意到应把静与佛家的坐禅入定区别开来,以避免由静流于虚寂。

滁州讲学历时约半年。正德九年,王阳明又升任南京鸿胪寺卿。当王阳明离滁州时,门生弟子依依难舍,一直送至江边,仍不愿离去,表现了至深的师生情感。王阳明到南京后,周围很快又汇集了众多的门生。师生共聚一处,相与辨析义理,几乎每日都不间断。王阳明在滁州时已隐隐感到过分执着于静,有流于虚寂之虞,这种趋向后来在滁州游学的弟子中确实有所显露。他们立志固高,但实地工夫却较少,有时不免放言阔论,标立新奇,甚而背离阳明所教。这种现象使王阳明感到忧虑:"吾年来欲惩末俗之卑污,引接学者多就高明一路,以救时弊。今见学者渐有流入空虚,为脱落新奇之论,吾已悔之矣。"②高明一路,主要侧重悟见本体,仅仅明见本体,则很容易导向疏放。有鉴于此,王阳明在南京较多地强调做"省察克治实功"。对论学和教法的这一类反省总结,也促使王阳明更深入地思考本体与工

---

① 《年谱一》,《王阳明全集》,第 1236 页。
② 《年谱一》,《王阳明全集》,第 1237 页。

夫的关系,并逐渐形成本体与工夫统一的论学宗旨。

正德十一年(1516),王阳明升任都察院左佥都御史,巡抚南、赣、汀、漳等地。当时江西民变屡屡发生,并渐渐流而为寇,王阳明此行的使命便是平定以上各地的变乱。相对而言,王阳明以往所任大都为闲职,巡抚江西所担负的则是一种军政重任。面对新的任命,王阳明的心境颇为复杂。就"第一等事"(成圣)的追求而言,事功无疑是其题中应有之义,而过分突出高明一路所导致的偏向,也使实地用力这一面显得更为不可或缺,从在这方面看,江西事功似乎可以成为王阳明南京时期注重实功的逻辑延续。然而,此时王阳明早已人到中年,多病之躯,使他常有未老先衰之感;祖母岑夫人年已九十六,作为孙辈,阳明亦时时感到有奉侍之责;同时,尽管王阳明年轻时一度溺于骑射,并曾研习兵法,但毕竟缺乏统兵征战的军旅经历,骤然独任征讨军务,其压力不难想见。正是在这种种的内在紧张中,王阳明开始了南赣之行。

南赣等地的武装变乱为时已甚久,起事者以山势险峻之处为依托,利用诸省交界的特殊环境,出入随意,进退自如。对这样的武装,重兵难以施展,兵力不足又无法奏效,因而明廷对他们一直苦无良策。初到南赣,王阳明首先从整顿地方政权入手,推行十家牌法,断绝平民与民变武装之间的交往;同时挑选精壮骁勇者组成民兵,以配合正规部队;在地方安定之后,才出兵征讨。根据对象的不同,王阳明或正面进军,或间道出奇兵,连战连捷。军事征战之外,又辅之以招抚。经过地方工作与军事行动并举、战与抚双行、强攻与奇袭交用,王阳明先后平定了漳州、大帽山、横水、桶冈等处的民变,前后仅历时一年余。

巡抚南赣的实践,使王阳明进一步意识到"心"上工夫的重要。在征剿过程中,王阳明时时注意对反叛者晓之以理,动之以情。平漳州后,乐昌、龙川等地尚待征讨,用兵前,王阳明即先告谕对方:"人之所共耻者,莫过于身被为盗贼之名;人心之所共愤者,莫过于身遭劫掠之苦。今使有人骂尔等为盗,尔必愤然而怒;又使人焚尔室庐,劫尔财货,掠尔妻女,尔必怀恨切骨,宁死必报。尔等以是加人,人其有不怨者乎?人同此心,尔宁独不知?"①语辞间,颇有将心比心,推己及人的恳切。这种以情感人的劝谕,往往有军事征剿无法取代的效果,武装首领卢珂等经晓谕,"即率众来投,愿死以报"。②

进兵前的劝谕,当然还只是一种权宜之策。要达到长治久安,便必须从事更基础的教化工作。一俟战事稍定,王阳明便发出文告,要求各县父老子弟互相诫勉,共立社学,延师教子,歌诗习礼。时间长了,地方风俗为之而变,朝夕歌声不绝于街巷,"雍雍然渐成礼让之俗矣"。王阳明特别注重儿童的教育,肯定一方面要以孝悌忠信、礼义廉耻引导儿童,但又强调不能以生硬强制的方式对待儿童,而应适合其特点,循循善诱:"讽之读书者,非但开其知觉而已,亦所以沉潜反复而存其心,抑扬讽诵以宣其志也。"③这里已注意到道德教育中应贯彻自觉与自愿相统一的原则。

王阳明统兵征战期间,门人数十,依然聚集在一起,相与论学。回军休士之际,王阳明将注重点又转向了弟子,在军营中探讨心性之学。当时讲论的中心是《大学》,其旨在指示入道之方。早在龙场期间,王阳明已怀疑朱熹的《大学章句》非圣门本旨,后辑录《大学》古本,反复研读深思,逐渐悟到《大学》之旨本来简易明白,《大学》一书也无经传之分,格物致知本于诚意,无需再补一传。至此,王阳明正

---

① 《王阳明全集》,第 1244 页。
② 《王阳明全集》,第 1245 页。
③ 《王阳明全集》,第 1252 页。

式公开刻印古本《大学》。宋明时期,《大学》这一儒家经典一直受到高度重视,而朱熹的《大学章句》则几乎成为标准读本。王阳明心学体系的形成,与《大学》的重新诠释自始有着内在的理论联系。在经典具有权威意义的时代,论学立说往往需要借重经典的权威,王阳明既在朱学之外另辟新径,便自然需要获得另一权威范本的依据。

与《大学》古本付梓几乎同时,王阳明又刻印了《朱子晚年定论》。此书是王阳明在南京时期所编定,其策略似乎是以子之矛攻子之盾,亦即以朱熹的所谓晚年之论否定其所谓中年未定之说,并以此论证阳明自己所立新说与朱熹并无冲突。在《朱子晚年定论序》中,王阳明写道:"取朱子之书而检求之,然后知其晚岁固已大悟旧说之非,痛悔极艾,至以为自诳诳人之罪,不可胜赎。世之所传《集注》、《或问》之类,乃其中年未定之说,自咎以为旧本之误,思改正而未及。"[1]依此理解,似乎便有了二个朱子:晚年朱子与中年朱子。事实上,所谓晚年朱子在很大程度上是经过王阳明改铸过的朱熹,《朱子晚年定论》这一选本尽管都是朱熹的原话,但这些"原文"却是王阳明依据自己的原则和标准加以选择的,它已多方面地渗入了王阳明的先见。

也许是出于巧合,在王阳明刻印《大学》古本与《朱子晚年定论》之时,门生薛侃印行了王阳明的《传习录》。这似乎是对王阳明的一种呼应,它使王阳明的心学思想以正面的形式得到了展现。此书虽只收入了王阳明部分讲学记录(即今本《传习录》上卷),但从中已可看到王阳明体系的大致轮廓,它的刊行,无疑扩大了阳明思想的影响。随着论学声名的远播,四方前来问学者日众,原来的营地已无法容纳,于是王阳明特意修建濂溪书院,作为讲学之所。军中论学的这种盛况,确乎十分形象地表现了事(事功)与思(心学)的融合。

---

[1] 《王阳明全集》,第1254页。

正德十四年(1519),福建发生兵变,王阳明奉命前往勘查。行至中途,得知宁王朱宸濠叛乱。宁王受封南昌,久怀野心,后见其异志为明廷所知,遂以得太后密旨"起兵监国"为名,举兵叛乱。王阳明闻变,立即决定返回。当时形势颇为危急,宁王拥兵六万,号称十万,连克南康、九江,兵锋直指南京。王阳明先以计迷惑宁王,使之迟疑不敢妄动,随后星夜兼程,赶到吉安。时宁王势盛,人心浮动,但王阳明却慨然应难,略无彷徨之意:"天下尽反,我辈固当如此。"这种从容态度,既表现了政治上的信念,也体现了一种人生境界。

是时宁王率军围困安庆,众将大都主张引兵前往救援,王阳明独认为应先攻宁王之巢南昌,使之失去内据,迫其回救,如此则安庆之围自解,而宁藩可成擒。遂统兵直逼南昌,宁王果然回师。王阳明先攻克南昌,然后挥师迎战宁王于鄱阳湖。接战前,部将多以宁藩兵势强盛,宜坚壁不出,徐图进退。王阳明则对形势作了不同的分析,认为宁藩虽强,但现进无所得,退无所据,军心已动,若驱兵进击,必不战自溃,"所谓先入有夺人之气也"。后来战况的发展,一如王阳明所料:数战之后,即生擒宁王朱宸濠。一场震动朝野的叛乱,至此为王阳明所平息。

平定宁藩之乱,无疑使王阳明事功生涯达到了峰巅,但这种不世奇功最初并没有得到应有的承认,相反,却给他带来了种种磨难。宁王叛乱的消息传到京师后,兵部本拟任命将领率军征讨,但武宗却将此视为南巡的机会,遂假威武大将军镇国公之号,统兵亲征。南下途中,王阳明的捷报已到,但武宗却以"元恶虽擒,逆党未尽"为由,继续南进。王阳明闻讯,上疏谏止,武宗未加理会。王阳明遂决定北上献俘,不料随武宗亲征的内官张忠、许泰等竟荒唐地拟追还朱宸濠,然后放回鄱阳湖,让武宗与之亲战,以图立功。王阳明拒绝了这种近乎儿戏的要求,星夜赶到杭州钱塘,将宸濠移交较明大义的内官张永,自己避居西湖净慈寺,称病不出。后武宗下诏命王阳明兼巡抚江西,于是返赣。

内官张忠、许泰到南昌后,终日四出搜罗,骚扰地方。王阳明回南昌后,由许、张统领的北军常常有意挑起事端,动辄肆意谩骂,矛头直指王阳明。王阳明不为所动,且处处待之以理,并告谕市民尽可能避免与北军冲突。时间一长,北军对王阳明内心渐服,而久居南方,也使他们日夜思归。许、张颇忧,遂邀王阳明在教场比箭,以为骑射是其所长,王阳明必处下风。其实王阳明少时即精于此道,结果三发皆中,且每中一箭,北军即为之欢呼。张、许见北军已心向王阳明,不得不班师北还。

许、张离南昌,并不意味着对王阳明的政治陷害就此了结。许、张到南京后,即向武宗诬告王阳明必反,并以若召之,阳明必不至为据。武宗果下诏令王阳明朝见,阳明应召前行。许、张恐其所说不验,遂将王阳明阻在芜湖,使之无法入见武宗。王阳明无奈,只得上九华山,每日默坐草庵之中。此时王阳明无疑颇有感慨。宁王之乱,固然一战而定,但随之而来的却是无尽的劫难。小人当道,功臣遭忌,是非如此颠倒,令人不能不萌生归意。从这一时期的诗文中,我们不难看到这种心境:"百战归来一身病,可看时事更愁人。道人莫问行藏计,已买桃花洞里春。"①"嘉园名待隐,专待主人归。此日真归隐,名园竟不违。岩花如共语,山石故相依。朝市都忘却,无劳更掩扉。"②如此郁郁隐居于山中,直到最后奉诏再返江西。

南赣既定,叛乱又平,繁重的军务告一段落,王阳明似乎暂时得到了解脱。然而,武宗羁留南京,耽于巡游之乐,自己则身遭毁谤诬陷,这种政治现实与个人遭遇,又使王阳明感到心情沉重。忧患之

---

① 《宿净寺四首》,《王阳明全集》,第 755 页。
② 《杨邃庵待隐园次韵五首》,《王阳明全集》,第 758 页。

余,对山林的向往又渐渐抬头。于是,利用职事之暇,王阳明来到庐山,游历了天池、东林寺、开元寺、白鹿洞等处。置身山林之中,回首往事,王阳明不觉感慨系之:"一年今又去,独客尚无归。人世伤多难,亲庭叹久违。壮心都欲尽,衰病特相依。旅馆聊随俗,桃符换早扉。"①年华逝去,归期难定,空怀壮心,一生多难。不测的世间风云,与青山绿水中的宁静,似乎形成了一种对照,而在久涉世间尘土之后,山林的幽清也有了特别的吸引力:"东风漠漠水泛泛,花柳沿村春事殷,泊久渔樵来作市,心闲麋鹿渐同群。自怜失脚趋尘土,长恐归期负海云。"②然而,在希望回归林下的同时,王阳明又难以真正忘怀世事:"我心惟愿兵甲解,天意岂必斯民穷!"③一段时期的军旅征战,使王阳明深知战争给人民带来的灾难,解兵甲的心愿,无疑表现了对民间疾苦的关切。一面是"终当遁名山,炼药洗凡骨"的愿望,一面则是"小臣谩有澄清志,安得扶摇万里风"④的志向,庐山的秀峰奇景,并没有使王阳明的矛盾心绪得到排遣。

艰险的处境与矛盾的心境,也促使王阳明对其心学作进一步的沉思。自龙场之后,平定宁藩之乱及尔后的种种危机无疑是王阳明所经历的最大变故。宁王发难之时,朝有内应,外拥强兵,鹿死谁手,尚难逆料,故人怀观望之心。当此之时,王阳明几乎只身返赣,毅然首举讨逆旗帜,以临时凑集的地方弱旅,抗衡宁藩大军,并一战定乾坤,确实表现其大智大勇。时人曾评曰:"平藩事,不难于成功,而难于倡义。"⑤平定叛乱后,许泰、张忠辈以天子近臣之位,谗言毁谤,处

---

① 《除夕伍汝真用待隐园韵即席次答五首》,《王阳明全集》,第 760 页。
② 《繁昌道中阻风二首》,《王阳明全集》,第 766 页。
③ 《三日风》,《王阳明全集》,第 762 页。
④ 《元日雾》,《王阳明全集》,第 762 页。
⑤ 《年谱二》,《王阳明全集》,第 1275 页。

处设陷,置王阳明于前所未有的险恶之境。钱德洪说,"平藩事不难于倡义,而难于处忠、泰之变"①,多少反映了这种非常之境。正如遭谪时期的居夷处困引发了龙场悟道一样,平藩前后的百死千难,也促发了王阳明对"第一等事"更深入的体悟,而这种"悟"的结果,便是致良知之教的提出。

在这一时期致弟子邹守益的信中,王阳明写道:"近来信得致良知三字,真圣门正法眼藏。往年尚疑未尽,今自多事以来,只此良知无不具足。譬之操舟得舵,平澜浅濑,无不如意,虽遇颠风逆浪,舵柄在手,可免没溺之患矣。"②这里已明确以致良知为教,并将它视为其心学的主脑(如舟之舵)。当然,良知与致良知之说的基本思想并非一夜之间形成,它事实上已经历了一个长期发展的过程。早在龙场时期,其某些方面已具体而微;正德八年与徐爱同舟归越时,进而以知为心之本体;正德九年在滁州讲学时,更以良知说为讲学内容;后到南赣,亦"终日论此"。③ 因之,把致良知说仅仅视为宁藩之变后的产物并不确切。不过,正是在这一时期,王阳明开始更自觉地以致良知来概括其心学思想,而这种概括同时带有某种总结的意味:它既包含着以往沉思的丰富内容,又是对其体系的一种新的提升。从王阳明自己的表述中,我们不难看到这一点:"某于此良知之说,从百死千难中得来,不得已与人一口说尽。"④"一口说尽"表明了致良知的总结性质,"百死千难"则意味着这种学说既凝结了其人生体验,又是其长期创造性思考的升华。

正德十六年(1521)六月,武宗病逝,世宗继位,王阳明的政治生

---

① 《年谱二》,《王阳明全集》,第1275页。
② 《年谱二》,《王阳明全集》,第1278—1279页。
③ 《与陆原静》,《王阳明全集》,第199页。
④ 《年谱二》,《王阳明全集》,第1279页。

涯似乎又出现了一次转机。世宗登基不久,即下诏命王阳明赴京任用,但旋即又为辅臣所阻。王阳明一度对新天子颇怀希望,以为"圣天子新政英明",但事实却表明这似乎只是一厢情愿。此时,王阳明因征战在外,已多年未回家归省,思亲之念一直未断,政治上的不得志,也使其归志渐坚。于是,在赴京被阻后,王阳明便再次上疏请求归省。明廷很快批准了其申请,并给了他一个南京兵部尚书的闲职。不久,王阳明便踏上归途,开始其人生旅途中另一个时期。

五、晚岁的弦歌诵读与哲学论辩

蒙历多年的征尘之后,王阳明于正德十六年(1521)回到故里。此时他已五十岁,略有老之已至之感。"百战归来白发新,青山从此作闲人。"①这里既有年华已逝的感慨,又有解甲之后的欣慰,而从此作闲人则确乎成为王阳明晚年赋闲生活的某种写照。

自孔子开始,儒家便把求道与传道融合为一。求道表现为一种哲学的沉思,传道则更多地展开于教育过程。王阳明在这方面并没有离开儒家的传统。赴龙场以前,他已开始收弟子讲学。此后,教授门人一直是他关注的重心之一,无论是贵州谪居期间,抑或南赣的戎马倥偬之中,王阳明始终没有中断讲学,其门生弟子几乎遍布南北。归越后,军务政事暂时告一段落,王阳明得以专意于讲习诵读,其讲学规模亦盛极一时。这一时期的学生常多达数百人,"环先生而居者比屋,如天妃、光相诸刹,每当一室,常合食者数十人;夜无卧处,更相就席,歌声彻昏旦。南镇、禹穴、阳明洞诸山远近寺刹,徙足所到,无

---

① 《居越诗三十四首》,《王阳明全集》,第784页。

非同志游寓所在。"①宋明时期虽然书院教育较为发达,但私人讲学有如此盛况,似乎亦不多见,慕名前来的学生不仅人数多,而且周转很快,几乎每月都要送别一批门生,迎来新的弟子。由于来往学生过多,王阳明往往无法遍记其姓名。每当临别,王阳明总是勉励弟子:"君等离别,不出在天地间,苟同此志,吾亦可以忘形似矣!"②确实,在其门生那里,王阳明似乎看到了重振圣学的某种希望。

然而,随着其学说的渐渐远播,毁谤也开始出现。御史程启充、给事毛玉上疏弹劾王阳明倡为异学,认为"宜严禁以端士习"。世宗准其奏,并实行学禁。学术与意识形态在那个时代往往纠缠在一起,异学意味着与官方意识形态相佐,这显然是一顶不小的帽子。王阳明的弟子陆澄时为刑部主事,上疏为王阳明申辩,王阳明知道后,即加以劝止,以"无辩止毁"处之。嘉靖二年(1523),礼部会试以心学为题,"阴以辟先生"。王阳明的门人徐珊不愿昧其心以迎合时好,不答而出。从异学的定性,到会试的阴辟,王阳明无疑承受了相当的压力。

面对日炽的谤议,门生弟子深感不平,王阳明曾让他们分析其心学所以受谤的缘由。有的认为这是因为王阳明势位隆盛,所以遭忌;有的则将王阳明被抑的根源归之为其学影响日大,并重辩宋学异同;等等。王阳明对此作了更深一层的分析:

> 吾自南京已前,尚有乡愿意思。在今只信良知真是真非处,更无掩藏回护,才做得狂者。使天下尽说我行不掩言,吾亦只依良知行。③

---

① 《传习录下》,《王阳明全集》,第118页。
② 《传习录下》,《王阳明全集》,第118页。
③ 《年谱三》,《王阳明全集》,第1287页。

乡愿意味着迎合世之所好。王阳明在宁藩之乱后,已将其学说概括为致良知,相对于正统理学而言,这种心学似乎表现为一种哲学的转换,它与投合正统的时尚很难相容。无论从学术上看,还是就意识形态的角度而言,实现哲学的转换都需要勇气,因为它往往难以避免与传统的紧张与冲突,而王阳明在当时正是表现了这种勇气:所谓狂,即是这种勇气的体现。总之,王阳明以狂者精神大胆地实现了哲学的转换,这便是他未能见容于当时主流文化的内在根源。

尽管毁议不断,但王阳明的门人却依然日进。会稽郡守南大吉亦执弟子礼,常问学于王阳明,并特意修建稽山书院,作为王阳明讲学之所。此后,前来受学的门生源源不断,其中不少分别来自湖广、直隶、南赣、安福、新建、泰和等地。讲学之余,王阳明亦时与门生弦歌于朗月清风之中。嘉靖三年的中秋之夜,王阳明设席于碧霞池边,与弟子一百余人共赏秋月。酒半酣,歌声渐起,门生或击鼓,或泛舟,其景其情令人为之所动。王阳明即兴作诗以记之:

万里中秋月正晴,四山云霭忽然生。须臾浊雾随风散,依旧青天此月明。肯信良知原不昧,从他外物岂能撄!老夫今夜狂歌发,化作钧天满太清。①

处处中秋此月明,不知何处亦群英。须怜绝学经千载,莫负男儿过一生!影响尚疑朱仲晦,支离羞作郑康成。铿然舍瑟春风里,点也虽狂得我情。②

外部的攻击诋毁如一时常浊雾,难以遮蔽青天明月,良知在胸,无物

---

① 《月夜二首》,《王阳明全集》,第787页。
② 《月夜二首》,《王阳明全集》,第787页。

能移。这里既有重振绝学的使命感,又有超越旧学的自信,而二者又体现于狂者精神中。中秋之夜师生间的弦歌声,使人似乎又回到了当年孔子令弟子各言其志时的情景。

也许与狂者学风相联系,王阳明的不少弟子性格经历往往各有特点。王艮是王阳明所器重的弟子之一,而其入门经过便颇具传奇色彩。当时王阳明尚在南昌,泰州人王银身穿古服,头戴古帽,手执木简,以二首诗为贽,拜谒王阳明。王阳明见状甚为惊异,问他:所戴何冠?王银回答说:有虞氏之冠。又问:所衣何服?答曰:老莱子之服。接着二人论辩良久,王银叹服,下拜自称弟子。回来后又再思之,似有不合。次日入见,又往返辩难,终于诚服。王阳明对其他门人说:"向吾擒宸濠,一无所动,今却为斯人动矣。"[1]王银后改名为艮。王阳明归越后,王艮亦追随左右,而他后来所创的泰州学派,则成为王门后学中重要的一系。海宁人董罗石,年已六十八,在江湖上有诗名。游会稽时,曾听王阳明讲学,后特意带着其所作诗卷来见王阳明。王阳明觉其举止不俗,敬为上宾,并与之交谈多时。董深有感悟,以近乎古稀之高龄,强拜王阳明为师。王阳明与他悠游于山水之间,董日有所闻,竟乐而忘归。其乡里子弟劝他回家,说:"翁老矣,何自苦如是?"董回答曰:"吾方幸逃于苦海,怜若之自苦也,顾以吾为苦耶!"于是自号"从吾道人",继续随王阳明受学。这些逸事表明,王阳明的学说在当时似乎确有其感染力量。

王阳明有一个弟子,名叫黄梦星,家在距越数千里的潮州。每受学数月,便向王阳明告辞,回家探视其父亲。离去二三月,又到越继续听王阳明讲学。王阳明劝他,既已闻其说,可以在家养亲,不必往返于相距数千里的潮州与越地。黄答道,这是受父亲之嘱。其父闻

---

[1] 《明儒学案》,第 75 页。

阳明之说而乐之,最大的愿望便是让儿子得闻王阳明之说。每次回去,想留下侍养三个月,父不许;留两个月,也不准。到家未及十日,其父已早将归程的钱粮备好,催他上路,并说,只要他"一闻夫子(阳明)之道,吾虽啜粥饮水,死填沟壑,无不足也矣"。对王阳明推崇如此,几乎已将他视为圣贤的化身。黄父不过是一个普通处士,但却深深地契合于王阳明的心学,由此亦可见王阳明心学的影响已不限于门生弟子辈。

王阳明在这一时期与门生论学,大抵不出良知与致良知之教,而在良知与致良知这一总题目下,又包含了多方面的内容:它具体即展开于心与物、心与性、心与理、知与行、本体与工夫、天与人、群与己、德性与德行,以及圣人之境等心学的论题。就某种意义而言,王阳明晚年的所思所教,便在于以致良知这一总的论旨统一心物、知行等辩,从而使心学成为一种有"头脑"的系统。在《答顾东桥书》中,我们即多少可以看到这一思路:"心者身之主也,而心之虚灵明觉,即所谓本然良知也。其虚灵明觉之良知应感而动者,谓之意;有知而后有意,无知则无意矣。知非意之体乎?意之所用,必有其物,物即事也。"①质言之,就本体而论,心、知、意、物等具有内在的统一性。从格物致知的过程看,"所谓致知格物者,致吾心之良知于事事物物也。吾心之良知,即所谓天理也。致吾心之天理于事事物物,则事事物物得其理矣。故曰:致吾心之良知者,致知也,事事物物得其理者,格物也。是合心与理而为一者也。"②这里的致兼有推行之意,在此,格物与致知的为一,同时表现为知与行的合一;而二者作为工夫,又以心与理为一的本体为前提:良知即内在于吾心的天理,致知的内涵之

---

① 《年谱三》,《王阳明全集》,第1295页。
② 《年谱三》,《王阳明全集》,第1294页。

一,便是将作为本体的良知推行于事事物物,使之合乎理。总之,良知(本体)与致知(工夫)展开为动态的统一过程。

王阳明在早年便把成圣视为第一等事,如何成圣始终是其眷注的哲学问题,王阳明晚年并没有离开这种具有终极意义的哲学关怀。事实上,王阳明以致良知立教,本身便是对形成于早年的哲学问题的某种自我回应。在与门人论学中,王阳明一再将致良知说与成圣联系起来:

> 若今日所讲良知之说,乃真是圣学之的传,但从此学圣人,却无不至者。惟恐吾侪尚有一善成名之意,未肯专心致志于此耳。①
>
> 心之良知是谓圣。圣人之学,惟是致此良知而已。……愚不肖者,虽其蔽昧之极,良知又未尝不存也。苟能致之,即与圣人无异矣。此良知所以为圣愚之同具,而人皆可以为尧舜者,以此也。②

良知作为本体,构成了成圣的根据;致其良知,便同时意味着达到圣人之境:成圣与致良知展开为一个统一的过程。于是,晚年的为学宗旨与早年追求的第一等事便获得了内在的契合。

当然,在晚年王阳明那里,圣人境界似乎被赋予更深沉的内涵:它不仅仅意味着个体人格的完善,而且指向天人、群己等关系。据《年谱》所载,王阳明晚年讲学的中心论题之一,便是"万物同体"。在《答顾东桥书》等文中,王阳明对这一论旨作了反复阐发:"夫圣人之

---

① 《年谱三》,《王阳明全集》,第1303页。
② 《书魏师孟卷》,《王阳明全集》,第280页。

心,以天地万物为一体,其视天下之人,无内外远近,凡有血气,皆其昆弟赤子之亲,莫不欲安全而教养之,以遂其万物一体之念。"①"夫人者,天地之心;天地万物,本吾一体也。"②这种思想,可以视为宋儒民胞物与之说的发挥,它既体现了儒家传统的仁道原则,又蕴含着对群体的认同。而按王阳明之见,万物一体与致良知说又存在逻辑的联系:"世之君子惟务致其良知,则自能公是非,同好恶,视人犹己,视国犹家,而以天地万物为一体,求天下无治不可得矣。"③就立说的内在逻辑而言,心体的提升,往往内含过分强化个体原则的可能,万物一体说意味着抑制良知向自我中心的偏斜。从另一角度看,它也多少折射了王阳明在逆境之下的期望。平定宁藩之后,王阳明在政治上一再横遭诬陷、毁谤、压抑和冷落,与之相应,在学术上也不断受到非议、曲解、攻击。面对这一切,王阳明在"举世非之而不顾"的同时,也十分自然地向往主体间的相互同情、相互理解、相互沟通,而万物一体正是体现了这样一种理想之境。

嘉靖六年(1527),王阳明在度过六年的赋闲生活后,又受命出征思、田。在此之前,王阳明已提出著名的四句教:"无善无恶是心之体,有善有恶是意之动,知善知恶是良知,为善去恶是格物。"④在对四句教内在意蕴的理解上,钱德洪(绪山)与王畿(汝中)发生了分歧。钱、王是王阳明晚年二位高足,王阳明后期弟子众多,难以一一亲授,初入门者常先由钱德洪、王畿加以指点,其在王门中的地位非同一般门人。然而,二人对师说的把握并不完全一致。按王畿之见,四句教"恐未是究竟话头"。因为若说心体是无善无恶,则意、知、物亦应是

---

① 《传习录中》,《王阳明全集》,第54页。
② 《年谱三》,《王阳明全集》,第1301页。
③ 《年谱三》,《王阳明全集》,第1301页。
④ 《传习录下》,《王阳明全集》,第117页。

无善无恶的;若说意有善恶,则毕竟心体还有善恶在。钱德洪提出了不同看法:"心体是天命之性,原是无善无恶的。但人有习性,意念上见有善恶在,格致诚正,修此正是复那性体功夫。若原无善恶,功夫亦不消说矣。"①对四句教的这种不同理解,也意味着对王学宗旨的不同领会,为求得共识,二人最后就正于王阳明。

在启程赴广西前一天,王阳明与钱德洪、王畿共会于天泉桥。钱德洪提及了与王畿讨论四句教一事,并概述了各自看法。王阳明对钱、王注重四句教十分赞赏,并认为,王畿的思路是从本体悟入,"一悟本体,即是功夫,人己内外,一齐俱透了"②。钱德洪的取向则是在功夫熟后,明见本体;"二君之见正好相取,不可相病。汝中需用德洪功夫,德洪须透汝中本体"③。这里,王阳明主要根据钱德洪、王畿所问,从本体与工夫的关系上对四句教作了阐释。如前所述,作为第一等事的成圣过程同时展开为致良知的过程,后者逻辑地涉及两个方面,即本体(良知)与工夫(致)。作为致良知的两个方面,本体与工夫呈现为一种互动的关系:由本体摄工夫,自工夫见本体;钱德洪与王畿分别注意到了其中的一个方面。仅仅侧重由本体摄工夫这一进路,往往流于空疏;过分强调自工夫见本体这一取向,则易于失去为学头脑,只有在二者的统一中,才能达到心学的全体。在此,王阳明实际上从本体与工夫的角度,概述了其论学要旨。

四句教的内容当然不限于本体与工夫的关系,如后文将要详论的,它同时也表现了王阳明试图统一个体性原则与普遍性原则、存在与本质、感性与理性等趋向,而其中又存在着种种的理论紧张。④ 在

---

① 《传习录下》,《王阳明全集》,第117页。
② 《王阳明全集》,第117页。
③ 《王阳明全集》,第1306页。
④ 王畿似乎已从一个方面注意到了这一点。

某种意义上,四句教可以看作是王阳明对其心学的一个总的规定。正是基于此,王阳明反复叮嘱其两位高足:"二君以后再不可更此四句宗旨。此四句中人上下无不接着。我年来立教,亦更几番,今始立此四句。""二君相取为益,吾学更无遗念矣。"①"不可更此四句教"、"更无遗念"云云,似乎赋予四句教以晚年定论的性质。对钱、王的以上阐释和嘱咐,常被称为天泉证道,这是王阳明生前最后一次总结性的论学,②它可以看作是王阳明留下的哲学遗嘱。

天泉证道的次日,王阳明便踏上了赴广西的征途,这也是他生命的最后旅程。此时王阳明已是五十六岁的老人,且患肺疾足疮,衰病之躯,实已难堪军旅重负,但对高远的人生境界(成圣)的追求,却激励他勉力而行:"微雨林径滑,肺病双足胧。仰瞻台上云,俯濯台下水。人生何碌碌?高尚当如此。疮痍念同胞,至人匪为己。"③至广西后,王阳明针对少数民族的特点,以安抚为主要策略,"诸夷感慕,旬日之间,自缚来归者一万七千",思、田遂平。之后,又率兵三千,平定了为乱一百多年的八寨、断藤峡。时人对此曾作了如下评价:"今守仁不杀一卒,不费斗米,直宣扬威德,遂使思、田顽叛,稽首来归。虽舜格有苗,何以过此?"④舜是完美的人格典范(圣人),王阳明之德、之功,在此已与舜并提,这可以看作是他迈向圣人之境的一种隐喻。从早年以学圣贤为第一等事,到晚年获得时人的如上确认,王阳明似乎已实现了其人生的理想。

与人生追求走向终点相应,王阳明的生命之火也开始渐渐燃尽。嘉靖七年(1528)十月,王阳明因炎毒日甚,卧病于南宁,不久病情加

---

① 《年谱三》,《王阳明全集》,第1306—1307页。
② 稍后的严滩问答不过是同一话题的继续。
③ 《复过钓台》,《王阳明全集》,第794页。
④ 《年谱三》,《王阳明全集》,第1319页。

重,启程返归。途中谨谒伏波庙,追录少时梦谒马援所赋诗,不觉感慨系之。至增城,又奉祀六世祖王纲的祠宇,并题诗一首,诗中王阳明既表达了未负先祖遗愿的自慰,又隐隐地有一种归宿之感:"道同著形迹,期无负初心。"此后,病势日剧,无法坐立,但仍时时以门生为念,期望"一还阳明洞,与诸友一面而别"。① 然而,命运之神并没有让王阳明实现这一遗愿。舟至江西南安,王阳明终于走完了其生命的整个旅程,静静地离开了人世。他留给这个世界的最后一句话是:"他无所念,平生学问方才见得数分,未能与吾党共成之,为可恨耳!"②这便是王阳明的"终极"关怀:学以求道。它以遗言的形式,凸现了王阳明作为哲人的内在品格和境界。

综观王阳明的一生,不难注意到其人格的多重性。他以成圣为理想之境,但又时时展示出狂者胸次,后者既表现为政治上对权贵的蔑视,又体现为学术上对权威(正统理学)的挑战。圣狂交融,使之有别于正统理学所津津乐道的所谓醇儒。圣人之境内含着庙堂的取向,而狂者气象则可以逻辑地引向山林中的洒脱。在王阳明意识的深层,确乎交织着庙堂与山林二重情结,他有很强的入世意识,其一生的大部分时光,几乎都是在经世实践中度过的;但同时又一再流露出对青山幽林的眷恋,在"我亦爱山仍恋官,同是乾坤避人者"③中,以上双重情结得到了颇为形象地表述。就个性而言,王阳明既有深刻的理智思辨能力及知性的冷峻,又展示出丰富的情感世界;前者从其军事谋略中不难看出,后者则具体地体现在他与父辈、祖辈、门人等的关系中。当其弟子兼妹婿徐爱病逝时,王阳明"哽咽不能食者二

---

① 《年谱三》,《王阳明全集》,第 1324 页。
② 《阳明先生行状》,《王阳明全集》,第 1428 页。
③ 《庐山东林寺次韵》,《王阳明全集》,第 765 页。

日",以后每提及徐氏便哀痛不已,表现出深沉的情感。作为哲学家,王阳明以"思"的方式建构了其心学体系,而这种"思"又始终与"事"联系在一起。从内容上看,王阳明所涉及的事,主要包括两个方面,即广义的政治实践(包括军事实践)与教育实践,二者构成了王阳明心学形成的不同前提。人格特征、人生经历的多重性和复杂性与广义的时代背景交互作用,从不同方面决定了王阳明心学的复杂性。

就心学本身的形成与展开而言,从早年哲学问题的萌发,到晚年的致良知说与四句教,王阳明经历了长期的探索过程。在以成圣为终极理想这一点上,王阳明与正统理学并无不同,但在什么是圣人之境以及如何成圣等问题上,王阳明显示了不同于正统理学的思路。正是以上诸方面,构成了所谓"第一等事"的具体内容,而其心学即可以看作是对第一等事的形而上学追问和沉思。

第二章
心体与性体

王阳明以成圣为第一等事,决定了其思维路向首先指向内在的心性。从较广的理论背景看,心性的辨析在逻辑上构成了理学解决内圣之境何以可能的切入点,正是这一进路,使理学常常被视为心性之学。在这方面,王阳明的心学并没有离开理学的论域。当然,对心性问题的看法及心性关系的定位,王阳明与程朱一系的理学又存在重要分歧。如果说程朱着力于提升性体,那么王阳明则更多地以心体为关注之点,而这种差异又蕴含着对主体意识、道德本体、成圣过程等的不同理解。

一、历史的前导

心性问题的考察,可以上溯到先秦儒学,而在先秦儒学中,孟子的思想尤为值得注意。与孔子较少直接讨论性与天道不同,孟子对心性作了多方面的论析。按孟子的看法,凡人皆有四心:"恻隐之心,人皆有之;羞恶之心,人皆有之;恭敬之心,人皆有之;是非之心,人皆有之。"①这里所谓心,首先含有情感之义:恻隐之心大致表现为一种同情心,羞恶与恭敬分别是对自我与他人的内在情态,是非在中国哲学中既涉及认识论上的真妄,又含有价值论上的善恶之义,而是非之心则更多地指对善恶的情感认同和排拒。正是有见于此,朱熹认为,孟子"所谓四端者,皆情也"。② 以恻隐等形式表现出来的人心,是内在于主体的自然倾向,其形成往往不假思勉,也并非出于有意的矫饰:"今人乍见孺子将入于井,皆有怵惕恻隐之心,非所以内交于孺子之父母也,非所以要誉于乡党朋友也,非恶其声而然也。"③正是人所具有的这种本然之心,构成了人之所以为人的一般规定:"无恻隐之心,非人也;无羞恶之心,非人也;无辞让之心,非人也;无是非之心,非人也。"④

本然之心不仅与人的存在合一,而且构成了人的道德本质之源。孟子对人心与仁义等关系作了如下界定:

> 恻隐之心,仁之端也;羞恶之心,义之端也;辞让之心,礼之端也;是非之心,智之端也。⑤

仁、义、礼、智作为当然之则,构成了人性的具体内容;以四心为仁义

---

① 《孟子·告子上》。
② 《朱子语类》,卷五十九。
③ 《孟子·公孙丑上》。
④ 《孟子·公孙丑上》。
⑤ 《孟子·公孙丑上》。

礼智之端,意味着肯定人性与人心的内在关联。关于这一点,孟子有一个更明了的阐释:"君子所性,仁、义、礼、智根于心。"①人性体现了人的道德本质,人心则折射了人的情感存在;道德并不是一种超验之物,相反,它一开始便有其情感的根源。在人心与人性的联系之后,是理性本质与感性存在的某种沟通。

当然,人心所蕴含的恻隐、羞恶等情感,主要为仁义等道德意识的形成提供了可能,潜在的可能(端)唯有通过一个扩而充之的过程,才能达到自觉形态的道德意识:"凡有四端于我者,知皆扩而充之,若火之始燃,泉之始达。苟能充之,足以保四海;苟不充之,不足以事父母。"②这一扩而充之的过程首先与理性活动相联系,正是在此意义上,孟子强调:"思则得之,不思则不得。"③从本然的四端到当然的仁义,即以理性化的过程为中介。

由人心提升到人性,并不意味着远离经验情感之域。孟子说:"大人者,不失其赤子之心者也。"④赤子之心包括人的真诚情感。人性固然超越了人心的本然形态,但它又总是难以割断与人心的联系;仁(道德意识)发自恻隐之心,又始终渗入着真诚之情。孟子有如下一段著名的论述:

> 口之于味也,有同耆焉;耳之于声也,有同听焉;目之于色也,有同美焉。至于心,独无所同然乎?心之所同然者何也?谓理也、义也。圣人先得我心之所同然耳。故理义之悦我心,犹刍豢之悦我口。⑤

---

① 《孟子·尽心上》。
② 《孟子·公孙丑上》。
③ 《孟子·告子上》。
④ 《孟子·离娄下》。
⑤ 《孟子·告子上》。

孟子所说的心在狭义上与性相对,在广义上则包括理性等普遍的人性。理性作为广义的人性,以理义等为对象,但理义要成为人性的现实内容,又离不开以情感等形式表现出来的人心的认同:所谓悦我心,也就是一种情感的认同。这样,理性的确认(心之所同然)与情感的认同(悦我心)相互联系,展示了人心与人性的统一。

在孟子哲学中,心始终被置于重要的地位。他以"大人"为理想的人格之境,而大人的特点即在于能保持赤子之心,如前所述,所谓赤子之心,内含尚未完全被理性化的本然之情。理想人格固然以人性的挺立为特征,但人性的确立并不意味着人心的泯灭,普遍的理性本质与表征个体存在的人心具有相容性。孟子还对善政与善教作了区分:"善政,民畏之;善教,民爱之。善政得民财,善教得民心。"[①]畏之形成于对法治规范的理性认识,爱之则是一种情感的认同。实施合理的治国方策可以使人敬畏有加,而良好的教化则使人心向往之;前者可以获得一种功利效应,后者则表现为人心的沟通。孟子以为"善政不如善教之得民也",实际上也就是强调理性的计较不应排斥人心(包括情感)的交融。

孟子关于人心与人性的看法,使人很自然地联想起休谟的某些观点。休谟对情感与道德之间的关系作了多方面的考察。在他看来,"道德上的善恶确实是被我们的情绪,而不是被我们的理性所区别出来的。"[②]情感之中,同情(sympathy)又被赋予特别重要的意义,休谟对此作了反复申述:"同情是我们对一切人为的德(artificial virtue)表示尊重的根源。""我们对社会所以发生那样广泛的关切,只是由于同情;因而正是那个同情才使我们脱出了自我的圈子。""广泛

---

① 《孟子·尽心上》。
② 休谟:《人性论》,北京:商务印书馆,1980年,第632页。

的同情是我们的道德感所依靠的根据。"①如此等等。道德作为人的类的本质表征,体现了人的群体意识(对他人与社会的关切),但在休谟看来,其本然之源却是内在于个体的同情心。

休谟所说的同情心与孟子所说的恻隐之心无疑有相通之处,他以内在的心理情感解释道德的起源,也表现了与孟子相近的思路。如前所说,道德展示的主要是人的普遍本质,而内含情感的人心则更多地与人的个体存在相联系,二者在形式上似乎存在着内在的紧张,这种紧张很容易导向过分强调对人心的超越。然而,与孟子一样,休谟在人心与人性之间的外在紧张中看到了其内在的联系,肯定"同情是人性中一个很强有力的原则"②。这种看法注意到了道德与心理情感等经验领域的关联,肯定人性不应当排斥人心而蜕化为抽象的本质。

当然,与孟子同时肯定理性原则不同,休谟似乎表现出较为极端的经验论倾向。按休谟的理解,"道德上的善恶区别并不是理性的产物。理性是完全不活动的"③。由此,他批评以下观点,即认为人类只有遵循理性的命令才可能是善的,因为理性总是被动的,既不能产生行为,也不能激发意志。相对于作为原始存在的情感,理性只具有从属性:"理性是、并且也应该是情感的奴隶,除了服务和服从情感外,再不能有任何其他的职能。"④这种看法无疑从另一侧面将人心与人性对置起来,它在某种意义上外化了片面突出人心所蕴含的理论偏向。

---

① 休谟:《人性论》,第620、621、628页。
② 休谟:《人性论》,第620页。
③ 休谟:《人性论》,第498页。
④ 休谟:《人性论》,第453页。

孟子之后,心性之学又多方面地展开于儒家思想的演进过程之中。至宋明时期,心性之域已蔚为大国,并形成了多重发展路向。首先应当注意的是程朱一系的心性理论。在程朱那里,心泛指一般的精神活动及精神现象,它兼涉性与情,又与人的感性存在相联系。二程说:"在人为性,主于身为心。"①与身相对的人侧重于类的本质,身则首先与个体的感性生命相联系。主于身既意味着心的灵明知觉对形体的制约,又蕴含着感性存在对心的渗入;就前者而言,"虚灵自是心之本体"②,就后者而言,感性存在是变动不居的,与之相联系的心也往往有善有恶:"心是动底物事,自然有善恶。"③

　　心作为灵明知觉与感性存在的统一,更多地表现为一种本然。从本然到当然,便涉及心与理、心与性的关系。朱熹认为,心与理并不彼此分离:"心与理一。"④心与理的统一并不是指心与理彼此等同或融合为一,它具体展开为心具理:"心包万理,万理具于一心。"⑤所谓心具理,也就是理内在于心而主宰心。朱熹一再强调理对心的这种主宰性,并由此对佛家提出了批评:"且如释氏擎拳竖拂运水搬柴之说,岂不见此心?岂不识此心?而卒不可入尧舜之道者,正为不见天理,专认此心以为主宰,故不免流于自私耳。"⑥"吾以心与理为一,彼以心与理为二。亦非因欲如此,乃是见处不同。彼见得心空而无理,此见得心虽空而万理咸备也。"⑦仅仅限定于此心,而看不到心应

---

① 《二程集》,中华书局,1981年,第204页。
② 《朱子语类》,卷五。
③ 《朱子语类》,卷五。
④ 《朱子语类》,卷五。
⑤ 《朱子语类》,卷九。
⑥ 《答张敬夫》,《朱文公文集》,卷三十。
⑦ 《朱子语类》,卷一百二十六。

以理为内容,便难免流于自私,朱熹在心具万理的意义上说心与理为一,旨在超越以此心为心而达到以理制约心。

具于心之理,也就是性:"理在人心,是之为性。"①"性便是心之所有之理。"②在程朱那里,性和理的关系与心和理的关系颇有不同,性作为在心之理,与理具有同一性,在此意义上,程朱一再强调性即理:"性即理也,在心唤作性,在事唤作理。"③心与理则更多地表现为一种包含关系,所谓心具众理、心包万理,都点出了此义。这种关系所侧重的主要是相互联系的两个方面:即心以理为内容,理为心之主宰。这样,依程朱,言性,诚然可说性即理④,但言心,则不可在相同意义上说心即理。⑤

性作为理在人心的具体形态,与心具有更内在与切近的关系。在程朱那里,心与理的关系总是逻辑地关联着心与性的关系。心与性首先被规定为灵与实的关系:"心与性自有分别。灵底是心,实底是性。"⑥灵既指灵明知觉,又指虚灵,在后一意义上,朱熹认为"心是虚底物"⑦;实则含有内容之意。心具有虚灵的形式而又能觉,与理合一的性则构成了其内容:心之所动所觉皆以性——理为指归。心与性的以上界定已暗示了二者之间更深层的关系,而当朱熹以太极和阴

---

① 《朱子语类》,卷九十八。
② 《朱子语类》,卷五。
③ 《朱子语类》,卷五。
④ 此"即"有合一义。
⑤ 朱熹诚然亦说过"理即是心,心即是理"(《朱子语类》,卷三十七),但这同样主要是就理具于心而言,其含义与性即理颇有不同。当然,从另一方面看,当理具于心时,此心已不同于本然之心,而在某种意义上化而为性。事实上,化心为性确为程朱心性论的特点,详后文。
⑥ 《朱子语类》,卷十六。
⑦ 《朱子语类》,卷六十。

阳喻性和心时,这一点便明确化了:"性犹太极也,心犹阴阳也。"① 太极是理,阴阳为气;正如在天道观上理决定气一样,在心性关系上,性决定心。心与性的如上关系,往往被更简要地概括为"心以性为体"②。可以看出,在心性之域,程朱的注重之点更多地在于确立性的本体地位,而心在内具理并相应地以性为体之后,本身亦开始向性转换。

从性为本体的前提出发,朱熹批评"以心来说性"。③ 以心说性意味着将性还原为心,与之相对,程朱更倾向于化心为性。这一点,在以上分析中已不难窥见,而在人心与道心说中则可进一步看出。关于人心与道心,朱熹作了如下界说:"心者,人之知觉,主于身而应事物者也。指其生于形气之私者而言,则谓之人心;指其发于义理之公而言,则谓之道心。"④人心主要与人的感性存在(形体之私)相联系,道心则出于普遍的义理,并因此纯而又纯:"道心者,天理也。""道心者,兼得理在里面,惟精是无杂。"⑤就其以理为内容而言,道心与性相通,事实上,朱熹亦肯定了这一点:"性则是道心。"⑥在程朱看来,人心与道心的合理关系应当是人心听命于道心:"必使道心常为一身之主,而人心每听命焉,乃善也。"⑦而以道心为主则意味着化人心为道心:"以道心为主,则人心亦化而为道心矣。"⑧"恰似无了那人心相似,只是要得道心纯一。"⑨就其内在逻辑而言,化人心为道心与化心

---

① 《朱子语类》,卷五。
② 《朱子语类》,卷五。
③ 《朱子语类》,卷四。
④ 《尚书·大禹谟》,《朱文公文集》,卷六十五。
⑤ 《朱子语类》,卷七十八。
⑥ 《朱子语类》,卷六十一。
⑦ 《朱子语类》,卷六十二。
⑧ 《答黄子耕》,《朱文公文集》,卷五十一。
⑨ 《朱子语类》,卷七十八。

为性乃是相互关联的两个方面,二者指向同一目标,即以理性本体净化感性之域。

如上倾向在程朱的性情论中得到了进一步展示。情属于广义的心,作为心的一个方面,它处于感性经验的层面。心性关系的具体展开,便逻辑地涉及性与情的关系。在《颜子所好何学论》中,程颐提出了如下看法:"天地储精,得五行之秀者为人。其本也真而静,其未发也五性具焉,曰仁义礼智信。形既生矣,外物触其形而动于中矣。其中动而七情出焉,曰喜怒哀乐爱恶欲。情既炽而益荡,其性凿矣。是故觉者约其情使合于中,正其心,养其性,故曰性其情。愚者则不知制之,纵其情而至于邪僻,梏其性而亡之,故曰情其性。"[1]这里提出了性情关系上的两种原则,即性其情与情其性。性其情之说本出于王弼[2],其基本涵义是以性统情和化情为性;情其性则意味着以情抑制性。程颐吸取并发挥了王弼性其情之说,以此拒斥了情其性,情性关系上的这一原则,后来亦得到朱熹的一再肯定。[3] 与化人心为道心一样,性其情表现了理性本质的泛化趋向,在这一过程中,与感性存在相联系的人之情失去了其相对独立的品格:它唯有在同化于普遍的理性本体之后,才能存在于主体意识。不难看出,性为心之体在此表现为理性本质对情感经验的消融。

程朱以理具于心、性即理、性为心之体、化心为性、性其情等展开了其心性说,其中的内在主题是建构性的本体地位。当程朱以理为心之内容并相应地以性为心之体时,心已开始被化约为性,而通过化人心为道心、性其情等过程,心向性的泛化则获得了更具体的内涵。

---

[1] 《二程集》,第 577 页。
[2] 参见王弼《周易·乾卦》注。
[3] 参见《朱子语类》,卷五十九等。

在程朱那里,性的具体内容表现为当然之则:"性者,人之所受乎天者,其体则不过仁、义、礼、智之理而已。"①当然之则属理性规范,作为当然之则的内化,性所凸现的乃是人的理性本质。这样,性—理的一再提升与强化,其逻辑的指归便是确立超验的理性本体。②

程朱在心性关系上强化并泛化性体的思维趋向,使人想到了康德。康德曾对主体与道德律的关系作了考察。在他看来,道德律总是具有定言命令的形式,其特点在于普遍有效性与自律性,而它的源头则出于善良意志。善良意志是无条件的、内在的善,它剔除了一切经验的成分,完全根源于先验的理性,理性的使命就在于"产生在其自身就是善良的意志。对这样的意志说来理性是绝对必需的"③。这种理性不同于理论理性而表现为所谓实践理性,善良意志在某种意义上便可视为实践理性的具体化。正如在现象界人通过知性范畴为自然立法一样,在实践领域(道德领域)人通过善良意志而给自己立法。

不过,理论理性虽是先验的,但却非超验:知性范畴诚然赋予知识以普遍必然的形式,然而离开了感性经验它便是空的。与之相异,实践理性(善良意志)却拒斥任何感性因素:它不仅是先验的,而且具有超验性。按康德之见,感性的东西都是实质的并因而是特殊的,只有排除了一切感性的杂质,才能确立普遍的道德律,因为道德律作为普遍的法则,正是以形式化(撇开实质的内容)为特点。同时,感性的动机往往使人受制于外部对象,亦即趋向于他律;唯有超越感性,才

---

① 朱熹:《孟子或问》,卷十四。
② 不难看出,这一意义上的性,已不同于孟子所说的心,当孟旦断言朱熹哲学中的性可以用孟子的四心来定义时,似乎忽视了这一点(D. J. Munro, *Images of Human Nature: A Sung Portrait*, Princeton: Princeton University Press, 1988, pp. 88-99)。
③ 康德:《道德形而上学原理》,上海:上海人民出版社,1986年,第45页。

能达到道德自律。① 在此意义上,康德认为:"每个有理性的东西的意志的观念都是普遍立法意志的观念。""一切有理性的东西都把自己的意志普遍立法概念当作立足点。"②这样,在与人的存在相联系的实践领域中,理性似乎成了至上乃至唯一的原则。康德以如下的断论强调了这一点:"全部道德概念都先天地坐落在理性之中,并且导源于理性。"③

道德法则的理性化特征,逻辑地关联着道德主体的理性品格。在康德那里,人作为自律的主体,同时也是一种超感性的存在:"所以超感性的存在(就我们能设想它而言)就不外是受纯粹实践理性的自律所控制的一种存在。""纯粹实践理性的真正动机原来就是这种性质;它只是纯粹道德法则自身,这条法则一面使我们窥见自己超感性的存在的崇高性,一面又从主观方面在人心中产生了对自己高级天性的敬重心。"④这里的所谓高级天性,主要便是指理性。人作为道德主体,无疑有超感性的一面,但由此将人完全理解为一种超感性的存在,则意味着把道德主体归结为理性的化身。康德把人是目的视为基本的道德律之一,而人之所以是目的,首先即在于他是一种理性的存在:"这种原则的根据就是:有理性的本性(die vernünftige natur)作为自在目的而实存着。""人,一般说来,每个有理性的东西,都自在地作为目的而实存着。"⑤不难看出,在康德那里,人是理性的存在与人是超感性的存在相互重合,而人的理性规定则相应地被强化为道德形而上学的基本预设。

---

① 参见康德:《实践理性批判》,北京:商务印书馆,1960年,第八节。
② 康德:《道德形而上学原理》,第83、85页。
③ 康德:《道德形而上学原理》,第62页。
④ 康德:《实践理性批判》,第43页、第90页。
⑤ 康德:《道德形而上学原理》,第81、80页。

人作为现实的存在,不仅有理性,而且包含情、意等等。关于理性与情感的关系,康德的态度大致可以概括为两个方面。其一为排拒,即把情感作为感性经验的东西而加以净化:"一切感情都是感性的;但是道德意向的动机是必须摆脱一切感性条件的。"①其二则是化情感为理性。康德认为,人作为道德主体需要有一种对于道德法则的敬重感情,亦即"道德感情",而后者又以理性为源:"这个情操(即所谓道德情操)只是被理性产生出来的。……它似乎只听命于理性,并且还是只听命于纯粹实践理性的。"②这种源于理性又听命于理性的情感,已是一种理性化的情感。与情感的理性化相联系,康德亦倾向于将意志纳入理性之域。前已提及,康德把善良意志视为内在的、无条件的善,而善良意志即以实践理性为根据。同样,意志的自律也以意志与理性的"完全符合"为前提。由此康德甚而强调,"意志也就是实践理性"③。从情感的理性化到意志的理性化,理性似乎泛化于道德主体的各个方面。

这种以理性涵盖一切的趋向,也表现在康德对德性的看法上。在康德那里,德性与经验是格格不入的,它只能出于纯粹实践理性:"只有完全清除来自经验的杂质,去掉出于浮夸或利己之心的虚饰,德性的真实面目才显示出来。"④在此,德性显然亦被规定为一种超验的存在。德性的超验性制约着德行。对康德来说,道德行为完全是

---

① 康德:《实践理性批判》,第 77 页。在《实用人类学》中,康德进而将情感具体区分为"激情"与"情欲",并对二者都持贬抑态度:"一般说来,激情是病态的偶发现象症状。""情欲是纯粹实践理性的绝症。"(康德:《实用人类学》,重庆:重庆出版社,1987 年,第 156、169 页)

② 康德:《实践理性批判》,第 77—78 页。

③ 康德:《道德形而上学原理》,第 63 页。

④ 康德:《道德形而上学原理》,第 78 页注。

由理性的道德法则所决定,它"不但不需要感性冲动的协助,甚至还要斥退这些冲动"①。而理性的道德律是一种形式化的普遍法则,就此而言,康德实际上将形式因理解为动力因,这与休谟以情感为动力因似乎构成了二极。②

康德对道德主体的规定及道德形而上学原理的阐释,与程朱的心性论当然不能作简单类比,但二者在某些方面无疑又有相通之处。程朱力图确立性—理的本体地位与康德反复强调理性的主导意义,程朱以道心净化人心与康德要求剔除一切感性经验的杂质,程朱趋向于化心为性及主张性其情与康德追求情感、意志的理性化,等等,其间确实存在彼此接近的思路。如果说,在孟子那里我们可以看到某种休谟的影子(这里是就逻辑而非狭义的时间而言),那么,在程朱那里则可看到某种康德的影子,而从孟子到程朱的逻辑行程,则相应地在一定意义上表现为由休谟走向康德。

二、心体的重建

相对于程朱之注重性,王阳明似乎更多地将注重之点放在心之上。他一再强调,"圣人之学,心学也"③,而他的哲学也常常被称为心学。王阳明所说的心,含义较为广,指知觉、思维、情感、意向等,从为

---

① 康德:《实践理性批判》,第74页。
② 康德后来在《德性学说》中,似乎亦注意到了情感的作用:"我们有责任或义务培养诸如爱、同情、关怀等情感,因为这些情感有助于我们尽对他人的责任。"(参见 Kant, *The Doctrine of Virtue*, New York: Pharper and Row, 1964, pp.399-400, 456-457)不过,在此,情感仍从属于理性的责任意识:培养情感乃是旨在更好地尽理性的责任,而且,这种培养过程本身亦被纳入了理性的责任之域。
③ 《象山文集序》,《王阳明全集》,第245页。

学与为道的角度看,首先应当注意的则是心体的概念。王阳明认为"为学须有本原,须从本原上用力",而从本原上用力,也就是"于心体上用功"。① 以心为体,从一个方面表现了王学不同于程朱之学的品格。

关于心体的内涵,王阳明作了多方面的界定。他首先将心与理联系起来:

> 心也者,吾所得于天之理也,无间于天人,无分于古今。②
> 所谓汝心,亦不专是那一团血肉。若是那一团血肉,如今已死的人,那一团血肉还在,缘何不能视听言动?所谓汝心,却是那能视听言动的,这个便是性,便是天理。③

作为本原,心并不仅仅是一种感性的存在(不专是那一团血肉),它以理为其内在的规定。理的渗入,赋予心以二重相互联系的品格:即先天性与普遍必然性。先天性(得于天)表现了心先于经验的一面,正是在此意义上,王阳明认为,"心,生而有者也"④;普遍必然性(无间于天人,无分于古今)则展示了心超然于特殊时空的一面。按康德的看法,先天的普遍必然性可以有两种形态,即表现为知性范畴的思维形式与作为行为和评价准则的道德律,王阳明所谓得于天之理,更多地是指后者。

通过以理界定心,王阳明将先验的道德律引入了心体。从静态看,心呈现为普遍必然的道德律;就动态言,心又表现为道德实践领

---

① 《传习录上》,《王阳明全集》,第14页。
② 《答徐成之》,《王阳明全集》,第809页。
③ 《传习录上》,《王阳明全集》,第36页。
④ 《五经臆说十三条》,《王阳明全集》,第976页。

域的立法者,后者体现了心的主宰性:"以其凝聚之主宰而言,则谓之心。"①就其理为心之体,并将作为心之体的理主要理解为普遍的道德律而言,王阳明的思路与程朱并没有实质的差异。不过,程朱较少讲心的主宰义,而更重理的主宰性。朱熹便批评释氏"专认此心以为主宰,故不免流于自私耳"②。程朱一系关注的问题主要是通过化心为性达到心合乎理,而不是由心颁布道德律。换言之,理入主于心压倒了心的自主性。

程朱要求化心为性、性其情,在心性关系上表现为以性说心,这一思路更多地将心的先验性与超验性联系起来,而对心的经验内容未予以应有的注意。与之不同,王阳明在强调心有其先天来源(得之于天)的同时,并未将关注点引向其超验性。当王阳明的门生陈九川问如何才能达到稳当时,王阳明的回答是:"尔却去心上寻个天理,此正所谓理障。"③心之上的理,是超验之理;以心之上寻理为理障,可以看作是对程朱的批评。与心上寻理的超验进路相异,王阳明在肯定心体具有先天的普遍必然之理的同时,又将其与经验内容与感性存在联系起来:

> 耳目口鼻四肢,身也,非心安能视听言动?心欲视听言动,无耳目口鼻四肢亦不能,故无心则无身,无身则无心。④

身是一种感性的存在。心虽不专是一团血肉,而是视听言动所以可

---

① 《传习录中》,《王阳明全集》,第76—77页。
② 《答张敬夫》,《朱文公文集》,卷三十。
③ 《传习录下》,《王阳明全集》,第92页。
④ 《传习录下》,《王阳明全集》,第90—91页。

能者,但它又并非隔绝于耳目口鼻等感性的存在。肯定心与身的这种联系,当然并不能说是一种独到的见解,但相对于程朱的以性说心,它又确乎有值得注意之点。如果说,以性说心倾向于心与感性存在和经验内容的划界,那么,无身则无心之说则旨在重新确认心与感性的联系。

从意识的层面看,感性存在总是涉及经验内容,心不能离身(无身则无心),决定了心无法与经验内容绝缘。王阳明在谈到心与情的关系时,便肯定了这一点:"喜、怒、哀、惧、爱、恶、欲,谓之七情。七者俱是人心合有的。"①相对于理性的灵明觉知,情感属于感性经验的序列,王阳明将七情视为人心的题中应有之义,同时即意味着对先验的心体与经验的内容作了沟通。在王阳明那里,心与情的这种联系,并不仅仅是一种偶然的提法;从王阳明对心体总的规定中,我们便不难看到这一点:

    心一而已。以其全体恻怛而言谓之仁,以其得宜而言谓之义,以其条理而言谓之理。②

此处之恻怛与孟子所谓恻隐含义相近,主要是就内在的情感而言。孟子以恻隐之心为仁之端,王阳明则以心之全体恻怛为仁,二者都把情感视为主体意识的内在要素。在这方面,王阳明确乎不同于程朱,而更接近儒学源头之一的孟子。当然,这并不是说程朱完全没有注意心的情感构成,事实上,程朱亦一再提到人不能无情,但从总体上看,程朱以性其情为目标,因而始终难以在情与义、理的关系中,使情

---

① 《传习录下》,《王阳明全集》,第111页。
② 《传习录中》,《王阳明全集》,第43页。

得到适当的定位。

恻怛作为恻隐之心,还多少带有道德情感的意味。心体的另一品格是乐:

> 乐是心之本体,虽不同于七情之乐,而亦不外于七情之乐。虽则圣贤别有真乐,而亦常人之所同有。但常人有之而不自知,反自求许多忧苦,自加迷弃。虽在忧苦迷弃之中,而此乐又未尝不存。①

乐从广义上看有感性快感与精神愉悦之分,所谓圣贤之真乐,便更多地侧重于精神愉悦。但无论是感性的快感,抑或精神的愉悦,都渗入了某种情感的认同。感性快感自不必说②,即以精神的愉悦而言,此时之乐固然已超越了单纯的快感,但它毕竟又不同于抽象的理性认知和逻辑思辨,因为其中一开始即已内含了情感的认同。孔子要求好仁如好好色,好仁亦即悦仁,好好色则是情感的自然接受,就是说,源于仁道精神的精神愉悦(好仁),唯有达到好好色这样的情感认同,才趋于完善之境。从这一意义上说,感性快感与精神愉悦的区分也有其相对性:二者在不同程度上都蕴含着经验的内容。

自周敦颐以后,寻孔颜乐处一直是理学家津津乐道的话题。不过,在理学的正统程朱那里,孔颜之乐主要被理解为理性化的精神境界,而与感性的情感相对。与之不同,王阳明在区分作为心之本体的乐与七情之乐的同时,又强调本体之乐并不外于七情之乐。七情作为情,总是有其自然流露的一面。《传习录下》记载:"问:乐是心之

---

① 《传习录中》,《王阳明全集》,第70页。
② 在最原初的快感中已有好恶之情。

本体。不知遇大故于哀哭时,此乐还在否? 先生曰:须是大哭一番方乐,不哭便不乐矣。虽哭,此心安处,即是乐也,本体未尝有动。"①乐在此已不是狭义的特殊情态(与哀或苦相对者),而是泛指主体的一般情感体验。情感往往容易受到内在或外在的强制,所谓欲哭不能,悲而强忍等,便可视为情感在强制之下的某种扭曲。只有在当哀则哀,当悲则悲时,主体情感才会有一种渲畅之乐。在这里,乐就在于内在的情感得到了自然的渲露和展示,而没有因强制而郁结和扭曲。可以看到,以乐为心之本体的内在理论意蕴首先便在于避免对情感的过度强制,并使之在主体意识中得到适当的定位。

概而言之,王阳明所说的心体既以理为根据(本体)和形式结构(心之条理),又与身相联系而内含着感性之维。在前一意义上,心与性有相通的一面,所谓"心之体,性也;性即理也"②,即是就此而言;在后一意义上,心又不限于性:不外于七情的乐之本体,便很难纳入理性化的性之本体。以理为本(以性为体)决定了心的先天性(先验性),与感性存在的联系则使心无法隔绝于经验之外。这样,心体在总体上便表现为先天形式与经验内容、理性与非理性的交融。

王阳明对心体的如上理解,与陆九渊的心学当然有相近之处,不过二者似乎又并不完全相同。陆九渊虽然亦将心提到了突出地位,但对心体的理解却存在二重倾向。从某些方面看,陆九渊一再地将心界定为个体之心,要求"尽我之心",并强调此心完全听命于我:"人之于耳,要听即听,不要听则否,于目亦然,何独于心而不由我乎?"③尽管陆九渊亦讲心即理,但这种由我之心似乎已抽去了理的规定;同

---

① 《传习录下》,《王阳明全集》,第 112 页。
② 《传习录中》,《王阳明全集》,第 42 页。
③ 《陆九渊集》,北京:中华书局,1980 年,第 439 页。

时,陆九渊诚然突出了心的个体性规定,但对心体的经验内容却较少作具体规定。另一方面,陆九渊又反复强调心的普遍性品格:"心只是一个心。某之心,吾友之心,上而千百载圣贤之心,下而千百载复有一圣贤,其心亦只如此。"①"东海有圣人出焉,此心同也,此理同也;西海有圣人出焉,此心同也,此理同也;南海、北海有圣人出焉,此心同也,此理同也。"②在此,心呈现为一种超时空的存在,并与普遍之理重合,而其个体性的品格则相应地被架空。当陆九渊将心与耳目等感官并提,并称其为"我之心"时,心似乎与特定的感性的存在处于同一序列;而当心被界定为时间上永恒、空间上无界的存在时,它又获得了超验的品格。对心体的以上二重规定,使陆九渊的心学很难摆脱内在的紧张。相形之下,王阳明把心体理解为先天形式与经验内容、理性与非理性的统一,在化解陆九渊心学的内在紧张上,似乎进了一步。

当然,从儒家心性之学的衍化看,王阳明思路的独特性更多地相对于程朱而言。如前所述,程朱在总体上倾向于以性说心。按其本义,性与心相对时,体现的主要是人的理性本质,以性说心或化心为性则相应地旨在确立理性本体的主导地位。理性是人不同于其他存在的类的本质之一,程朱强调性即理,着重从理性的层面将人与其他存在区分开来。然而,过分地突出理性的本体,往往容易将人本身理解为抽象的存在。当朱熹要求以道心净化人心时,便多少忽视了现实的人所具有的丰富规定,而将其片面地视为理性的化身。从这种前提出发,人的多方面的发展便很难落实:理性的优先,趋向于抑制对感性存在以及情感、意志、直觉之维的关注,程朱正是由此引向了

---

① 《陆九渊集》,第444页。
② 《陆九渊集》,第388页。

本质主义。相对于程朱的这一趋向,王阳明在肯定心以理为本的同时,又联系身以说心,并将情、意以及乐视为心的应有之义,无疑更多地注意到了主体意识多方面的内容以及人的存在的多方面的规定,后者在理论上为确认人的个性以及个性的多样化发展提供了某种心性论的前提。

如前所述,程朱以性说心的进路,在理论上趋向于先验与超验的融合:性体既是先验的,又是超验的。理性本体一旦被赋予超验的性质,则往往会蜕变为异己、强制的力量。在朱熹那里,道心对人心的关系,便具有强制的意味:他要求人心听命于道心,从另一个方面看,也就是由道心对人心颁布绝对命令。相形之下,王阳明以心体立论,并把心体理解为先天形式与经验内容、理性与非理性的统一,确乎表现了不同的思路,它对于化解超验与经验、理性与非理性、道心与人心的紧张,限制理性的过度专制,无疑具有不可忽视的理论意义。从明中叶以后及晚明思想的演进来看,王阳明的以上思想对注重个体存在、反叛本质主义的思潮,确实也产生了重要的影响。

同时,王阳明打通先天本体与感性存在,在一定程度上也潜下了扬弃本体先天性的契机。从逻辑上看,本体的先天性可以引向两个方面:或者由先验走向超验,或者由先天与经验的沟通而限制并超越先天性。王阳明当然并未完成后一过程,但他将心体的作用与感性的活动等联系起来,却为完成这一过程提供了某种前提。正是沿着王阳明的以上思路,黄宗羲进而提出:"心无本体,工夫所至,即其本体。"[1]这里的要义在于,心体并不是既成的、先天的存在,而是形成、展开于现实的认识过程之中。这种看法已超越了先验的思辨之域,开始达到对心体(主体意识)历史的、较为现实的理解,后者的思想源

---

[1] 《明儒学案·序》。

头,则可回溯到先验与超验的相分。①

王阳明从性体走向心体,其思维行程在一定意义上表现为由程朱回归孟子。就其思想系统的内在结构而言,心体的重建又构成了其人格理论及德性理论的逻辑前提:心体的重建同时意味着道德本体的建构。

三、心 与 理

王阳明以重建心体为其心性之学的出发点,而心体自始便涉及心与理的关系。心体固然与性体不同,并不仅仅以纯而又纯的理为其内容,但亦非隔绝于理之外。王阳明提出"心即理"的命题,对心与理的关系作了总体上的概括。

与理相对的心和心体在内涵上并不重合。心体表现为意识的综合统一,相对于理的心,涵义则有所不同。在心与理的关系中,理主要指外在于个体的天道和人道,它作为超乎个体的规定具有普遍的品格;与之相对的心则是内在于主体的个体意识。这样,心与理首先呈现为外在的普遍规范与个体的内在意识之间的关系。当然,王阳明对心体与心的具体阐述,有时亦有交错的一面,但在逻辑上,二者的侧重确乎有所不同。

理作为普遍的规范,总是超越个体的存在。王阳明所说的理,更多地指伦理规范,相对于个体,这种规范首先表现为一种外在的要

---

① 可以将黄宗羲的论点与王阳明的以下论述作一比较:"目无体,以万物之色为体;耳无体,以万物之声为体;鼻无体,以万物之臭为体;口无体,以万物之味为体;心无体,以天地万物感应之是非为体。"(《传习录下》,《王阳明全集》,第108页)在此,心体与经验内容并非彼此隔绝。

第二章 心体与性体 83

求。如何使社会的普遍要求化为个体的具体行为？在王阳明看来，当普遍的规范仅仅外在于个体并与个体相对时，它便很难真正影响主体的行为。在道德实践的过程中，理乃是内在于心而起作用的：

> 心即理也。……且如事父，不成去父上求个孝的理；事君，不成去君上求个忠的理；交友治民，不成去友上、民上求个信与仁的理：都只在此心，心即理也。①

道德规范并不是对象性的存在：如果它完全以对象性的方式存在，则不免导致理是理，我（行为主体）是我，难以沟通二者。所谓去父上求个孝的理，也就是将普遍规范理解为对象性的存在，并由此将当然之则（理）与道德实践（事亲）分离为两个序列。只有扬弃普遍规范的对象性，将其化为主体意识，才能真正使道德实践受其制约。所谓心即理，首先便意味着普遍之理与个体意识的融合。

如前所说，作为普遍道德律的理，在未融入主体意识之前，总是带有某种超验的性质。普遍之理向个体之心的内化，并不是以抽象理念的形式入主个体意识，而是渗入于主体的情感、意向、信念等等之中，并进而转化为主体意识的内在要素。康德虽然将道德律理解为主体自身颁布的自律，但在他那里，作为道德立法者的实践理性或善良意志始终隔绝于主体的内在意愿、情感等之外，它在相当程度上表现为自我之中的他者，所谓自我立法，实质上亦不外是以理性命令的形式展开的社会立法。这种看法固然注意到了道德律的普遍性，但却难以扬弃其超验性；事实上，康德似乎正是试图以实践理性的超验性来担保道德律的普遍性。程朱要求道心常为主而人心每听命，

---

① 《传习录上》，《王阳明全集》，第 2 页。原文标点有误，此处作了校正。

其思路近于康德。在道心与人心、普遍之理与个体之心的二元对峙中,个体行为固然可以不逾矩,但却很难做到从心所欲。相形之下,王阳明以心即理沟通普遍之理与个体之心,无疑表现了不同的思维取向:他以理内在于心扬弃其对象性,同时亦意味着扬弃其超验性。

从另一方面看,个体意识本身亦有一个提升的过程,而这一过程又与个体由自在到自为的发展相联系。个体在走向自为的过程中,总是不断接受理性的规范,心的灵明知觉正是在这一过程中由潜能转化为现实,并逐渐获得具体的内容。当个体尚未经过这样一个理性化的过程时,他往往只是本然的、前社会化的存在,其意欲、情感、要求等亦常常不易与本能区别开来。换言之,个体如果停留于前理性的、前社会化的层面,那么,这种意识便很难被视为本来意义上的主体意识。道家要求绝圣弃智,将理性的规范都视为对个体的束缚,由此推向极端,便只能把人引向本然的存在。王阳明以心即理的命题,肯定了普遍之理应当内化于个体之心。通过理与心的融合,一方面,普遍之理不再仅仅表现为与主体相对的超验存在,另一方面,个体意识开始获得普遍性的品格;心与理的统一在主体意识中具体化为个体性与普遍性的统一。

心与理的统一,并不是静态的合一,它一开始便具有某种过程性,而在王阳明看来,这种过程又具体展开于事亲事君等道德、政治践履中。正是在事亲事君、"应接事物"的活动中,天赋于此心的普遍之理逐渐具体化为"孝"、"忠"等道德意识,这同时也是普遍规范在制约主体行为的过程中扬弃自身的抽象性与超验性的过程。如果不了解心与理在践履过程中的合一,则往往容易导向专求本心:"后世所以有专求本心,遂遗物理之患,正由不知心即理耳。"[1]质言之,正是在

---

[1] 《传习录中》,《王阳明全集》,第43页。

日用常行的践履过程中,以先天的形式表现出来的理开始获得了多方面的规定,并构成了主体意识的现实内容;而个体之心也相应地得到了提升(不再停留于单纯的自心或自我之情、意)。

在禀受于天(得于天)的前提下将心与理融为一体,这无疑带有思辨的形式,但透过思辨的形式,我们却可以发现若干值得注意的见解。王阳明所说的心即理,首先是指普遍的道德规范(作为当然之则的天理)与个体道德意识的合一。按其本义,道德不同于法,它并不是以强制的方法迫使主体接受某种规范。只有把普遍的道德律转化为个体的信念、情感、意愿,才能有效地影响主体的行为。伦理规范渗透于主体的过程,实际上也即是普遍的道德规范与个体的信念、情感、意愿等相融合的过程。正是通过这种交融,道德才获得了内在的力量。一旦把道德律令归结为与个体意识相对立的强制性规范,那么,它往往会蜕变为毫无生命力的抽象训条。王阳明认为作为当然之则的理不应外在于主体意识,似乎有见于此。

当然,理性规范(当然之则)本身具有二重性,就其作用方式而言,它固然唯有内化于主体意识才能制约个体的行为。但作为一般原则,它又具有超越于个体的一面:一定时期的道德规范,总是构成了普遍的行为准则和评价标准,这种准则在相当程度上具有非个体所能范围的公共性质。过分强调当然之则的内在性,亦容易导致弱化其普遍性与公共性。王阳明由心即理引出心外无理,已蕴含了如上可能,而在王门的某些后学中,这一趋向似乎表现得更为明显。从这方面看,心即理的命题正如性即理的命题一样,亦有自身的问题。

通过理内化于心而达到理与心的融合,主要从主体意识的形成及其内在结构上,展开了"心即理"这一命题的内涵。除了理向心的内化外,心即理还具有另一重涵义,即心通过外化而显现和展示理;心外化的过程,也就是"在物"的过程。在向门人解释心即理的涵义时,王阳明阐发说:"此心在物则为理。如此心在事父则为孝,在事君则为忠之类。……诸君要识得我立言宗旨,我如今说个心即理是如何,只为世人分心与理为二故,便有许多病痛。"①这里的在物,是一个事父事君的践履过程。按王阳明的理解,经过理的内化,心逐渐获得了普遍的内容,后者又通过践履的过程而进一步对象化(外化)。心的外化首先表现为当然之则,它使内在的道德意识在道德实践中取得了一般规范的形式:在事父的过程中展示为孝,在事君的过程中展示为忠,等等。这样,理融合于心(主体意识),心又外现为理(行为的普遍规范),心与理相即而不相离。

作为"心即理"的内涵之一,心的外化或对象化当然并不仅仅表现为心(主体意识)在道德实践中展示为一般的行为规范(理);在更深层的意义上,它同时涉及外在世界(首先是道德世界)中理性秩序的建立。在分析格物致知时,王阳明便从如上角度对合心与理的意义作了阐述:

> 若鄙人所谓致知格物者,致吾心之良知于事事物物也。吾心之良知,即所谓天理也。致吾心良知之天理于事事物物,则事事物物皆得其理矣。致吾心之良知者,致知也;事事物物皆得其理者,格物也。是合心与理而为一者也。②

这里的"致"有推行之意,致吾心之良知于事事物物,亦即化道德意识为具体的道德行为。正是在道德实践中,人伦关系逐渐变得合乎理性的规范,人与人的交往亦由前文明的形式趋于合理化:所谓事事物

---

① 《传习录下》,《王阳明全集》,第121页。
② 《传习录中》,《王阳明全集》,第45页。

物皆得其理,首先便意味着形成理性化的道德秩序。在王阳明看来,通过心的外化(道德意识推行于道德实践)而达到社会人伦的理性化(事事物物皆得其理),即构成了心即理的另一重意蕴(是合心与理而为一者也)。

王阳明以心体立论,而对心体的如上理解,无疑有其自身的特点。一般而言,心体在普遍化之后,往往导向形式化:在意识之域,普遍化意味着超越特定的内容,由此便容易趋于形式化。当康德把实践理性规定为普遍的立法者时,这种理性同时亦取得了形式化的品格:它被剔除了任何经验的内容。纯粹的理性形式就其本性而言很难为行为提供内在的动力,康德似乎亦未能解决如何从普遍的理性形式向具体行为过渡的问题:普遍的立法固然提供了形式化的法则,但它主要告诉人们应当如何,而并不能担保人们在现实中实际如此。作为理与心的融合,王阳明所注重的心体,显然不同于纯粹的理性形式,它内在地渗入了人的价值追求,并相应地包含了休谟视为行为动因的情感等内容,从而既为行为提供了普遍的导向,又构成了行为的内在动力。所谓致吾心之良知于事事物物,强调的便是心体并不是静态的逻辑形式,而是具有向道德实践过渡的能动品格。简言之,心的外化或对象化表明,心体既是形式因,又是动力因。

将心体与纯粹的理性形式区分开来,常常又易于走向另一端,即仅仅关注心体之中与个体存在相联系的那一面。休谟将理性视为情感的奴隶[1],即多少表现了这一趋向。非理性的方面固然可以成为行的动因,但如果仅仅由此出发,则行为的结果便难免导致社会的无序化。与这种非理性的倾向不同,王阳明将心的外化或对象化理解为通过道德实践使事事物物皆得其理,亦即把心的外化与社会秩序的

---

[1] 参见休谟:《人性论》,第453页。

理性化联系起来,从而使心体同时成为指向理性秩序的目的因。

可以看到,王阳明以心即理界定心体,有其多方面的意蕴。在心即理的形式下,普遍之理构成了主体意识的题中之义,个体之心①同样获得了其定位;理性与非理性在主体意识中都取得了某种"合法性"的形式。相对于程朱由强化理性而贬斥非理性,王阳明无疑更多地注意到了主体意识的多重规定。心与理的合一,同时展开为一个过程,这一过程既表现为普遍之理通过道德践履逐渐内化并融合于主体意识,又表现为道德意识(心体)外化为道德行为,并进而通过道德实践而实现社会人伦的理性化。作为本体,心不同于纯粹的理性形式,亦非单一的个体之意,其内在特点表现为普遍性与个体性的统一,而心体在践履过程中的外化与对象化(人伦秩序的建立),则通过本体的外在展现而使之取得了某种现实性的品格。

四、心体与内圣之境

从理学的演进看,王阳明将理论的注重之点由性体转向心体,在某种意义上实现了哲学视域的转换。而就王阳明心学的逻辑展开而言,心体又构成了其出发点。与其他理学家一样,王阳明试图从理论上解决内圣如何可能的问题,心体的讨论并未离开这一主题。内圣之境作为理想之境,具有超越既成的崇高性质,这一点,程朱已注意到了,他们之突出超验的性体,从某些方面看即意在为内圣之境的崇高性提供担保;而王阳明以普遍之理为心体的内容,亦表现了相近的思路。

在以上方面,王阳明显然不同于禅宗。禅宗从缘起说及自心是

---

① 包括其中情感、意志、直觉等非理性的方面。

佛的观点出发,强调作用即为性,并由此把人的一切个别的、偶然的行为都视为道:"行住坐卧,无非妙道。"①这种看法将道降低为偶然的作用,以外在的"缘"消解了内在的本体,因而带有明显的现象主义性质。朱熹已对此提出了责难:"佛家所谓作用是性,便是如此。他都不理会是和非,只认得那衣食作息,视听举履,便是道。……更不问道理如何。"②在否定以作用为性这一点上,王阳明与朱熹无疑有一致之处。他曾批评佛、老遗理说心:"佛、老之空虚,遗弃其人伦事物之常,以求明其所谓吾心者。而不知物理即吾心,不可得而遗也。"③离开理求吾心,意味着抽去普遍的本体,在佛家那里,这可以看作是以作用为性的逻辑结果。王阳明的以上批评表现了其拒斥佛家的立场,而他对本体的承诺并以之为走向内圣之境的出发点,也确实有别于禅宗消解本体的现象主义倾向。④

然而,内圣之境毕竟不仅仅是一种崇高之境,它同时又具有内在性的品格,后者首先意味着不能无视个体的特定存在。与注重心体之中的个体性规定相联系,王阳明一再强调"人要随才成就"。⑤ 在王氏看来,人的个性千差万别,因而不能以一般的模式去强求一致:

---

① 慧海:《顿悟入道要门论》。

② 《朱子语类》,卷六十二。

③ 《象山文集序》,《王阳明全集》,第 245 页。

④ 因此,我们很难同意张灏的如下看法,即王阳明的内在实在(心体)概念与佛教的心性概念在超道德上完全一致("Confucian Cosmological Myth and Neo-Confucian Transcendence", in *Cosmology, Ontology, and Human Efficacy*, edited by R. Smith and D. W. Y. Kwor, Honolulu: University of Hawaii Press, 1993, p.122)。这种看法忽视了王阳明对本体的承诺,亦未注意这种承诺的道德内涵。相形之下,牟宗三的以下观点似乎更接近事实:在王阳明那里,"良知不只是个光板的镜照之心,而且因其真诚恻怛而是有道德内容者,此即阳明之所以终属儒家而不同于佛老者"(《从陆象山到刘蕺山》,台北:学生书局,1984 年,第 218 页)。

⑤ 《传习录上》,《王阳明全集》,第 21 页。

> 圣人教人,不是个束缚他通做一般:只如狂者便从狂处成就他,狷者便从狷处成就他。人之才气如何同得?①

就目标而言,个体发展具有趋同的一面(以成圣为其终极理想),但走向理想之境的方式则可以不同;人格的培养应当根据个体的特点,采取相应的形式。从现实的形态看,个性包含多方面的内容,如果仅仅以普遍的理性规范来加以约束,则难免抑制个体的创造性和内在活力,而由此形成的人格亦往往将成为抽象的理性原则的化身。程朱以性体立论,首先注重的是普遍的理性对个体的塑造,亦即以理性本体担保人格的崇高性与普遍性,而对人格培养中的个体性原则常常不免有所忽视。王阳明将心体作为成圣的出发点,这种出发点逻辑地蕴含着随才成就的原则,而王阳明由此反对强求人"通做一般",则多少超越了抽象的理性原则对个体原则的消融。

理想人格的内在性不仅与个体存在相联系,在更深层的意义上,它又指向真诚性。内圣作为人格之境,并不是外在的矫饰,而是一种实有诸己的真诚品格。如果仅仅依照外在的理性规范,而未能将一般的理性原则融合于内在心体,则行为便往往会如同做戏:

> 若只是那些仪节求得是当,便谓至善,即如今扮戏子,扮得许多温清奉养的仪节是当,亦可谓之至善矣。②

类似的看法还有:"若无真切之心,虽日日定省问安,也只与扮戏相

---

① 《传习录下》,《王阳明全集》,第104页。
② 《传习录上》,《王阳明全集》,第3页。

似,却不是孝。此便见心之真切,才为天理。"①戏总是做给人们看的,戏子尽管可以依仿现实中的人物,但毕竟不同于真实的人格。成圣意味着达到至善,但倘若这一过程只是追求在外在形式上合乎理性的规范,那么,它就会如同做戏,而难以达到真实的人格。在王阳明看来,要避免这种外在矫饰,便必须让普遍之理落实于心体,化外在的规范为内在德性,从而使行为不再仅仅依照形式化的理性规范(仪节),而是真正出自内在的道德本体。

可以看到,在王阳明那里,心体的建构与内圣如何可能的问题息息相关。王阳明把心体理解为普遍之理与个体之心的统一,而这种道德本体又构成了成圣的内在根据:如果说,理作为心体之中的普遍性规定保证了内圣之境的崇高性,那么,心与理的融合(理内化于心)则为内圣成为实有诸己的真诚人格提供了担保,二者从不同方面对内圣何以可能作了理论上的说明。

心体作为理性与非理性、普遍性与个体性的统一,具有某种本体论的意义:它总是与现实的主体同在;换言之,心体不是无人格的逻辑形式,它存在于主体在世的过程中。内圣作为至善的德性,则构成了主体境界。心体的本体论意义,在逻辑上亦决定了内圣之境的本体论意义:真正的境界总是将化为人的具体存在,并展开于人的实践过程中。这样,心体与内圣的统一,同时便蕴含着存在与境界的统一。王阳明强调普遍之理与个体存在的联系,确乎较多地注意到了道德本体与道德境界的现实性品格。

与本体的这种现实性维度相应,理与心的融合亦意味着由形而上的超验之域向个体存在的某种回归。如前所说,性体作为普遍的本质,更多地指向超验之域;相对于性体,心体与感性的存在有着更

---

① 《传习录拾遗》,《王阳明全集》,第 1174—1175 页。

为切近的联系。康德常常将感性的存在与动物性联系起来①,程朱在这方面亦近于康德,这种看法很难避免本质主义的走向。事实上,感性并不能简单地等同于动物性。感性本身有原始形态(本然形态)与人化形态之分,与个体的社会化过程相应,作为个体存在规定之一的感性,在相当程度上已取得了人化的形式,这种感性显然不能归结为动物性。总之,感性的原始形态固然应当超越,但不能由此贬斥人的感性规定;一旦与人的感性规定分离,人的存在便难免趋于片面化。王阳明以心即理沟通形而上与形而下、理性与感性,并以此作为达到理想之境的内在本体,这一思路既注意到了存在与本质的联系,也相应地肯定了理想人格中的感性规定,从而多少避免了将其抽象化与片面化。

---

① 参见康德:《实践理性批判》,第62页。

第三章
心物之辩

心体作为本体并不仅仅囿于主体意识,而是自始便关联着广义的存在;心体的重建则相应地为考察心物关系提供了逻辑的前提。王阳明在定位心与理时,既强调了理的内化,又肯定了心的外化,而心的外化进一步引申,便指向了意义世界。在心物关系上,王阳明的兴趣之点不在于提供某种形而上的宇宙模式或世界图景,而在于将存在的规定与意义世界的建构联系起来,后者表现了一种独特的本体论路向。

一、沉思存在的二重路向

哲学的思考总是指向存在,而对存在的沉思则可以有不同的路向。从儒学的历史演进看,天道之域很早就成为儒家所面对的问题之一,但相对而言,早期儒家对天道问题的直接讨论较少,孔子的学生便曾感叹:"夫子之言性与天道,不可得而闻也。"①宋明时期,随着理气、道器之辩的展开,天道问题亦受到了较多的关注。从哲学倾向看,理学有重理、重气、重心之分,而就存在的考察方式而言,则似乎又有超验与非超验之别:如果说,从周敦颐的太极图说到朱熹的太极图说解更多地表现了超验的进路,那么,王阳明从心体出发考察存在,则表现了不同的思维趋向。

周敦颐作太极图,以此作为宇宙演化的基本模式。② 在《太极图说》中,周敦颐对这一宇宙图式作了如下概述:

> 无极而太极。太极动而生阳,动极而静;静而生阴,静极复动。一动一静,互为其根;分阴分阳,两仪立焉。阳变阴合,而生水、火、木、金、土。五气顺布,四时行焉。五行,一阴阳也。阴阳,一太极也。太极,本无极也。五行之生也,各一其性。无极之真,二五之精,妙合而凝。乾道成男,坤道成女,二气交感,化生万物。万物生生,而变化无穷焉。③

关于无极而太极的具体涵义,尔后的哲学家有不同的理解。如陆九渊认为无极一词源于老子,无极而太极之意与老子"无名天地之始,有名万物之母"相近;朱熹则认为,无极主要表示太极"无方所,无形

---

① 《论语·公冶长》。

② 关于周敦颐太极图中的宇宙模式与道教有无理论上的渊源关系,自南宋以来即有不少学者作了种种考辨。本书不拟对此作出判定,此处我们的兴趣主要不在于太极图的思想来源,而是其中表现出来的本体论思路。

③ 《太极图说》,《周敦颐集》,北京:中华书局,1990年,第3—5页。

状",并非太极之上还有一个无极;无极而太极指无形而有理。① 然而,不管根据哪一种解释,周敦颐的如上宇宙模式都设定了一种超验的存在:无极或无形之太极;这种超验的存在又作为终极的根据而构成了宇宙之源。由无极衍生出阴阳之气,阴阳之气又分化为五行,由此进一步形成了四时的变化、万物的化生。可以看到,在周敦颐那里,存在的考察与宇宙论难分难解地纠缠在一起。

周敦颐的如上思路,在朱熹那里也得到了折射。在解释周敦颐的太极图时,朱熹便指出:"此所谓无极而太极也,所以动而阳,静而阴之本体也。"② 与周敦颐相近,朱熹在此亦将无极(太极)理解为终极的存在(本体),并以此本体为阴阳之气的本源。关于这一点,从朱熹的如下论述中可以更清楚地看出:

> 二气五行,天之所以赋授万物而生之者也。自其末以缘本,则五行之异,本二气之实,二气之实,又本一理之极;是合万物而言之,为一太极而已也。自其本而之末,则一理之实,而万物分之以为体。故万物之中,各有一太极,而小大之物,莫不各有一定之分也。③

由经验现象之域(末)上溯,则万物源于五行,五行产生于阴阳二气,二气则又本于太极,故太极为万物的最终本源;自终极的存在下推,则太极又散现于经验对象。"本""末"按其原意应属本体论范畴,但在朱熹那里,它们又与宇宙的生成过程联系在一起;本体与现象、存

---

① 参见《答陆子静》,《朱文公文集》,卷三十六。
② 朱熹:《太极图解》。
③ 朱熹:《通书注·理性命章》。

在与根据这一类本体论的问题,与宇宙的起源、演化、构成等宇宙论的问题彼此交错,使朱熹对存在的考察与周敦颐一样,带有明显的思辨构造意味。

当然,较之周敦颐,朱熹的存在理论上又有其自身的特点。与周敦颐基本上停留于宇宙的生成图式有所不同,朱熹并不满足于仅仅提供一幅宇宙论的世界图景,而是试图从质料与形式的关系上对存在作出进一步的说明。在朱熹看来,世界是一个有序的结构,其中理气各有自身的定位:

> 天地之间,有理有气。理也者,形而上之道也,生物之本也;气也者,形而下之器也,生物之具也。是以人物之生,必禀此理,然后有性;必禀此气,然后有形。其性其形,虽不外乎一身,然其道器之间,分际甚明,不可乱也。①

在万物的形成过程中,理的作用类似形式因,气则近于质料因;理作为事物的根据(形而上之道)构成了某物之为某物的本质,气则赋予某物以具体的外部形态。理气(道器)各有其功能,不可彼此越界(不可乱也)。

理气作为生物之本与生物之具,虽不可乱,但在具体的对象(物)上,又彼此相依而不可相离:"所谓理与气,此决是二物。但在物上看,则二物混沦,不可分开。"②有气而无理,则物便缺乏内在根据;有理而无气,则物便难以获得现实性,所谓"未尝实有是物也"③。广而

---

① 《答黄道夫》,《朱文公文集》,卷五十八。
② 《答刘叔文》,《朱文公文集》,卷四十六。
③ 《答刘叔文》,《朱文公文集》,卷四十六。

言之,亦可说,理与气本身不可分:"天下未有无理之气,亦未有无气之理。"①理与气的这种相互联系,首先表现为一种逻辑关系:"既有理,便有气;既有气,则理又在乎气之中。"②从逻辑上说,既然理与气是存在的两个不可或缺的条件,则言理,气便在其中,"有是理便有是气"③;同样,谈气,理亦包含于内,"但有此气,则理便在其中"④。

由此,可以看到,朱熹对存在的考察大致表现为二重向度,即宇宙论的构造与准逻辑的推绎;前者(宇宙论的构造)侧重于从世界的生成、演化过程说明存在,后者则更多地是从理气的逻辑关系上规定存在。这二重向度尽管着重点不同,但又蕴含着一种共同的趋向,即在人的认识活动(知)与实践活动(行)之外考察存在。尽管作为儒学的传人,朱熹并没有完全离开沟通天道与人道的儒学传统,但以上进路却多少表现出就天道而论天道的特点,它使朱熹很难摆脱思辨的走向。从理论上看,处于人的认识与实践领域之外的存在,可以归入本然界;对这种存在,我们除了说它是自在的或本然的外,无法作出更多的说明,而所谓自在或本然,也是相对于人的知与行而言。如果把注重之点仅仅指向这种处于知和行过程之外的本然界,并试图由此出发对存在作出说明,则总是无法避免思辨的构造。在朱熹的"宇宙论地说"与"准逻辑地说"中,我们不难看到这一点。

考察存在的超验进路,也使朱熹的体系蕴含了难以克服的理论困难。如前所述,朱熹上承周敦颐而以太极为终极的本体("万化之根"),作为万化之根,太极先于万物并超然于万物之上:"太极者,象

---

① 《朱子语类》,卷一。
② 《朱子语类》,卷九十四。
③ 《朱子语类》,卷一。
④ 《朱子语类》,卷一。

数未形,而其理已具之者。"①这种看法很难避免世界的二重化。朱熹一再将作为万化根本的太极与具体对象区分开来:"太极却不是一物,无方所顿放,是无极之极。"②即太极超越于特殊时空,无具体的时空规定(无形,无方所)。正是太极这种超然于具体事物的性质,使之成为生物之本;一旦将其与具体事物混而为一,则太极便不成其为万化之根的本体:"殊不知,不言无极,则太极同于一物,而不足为万化之根。"③在这里,作为万化之根的太极与有形有方所的特殊对象便处于两个序列:前者(太极)属形而上的本体界,后者(物)则属形而下的现象界;前者"是个净洁空阔的世界,无形迹"④,后者则有形有迹而处于特殊的时空之中。从太极到二气、五行、万物的思辨行程,只是提供了一种宇宙生成的模式,而并没有真正解决形上之域与形下之域的对峙,如何统一这二重世界,是朱熹始终无法解决的理论难题。

"宇宙论地说"是如此,理气关系的逻辑考察同样一开始便潜下了自身的问题。根据理与气之间的逻辑关系,有理便有气,气在则理亦含于其中,理气无先后可言。然而,在朱熹那里,由超验的前提出发,"宇宙论地说"与"逻辑地说"往往相互交错,而理气在逻辑上的共存,与理气的生成关系,亦常常纠缠在一起:"太极生阴阳,理生气也。阴阳既生,则太极在其中,理复在气之内也。"⑤理生气,是一种生成关系;有气则理即在内,则是一种逻辑关系。二者所指本不相同,但朱熹却将其合而为一。与之相应的便是经验领域中理气交融与形上论域中理气有先后这二重命题的并存:"理与气本无先后之可言,但推

---

① 朱熹:《易学启蒙》,卷二。
② 《朱子语类》,卷七十五。
③ 《答陆子静》,《朱文公文集》,卷三十六。
④ 《朱子语类》,卷一。
⑤ 《朱子语类》,卷一。

上去时,却如理在先,气在后相似。""此本无先后之可言,然必欲推其所从来,则须说先有是理。"①理气在逻辑上的无先后、经验事物中的交融,与二者在形上论域中的有先后构成了一幅繁复的思辨图景,而循沿超验的进路则始终难以理清这一图景。

与朱熹所代表的超验进路有所不同,王阳明对预设太极之类的形上本体很少表现出兴趣,他也无意在人的意识活动领域之外对理、气等关系作出规定。在王阳明那里,对存在的考察总是与主体的意识联系在一起。以心与理的关系而言,如果离开心去求理,便意味着析心与理为二:"夫万事万物之理不外于吾心,而必曰穷天下之理,是殆以吾心之良知为未足,而必外求于天下之广,以裨补增益之,是犹析心与理而为二也。"②王阳明所批评的外吾心以求理,也就是把理视为超验的存在,并以之为追求的目标,而这种追求的结果,则是将理与心隔裂为两个序列。

按王阳明的理解,人所面对的世界,与人自身的存在有不可分离的关系:"人的良知,就是草木瓦石的良知。若草木瓦石无人的良知,不可以为草木瓦石矣。岂惟草木瓦石为然,天地无人的良知,亦不可为天地矣。"③如后文将要详论的,这里主要不是在实存的意义上强调外部对象依存于人,而是着重指出草木瓦石的意义总是相对于人而言。天地、草木、瓦石本是自在的,作为自在之物,它们本处于原始的混沌之中,无所谓天地之分、草木之别。天地作为"天地",草木作为"草木",其意义只是对人才敞开。就此而言,无人的良知(主体意识及其活动),便无天地、草木、瓦石。④ 这样,依王阳明,人便不能在自

---

① 《朱子语类》,卷一。
② 《传习录中》,《王阳明全集》,第46页。
③ 《传习录下》,《王阳明全集》,第107页。
④ 即这些对象不再以"天地"、"草木"等形式呈现出来。

身的存在之外去追问超验的对象,而只能联系人的存在来澄明世界的意义。换言之,人应当在自身存在与世界的关系中,而不是在这种关系之外来考察世界。在王阳明的心物学说中,这一思路得到了具体的展开。

二、心与物:意义世界的建构

以人与对象的关系为出发点,使王阳明难以悬空地去构造一种宇宙的图式,也无法以思辨的方式对世界的结构作逻辑的定位。在王阳明那里,物的界定总是关联着心:

> 心之所发便是意,意之本体便是知,意之所在便是物。如意在于事亲,即事亲便是一物;意在于事君,即事君便是一物;意在于仁民爱物,即仁民爱物便是一物;意在于视听言动,即视听言动便是一物。所以某说无心外之理,无心外之物。①

如前所述,王阳明在要求理内化于心的同时,又肯定心体有其外化的趋向,在这里,"意"便是心体在外化过程中的显现。此处之"物"不同于本然的存在,本然的存在总是外在于主体意识(未为主体所作用),作为"意之所在"的"物",则是已为意识所作用并进入意识之域的存在。意之在物既是一个意向(意指向对象)的过程,又是主体赋予对象以意义的过程。对缺乏伦理、政治意识者来说,亲(父母)、君、民等只是一般对象意义上的存在,只有当心体指向这种对象,亲、君、民等才作为伦理、政治关系上的"亲"、"君"、"民"等而呈现于主体,亦即

---

① 《传习录上》,《王阳明全集》,第6页。

对主体来说才获得"亲"、"君"、"民"等意义。广而言之,事亲、事君、仁民、爱物等实践活动亦是一种存在,这种存在从逻辑上看始终无法离开主体意识的范导;相应的,它们也只有在意识之光照射其上时,才获得道德实践的意义。

可以看到,意之所在即为物,并不是意识在外部时空中构造一个物质世界,而是通过心体的外化(意向活动),赋予存在以某种意义,并由此建构主体的意义世界。所谓心外无物,亦非指本然之物(自在之物)不能离开心体而存在,而是指意义世界作为进入意识之域的存在,总是相对于主体才具有现实意义。不难发现,这种意义世界不同于形而上的本体世界:它不是超验的存在,而是首先形成并展开于主体的意识活动之中,并与人自身的存在(existence)息息相关。王阳明将存在的考察限定于意义世界,与程朱从宇宙论的角度及理气的逻辑关系上对存在(being)作思辨的构造,确乎表现了不同的思路:它在某种意义上可以看作是一种本体论的转向。[①]

从魏晋时期开始,存在的考察便与体用问题联系在一起。在体用关系上,王阳明肯定二者具有不可分离的关系:"即体而言用在体,即用而言体在用,是谓体用一源。"[②]本体与现象并不是二重世界,体用一源而无间。以此为原则,王阳明对心物关系作了进一步的规定:

> 意之所用,必有其物,物即事也。如意用于事亲,即事亲为一物;意用于治民,即治民为一物;意用于读书,即读书为一物;

[①] 牟宗三认为,在王阳明那里,良知"亦是一切存在之存有论的根据,由此,良知亦有其形而上的实体之意义"(《从陆象山到刘蕺山》,第223页)。这一看法似乎未能将意义世界的根据与形而上的存有论之根据区分开来,从而亦未能真正把握王阳明在本体论上实现的转向。

[②] 《传习录上》,《王阳明全集》,第31页。

意用于听讼,即听讼为一物:凡意之所用无有无物者,有是意即有是物,无是意即无是物矣。物非意之用乎?①

这里的物,并不是主体之外的本然存在,而是通过主体的意向活动而形成的"人化"世界,亦即对主体呈现为某种意义的存在。就意义世界的建构而言,精神是体,而意义世界则是用:主体正是通过意向活动而使对象进入意识之域,亦即化本然之物为意义世界中的存在。此处之意义世界乃是相对于个体而言,对象的存在并不因个体而转移,但它对个体所呈现的意义却与主体及其意识活动相关。对缺乏道德意识的个体来说,亲子关系就不具有道德的意义;对没有治国观念的个体来说,治民也不具有政治实践的意义。就此而言,似乎也可以说,有某意,才有相应的"物"(呈现为某种意义的物),"无是意即无是物"。

当然,意义世界并不仅仅表现为意向活动的产物,在王阳明那里,意指向对象的过程,同时也就是事亲、事君的实践过程。作为心之所发,意首先发于道德践履之中:"心外无物。如吾心发一念孝亲,即孝亲便是物。"②而意之所在,亦首先在于这种实践过程。这样,物已不仅仅是静态的对象,而是与主体的活动息息相关。事实上,在王阳明那里,事与物已被打通:物常常被理解为事,所谓"物即事也"③即表明了这一点。意指向本然之物,诚然化本然的存在为意义世界中的对象,但此时意义世界还主要是意识中的存在。唯有通过切实而行的过程,意义世界才能进一步获得现实性的品格。这样,意之所

---

① 《传习录中》,《王阳明全集》,第47页。
② 《传习录上》,《王阳明全集》,第24页。
③ 《传习录上》,《王阳明全集》,第47页。

向与实际践履便有了一种内在的联系:"意未有悬空的,必着事物,故欲诚意则随意所在某事而格之。"①所谓"格之",在此即是一种身体力行的实践。意指向对象,使本然的存在获得了人化的意义②,而事亲、事君的道德践履,则现实地建构起亲子、君臣之间的伦理关系。物与事的沟通,使心学的侧重点由超验的自在之物转向实践中的对象;意向活动与道德践履的相融,则使意义世界的建构超越了化对象为意识的向度。

以上所涉及的,主要是道德之域。意义世界当然不仅仅是一个伦理的世界,它有着更广的内涵。在谈到良知与天地万物的关系时,王阳明便认为:"良知是造化的精灵。这些精灵,生天生地,成鬼成帝,皆从此出,真是与物无对。"③这里的生天生地,并不是一种宇宙论上的生成关系,而是心体与对象之间的意义关系。在心体之外,天地固然依旧存在,但这是一种本然的、未分化的"在";天地之分,或天地呈现为如此这般的存在,离不开心体(良知)的灵明知觉,所谓"皆从此出",便是指"天"、"地"之意义源于心体(由心体赋予)。从这种意义关系上看,心与物并不呈现为两个对立的序列:进入意义世界的天地等物,与心体(良知)难以截然分离④,就此言,二者确乎"无对"。

王阳明的以上看法,在当时并没有得到普遍的理解,即使其门人亦有时而提出质疑。《传习录下》有如下记载:

> 先生游南镇,一友指岩中花树问曰:天下无心外之物,如此花树,在深山中自开自落,于我心亦何相关? 先生曰:你未看此

---

① 《传习录下》,《王阳明全集》,第 91 页。
② 如自然的血缘关系上的亲子成为伦理意义上的对象。
③ 《传习录下》,《王阳明全集》,第 104 页。
④ 在心体之外,天地不再呈现为意义世界中的"天地"。

花时,此花与汝心同归于寂。你来看此花时,则此花颜色一时明白起来。便知此花不在你的心外。①

质疑者的关注点,与王阳明对存在的规定,显然处于不同的问题域。关于心与花同归于寂的问题,这里暂且不议,留待后文详论。所谓花自开自落,着眼的是本然的存在;花的颜色明白与否,则是相对于观花的主体。就本然的存在而言,花之开与花之落与心体似乎并不相干;但花究竟以何种形式呈现出来,亦即花究竟对主体来说具有何种意味,则很难说与心体无关:花的颜色鲜亮(明白)与否,已涉及花的审美形式,这种形式并不是一种本然的存在,它只有对具有审美能力的主体来说才有意义,诚如马克思所指出的:"对于没有音乐感的耳朵说来,最美的音乐也毫无意义。"②当王阳明说"此花不在你的心外"时,似乎更多地是就以上的意义关系而言。

意义关系中的存在,当然不限于花的审美形式。广而言之,它也显现于人与天地万物的关系之中:"我的灵明,便是天地鬼神的主宰。天没有我的灵明,谁去仰他高?地没有我的灵明,谁去俯他深?鬼神没有我的灵明,谁去辩他吉凶灾祥?天地鬼神万物离却我的灵明,便没有天地鬼神万物了。"③以我的灵明为天地万物的主宰,是接着良知为造化的精灵而说的;与良知之"生天生地"一样,这里的主宰并不是就我的灵明决定天地万物的存在及运动变化而言,而是指天地万物由本然的存在成为意义世界中的存在,离不开"我"以及我的意识活动。作为自在之物,天无所谓高或低;只是相对于我,天才呈现为高。

---

① 《王阳明全集》,第 107—108 页。
② 马克思:《1844 年经济学哲学手稿》,北京:人民出版社,1985 年,第 82 页。
③ 《传习录下》,《王阳明全集》,第 124 页。

离开了我,天固然依然存在,但它所呈现于我之前的高(对我来说它所具有的高),则不复存在。就此言,可以说,"天没有我的灵明,谁去仰他高?"

王阳明关于意义世界的如上辨析,曾使他的一些门生感到不解。《传习录下》记载了其门人的问难:"天地鬼神万物,千古见在,何没了我的灵明,便俱无了?"对此,王阳明作了如下回答:"今看死的人,他这些精灵游散了,他的天地万物尚在何处?"[①]如同花自开自落,与心有何相关的质疑一样,以上问难基本上仍以宇宙论为其立场,它所侧重的是人之外的本然意义上的存在。与之相异,王阳明所关注的,首先是"他的"世界("他的天地万物"),这种世界,也就是属于人的意义世界。作为自在之物的天地万物,其存在变化并不以人为转移。然而,意义世界却总是有其相对性的一面。天地万物与不同的个体,往往构成了不同的意义关系:对不同的主体,天地万物常常呈现出不同的意义。从某些方面看,似乎也可以说,每一个人都有一个属于"他的"世界,[②]当他走向生命终点时,属于他的意义世界也即同时趋于终结,而此时,王阳明似乎亦有理由反诘:"他的天地万物尚在何处?"

至此,王阳明主要强调了主体(我)在意义世界建构中的作用。作为一个过程,意义世界的形成并不是一种凭空的构造,也不同于南乐山(R. C. Neville)所谓"本体论的创造"(ontological creation)。在本体论的创造中,超验的本体与源于此本体的对象之间具有不对称

---

① 《王阳明全集》,第 124 页。
② 海德格尔曾对大地与世界作了区分,大地是无对、无界的,世界则使大地有了界、有了对。人们总是在大地之中,寻找自己的意义世界(Martin Heidegger, *Basic Writtings*, London:Routledge, 1993, pp.139-212)。王阳明所谓"他的天地万物",其义近于这种分化了的属人的世界。

的关系。① 在程朱理学中,这种不对称的关系往往表现为太极—阴阳—五行—万物之类的单向决定。相对于此,意义世界的建构则展示了不同的特点。如前所述,王阳明曾认为:"你未看此花时,此花与汝心同归于寂。"这里的"同归于寂"颇可玩味。就意义世界的建构而言,心固然为体,意义世界则为用,但心体本身的意向活动亦离不开对象;无心体对象诚然无从进入意义世界,但无对象,心体的作用也无从展开:当二者未相遇时,便只能同归于寂。事实上,化本然的存在为意义世界中的存在,改变的主要是对象的存在方式,而这种改变,本身亦要以对象某种意义上的"自在"为前提。从这一角度看,心体的作用对对象世界也具有某种依存性。王阳明似乎也注意到了此种关系,从以下所论便多少可以看到这一点:"我的灵明离却天地鬼神万物,亦没有我的灵明。如此,便是一气流通的,如何与他间隔得!"②此所谓无天地万物则无我的灵明,似有二重含义:其一,在意义关系中,心体与对象不可相离,无心体固然物不成其为意义世界中的物,无对象则心体(灵明)亦不复为关系中的心体;其二,心体不能完全在对象世界外凭空造作。这样,心物之间似乎便有了一种互为体用的关系:就自在之物唯有在意向活动中才能转化为意义世界中的为我之物言,心为体,物为用;就无天地万物亦无我的灵明言,则物为体,心为用。正是在后一意义上,王阳明认为:"心无体,以天地万物感应之是非为体。"③

王阳明以意向活动联结心与物,从存在的超越考察转向了意义

---

① 参见 R. C. Neville, "The Chinese Case in a Philosophy of World Religions", in *Understanding The Chinese Mind*, Oxford: Oxford University Press, 1989, pp. 48 – 74.
② 《传习录下》,《王阳明全集》,第 124 页。
③ 《传习录下》,《王阳明全集》,第 108 页。

世界的构造,其思路在某些方面与胡塞尔有相近之处。这当然并不是说,王阳明已提出了一种类似胡塞尔的意向理论。此所谓相近,首先是指二者都试图扬弃存在的直接被给予性。胡塞尔区分了绝对的被给予性与非绝对的被给予性:

> 我们承认纯粹思维的被给予性是绝对的,然而外部的知觉中的外在事物的被给予性不是绝对的,尽管这种外部的知觉认为事物本身具有在。①

所谓绝对的被给予性,是指经过本质还原与先验还原之后所达到的被给予性,非绝对被给予性则是由知觉所提供的直接的被给予性,后者在一定意义上也就是对象的自在性。按胡塞尔的看法,对象的直接被给予性对意识来说具有超越性②,而"事物的超越使我们对事物产生怀疑"③。因之,存在的考察不能从直接的被给予性出发,所谓回到事物本身乃是回到绝对的被给予性。为此便须扬弃直接的被给予性,而这一过程首先与意向活动相联系。意向活动从某一角度看也就是一个化对象为意识的过程:当意识指向对象时,对象便开始由自在的形态,转换为意识中的存在。由此进而展开的本质还原与先验还原,则意味着进一步扬弃经验的直接性而达到纯粹意识。不难看出,在这一系列的过程中,主体逐渐由直接被给予的存在,走向了意识所构造的存在。王阳明将本体论的重心由宇宙论意义上的超验存在转向作为意之所在的物(意义关系中的存在),其特点亦在扬弃存在的直

---

① 胡塞尔:《现象学的观念》,上海:上海译文出版社,1986年,第45页。
② 自在的对象总是在意识之外而超越意识。
③ 胡塞尔:《现象学的观念》,第45页。

接被给予性(自在性),在这方面,王阳明的思路确乎近于胡塞尔。

不过,在相近的形式下,二者又蕴含着深刻的差异。作为现代西方哲学家,胡塞尔深深地浸染着西方近代注重认识论的传统,从胡塞尔对先验现象学任务的规定中,我们不难看到此点:"阐明真实存在和认识之间的这种关系,以及探讨行为、含义、对象的相互关系,这便是先验现象学(或先验哲学)的任务。"①与这一前提相应,胡塞尔对非绝对被给予性的扬弃,亦较多地着眼于认识论。在胡塞尔看来,如果把认识的对象视为意识之外的"超越之物",那么,客观的认识便不可能,因此,认识应当"排除一切超验之物"。② 这里的超越便是指自在性或直接的被给予性。现象学的基本认识论立场,即是肯定:"在纯粹现象的直观中,对象不在认识之外,不在'意识'之外。"③与之相应,作为认识出发点的绝对被给予性,便是认识的自我构造:"我们认为被给予性就是:对象在认识中构造自身,……一般对象本身只存在于它与可能认识的相互关系中。"④与胡塞尔不同,王阳明关注的首先是实践理性和伦理秩序。所谓意之所在即为物,便是化本然的对象(如自然血缘意义上的亲子)为道德关系中的存在:事亲事君的践履,最终指向伦理-政治秩序的建构;而把天地万物转换为意义世界中的为我之物,则是人文关怀的泛化。

从另一方面看,在胡塞尔那里,扬弃非绝对的被给予性与其拒斥心理主义的立场有着内在联系。与之相关,经验在胡塞尔的体系中往往难以立足。胡塞尔提出了所谓悬置判断,他所要悬置的不仅是外部存在,而且也包括感性的经验,由此而出发的还原,则意味着从

---

① 胡塞尔:《现象学的观念》,第4页。
② 胡塞尔:《现象学的观念》,第36—38页。
③ 胡塞尔:《现象学的观念》,第39页。
④ 胡塞尔:《现象学的观念》,第63—64页。

经验意识走向超越的纯粹意识。与以上前提相联系,胡塞尔所理解的主体,也带有某种先验的意味。他一再批评心理主义的经验主体性观念,强调作为主体的"我"并不是我们在日常生活和实证科学的自然观中发现的那种"我",而是通过悬置和还原而达到的先验纯粹的主体性:"先验现象学家则通过他的绝对普遍的悬搁把心理学纯粹的主体性还原成为先验纯粹的主体性。"①胡塞尔对心理主义经验主体性的批评,自有其理论上的意义,但他由此而引出先验的纯粹主体,则似乎又走向了思辨哲学。② 相对于胡塞尔,王阳明对经验则表现出更多的宽容性。如前所述,心体的重建,已意味着对超验性的偏离,以之为前提,王阳明对意亦作了较为广义的理解:它不仅以知为体,而且内在地包含着情感等经验内容,由此展开的意向活动,也始终渗入了经验意识。同时,在王阳明那里,意向活动总是与事亲、事君等实践相互交融,而实践活动也总是有其感性的、经验的一面。如果说,在现象学所谓纯粹意识的层面,主体可以用理想化的还原方式,将经验的内容完全加以净化,那么,作为意向性与实践性统一,主体却不可能像胡塞尔所理解的那样,获得纯粹的、超验的规定。

除胡塞尔外,另一个常被用来与王阳明作类比的哲学家是贝克莱。贝克莱曾有如下名言:

> 天上的星辰,地上的山川景物,宇宙中所含的一切物体,在人心灵以外都无独立的存在;它们的存在就在于其为人心灵所感知、所认识。③

---

① 胡塞尔:《现象学的方法》,第181页。
② 胡塞尔在晚年提出了生活世界的概念(参见《欧洲科学危机与超验现象学》),对先验哲学的思辨性多少有所限制。
③ 贝克莱:《人类知识原理》,北京:商务印书馆,1973年,第22页。

这一论点常常被概括为:"存在即被感知"。初看去,贝克莱的"存在即被感知"与王阳明的"意之所在便是物"似乎颇多类似之处。不过,若作进一步的考察,则可发现,二者实难简单等同。贝克莱所谓感知,首先是指感觉;王阳明的"意",其内涵则更为复杂:作为心体的表现形式,它以知为体,又表现为主体意向,而与知和意向相互融合的,则还有情感等。贝克莱以感觉为第一原理,而感觉作为存在的第一原理,主要并不是体现于感觉与对象之间的意义关系中,它所关联的是存在与非存在问题。换言之,在贝克莱那里,感觉主要不是意义所以可能的条件,而是存在所以可能的条件。贝克莱曾举例说:"我写字用的这张桌子所以存在,只是因为我看见它,摸着它。"[1]这里涉及的,已不是对象(如桌子)对主体呈现为何种意义,而是对象是否存在。相形之下,王阳明对有无、生成等问题较少表现出兴趣,他关注的重心首先是心体与对象的意义关系。如果说,贝克莱以感觉为存在所以可能的条件,仍是以思辨的方式构造存在,那么,王阳明则由存在的构造转向了意义世界的构造。

  对存在的思辨构造,往往很难避免形而上的虚构。贝克莱以"我"的感觉为存在所以可能的条件,在逻辑上蕴含着如下困难,即它无法与存在的连续性这一事实相容。如果对象仅仅依存"我"的感觉,则感觉发生,对象才存在;感觉消失,则对象亦不复存在。这样对象便只有方生方灭的间断性,而缺乏连续性。为了说明存在的连续性,贝克莱不得不设定其他感觉主体的存在,并由此进而引出了"无限的精神实体":当"我"和其他主体没有感知对象时,对象的存在乃是依存"无限的精神实体"的感知。贝克莱的这种超验预设,使其体系在理论上很难达到内在的自洽:"存在即被感知"的命

---

[1] 贝克莱:《人类知识原理》,第21页。

题如果贯彻到底,则无限的精神实体之预设便无法成立。事实上,以思辨的方式构造存在,总是难以完全克服这种理论困难。反观王阳明的心学体系,由于他的兴趣已从宇宙论上的有无、生成等转向了意义世界,终极存在的构造已在其问题域之外,因之,他既不必在心体之外设定某种形而上的实体,也无需面对由此导致的内在理论困难。

当然,王阳明对存在的考察路向也有自身的问题。他以意义世界为关注之域,而在"意之所在便是物"这样的界说中,他所强调的,更多地是心体在赋予意义中的作用;在作为用的意义世界与作为体的心这二者之中,王阳明往往较多地注重后者(心体)在构造前者(意义世界)中的作用。由此出发,对象的自在性往往容易被悬置。事实上,意义世界中的对象既是为我之物,又有其自在性;就其进入意义世界而言,它是意义关系中存在,但它又并非完全同化于关系,忽视了其外在于关系(自在性)这一面,常常容易将其限定于意识之域。同时,王阳明对物与事作了沟通("物即事也"),这固然注意到了意向活动与实践活动的联系,但以事为物,亦每每使作为对象的客体无从定位。王阳明以心体立论,在理论上似乎很难避免以上偏向。

三、天人之际:存在与境界

意义世界同时表现为一种人化的世界。作为人作用于自然的结果,人化世界同样涉及天与人的关系。如前所述,王阳明认为,在化本然世界为意义世界的过程中,良知与万物表现为一种"无对"的关系,而无对则意味着一体无间。广而言之,这种关系普遍地内在于天人之际:

人心与天地一体,故上下与天地同流。①

盖天地万物与人原是一体,其发窍之最精处,是人心一点灵明。风、雨、露、雷、日、月、星、辰、禽、兽、草、木、山、川、土、石,与人原只一体。故五谷禽兽之类,皆可以养人;药石之类,皆可以疗疾。②

此所谓天地万物,是已进入人的生活世界的自然:山川草木,日月星辰本是自在之物,但作为人生存的条件,又已融合于人的世界,并与人息息相关。在这里,天与人的统一,乃是以人化过程为前提:所谓人心是其发窍之最灵处,便潜含了意识之光对天地万物的投射,而以五谷养人、以药石疗疾则体现了人对自然之物的作用,正是在这一过程中,人与万物的一体无间具有了现实性。

从哲学史上看,天人一体的观念当然并非源出于王阳明。早在先秦,儒、道已从不同角度提出了类似的思想;王阳明以前理学家亦对此作了多方面的阐发,其中尤为值得注意的是程明道(程颢)的看法。程明道一再强调:"天人本无二,不必言合。"③在著名的《识仁篇》中,程明道亦以与物同体为其仁学的中心思想:"学者须先识仁。仁者,浑然与物同体。"④王阳明的"无对"、"一体"诸说,与之无疑相通。⑤ 不过,程明道似乎更多地把与物同体理解为一种本然的状态,所谓"天人本无二",便已突出了此点。而天人所以本无二的根据,又被追溯到了超验之理:

---

① 《传习录下》,《王阳明全集》,第 106 页。
② 《传习录下》,《王阳明全集》,第 107 页。
③ 《二程集》,第 81 页。
④ 《二程集》,第 16 页。
⑤ 事实上,《识仁篇》中便已有"此道与物无对"等语。

> 所以谓万物一体者,皆有此理,只为从那里来。①
> 故有道有理,天人一也,更不分别。②

依照以上的逻辑推论,则天人合一便以理为终极之源:天人所以一体,是因为二者皆出于理。对天人关系的这种规定,与程朱考察存在的方式有着内在的一致性;由理到物(人)的本体论—宇宙论向度,似乎构成了天人一体的逻辑前提。这种思路与王阳明有所不同。王阳明没有在天人之上再设定一个超验之理,与之相应,人与万物之无对也并不以天人之上的超验天理为其终极根据:它乃是以源于心体的人化世界作为背景。

在人化世界的背景中讲天人合一,更多地是就存在状态而言。对王阳明来说,人之与物无对,不仅仅是一种存在形式,它更与主体的境界相联系。作为存在的形式,对象固然处于意义关系之中,因而无物我之分、内外之别,但主体并非一开始便体认到了这一点。只有通过致良知的功夫,才能逐渐达到内外两忘的境界:

> 我这里功夫,不由人急心认得。良知头脑,是当去朴实用功,自会透彻。到此便是内外两忘,又何心事不合一?③

"内外两忘"一语亦见于程明道的《定性书》,不过,二者的侧重似有所不同。程明道之内外两忘,首先针对"非外是内"而发:"与其非外而

---

① 《二程集》,第33页。
② 《二程集》,第33页。
③ 《传习录下》,《王阳明全集》,第105页。

第三章 心物之辩 115

是内,不若内外之两忘也;两忘则澄然无事矣。"①他所批评的是专注于内在之性而以应物为累的路向。王阳明则既反对重内而轻外,亦拒斥了执着于外物而遗忘心体;换言之,在王阳明那里,内外两忘意味着破除内外之分,物我之别,由此达到我与万物为一体的精神境界。

境界与意义世界有相互关联的一面,但二者又并不完全重合。意义世界作为广义的人化世界,其意义不仅仅相对于主体而言,而且也展现于主体间:通过意向活动及道德实践而建构起来的人伦关系、道德秩序等,都并非只对个体才具有意义,而是带有某种公共的性质。相对而言,境界更多地与主体的精神状态相联系,它固然也体现于外在的行为过程,但它首先表现为内在的仁智之境。与之相应,境界总是和个体的存在不可分离:境界在一定意义上也就是主体的精神世界。一旦达到内外两忘之境,则主体便能"精神流贯,志气通达,而无有乎人己之分,物我之间"②,这是一种自我精神的提升。在这种精神境界中,主体与主体(人己)之间,主体与对象(物我)之间不再呈现为相互对峙的二重序列,自我似乎内不觉其一身,外不察乎宇宙,小我与大我完全一体无间。

从这一前提反观王阳明的心外无物论,便不难理解,这既是本体论,又是境界说。就本体论言,意之所在便是物③;从境界的角度看,内外合一,心物无间。总起来便是:"本体原无内外。"④可以看到,在王阳明那里,存在与境界,本体论与境界说呈现为交融互渗的关系。意义世界中的存在既外化为伦理-政治秩序,又具有内在的境界意

---

① 《二程集》,第461页。
② 《传习录中》,《王阳明全集》,第55页。
③ 意义世界中的存在离不开意向活动。
④ 《传习录下》,《王阳明全集》,第92页。

味;内外两忘,心物无间的境界则总是与主体的存在合一,并展示于存在的各个向度。由此,王阳明可以说:"天地万物,俱在我良知的发用流行中,何尝又有一物超于良知之外,能作得障碍?"①这是意之所在便是物的引申,又是破除物我对待之后达到的内在境界,它体现了存在与境界的统一。

境界可以有不同的内涵。冯友兰曾将境界区分为四种,即自然境界、功利境界、道德境界、天地境界。从某些方面看,王阳明的内外两忘、物我无间之境,颇近于所谓天地境界,但就总体而言,其内在精神更合乎道德境界。从王阳明的如下阐发中,即不难看出此种趋向:

> 大人者,以天地万物为一体也,其视天下犹一家,中国犹一人焉。若夫间形骸而分尔我者,小人矣。大人之能以天地万物为一体也,非意之也,其心之仁本若是,其与天地万物而为一也。②

天下一家、无分尔我与张载在《西铭》中提出的民胞物与(民吾同胞,物吾与也)大体一致,其基本思想是超越自我中心,以仁道的原则处理主体间关系。王阳明以此作为天人合一、万物一体的具体内容,意味着将物我两忘、万物一体之境主要理解为一种道德境界。这种境界说,无疑体现了人文关怀与仁道原则相统一的儒学传统。

王阳明以内外两忘、物我无间打通了存在与境界,并将存在的体认与境界的提升统一起来,其思路确乎有值得注意之处。哲学不能回避存在的问题,无论是古希腊以来的西方哲学,还是先秦以后的中

---

① 《传习录下》,《王阳明全集》,第106页。
② 《大学问》,《王阳明全集》,第968页。

国哲学,尽管考察方式不同,但都经历了对存在无尽的追问。这种追问与思辨的构造相结合,往往导致终极存在的设定;与语言分析相结合,则走向斯特劳森(P. T. Strawson)所谓分析的形而上学或描述的形而上学(Descriptive Metaphysics)。① 前者是实质的(涉及内容),但又作了超验的本体论承诺;后者拒斥了超验的本体论承诺,但又是无内容的(形式的)。王阳明沟通存在与境界,走的是一条不同的本体论之路。它没有离开现实的存在(首先是人的存在),从而不同于准形式化的逻辑分析;但又与思辨的构造保持了一定的距离,从而避免了过多的本体论承诺。

不过,以天人合一或内外两忘、物我无间为本体论思路,亦蕴含着自身的问题。在天人、物我之间言合,固然扬弃了天人之间的紧张与对峙,但仅仅以一体无间界定这种关系,也往往使对象的自在性难以落实:当物我无间时,对象的"为我而在"似乎消融了其"自在"。在意义世界的建构中,这一点已经显露出来,而内外两忘则使这一趋向表现得更为明显。诚然,作为境界,一体无间更多地体现了主体的精神向度与人生体验,它对于超越自我中心无疑有重要意义,但境界与存在完全合一时,这种精神体验往往也被视为存在的规定,从而模糊心物的界限。

自人从自然分离出来以后,天人、心物关系便开始了其绵绵相延的历史。这一历史过程的起点——天与人的分离颇有意味,它一开始便决定了天人关系的复杂性。分离以原始的统一为前提:从终极的意义上看,天人之分,是存在的自我分化。但既分之后,则又由无对而走向了有对。这种有对是一个历史事实,执着于有对,当然会衍生各种问题,如近代以来的以人类为宇宙中心、工具理性过度膨胀、

---

① 参见 P. T. Strawson, *Individuals*, London: Metnuen & Co. Ltd., 1959。

技术专制等等,都与之有关,但一味拒斥有对,将主客之分、天人之别都视为理性的失误,亦往往将导向追求原始的合一。这既是非历史的,又带有浪漫的空幻色彩。① 天人之间的有对固然应当超越,但作为一种既成的历史事实,它又无法回避。有对的化解,本身必须以正视这种有对为前提;唯有承认作为历史事实的有对,才能既切入人道,又把握天道,在认识自己和认识世界中进一步超越二者的对峙。人并非仅仅存在于精神世界中,人也不能完全满足于在意识之域的体验中达到内外两忘。从更广的视域看,超越有对而走向无对,还具有现实的历史内容:无对并不是回到原始的混沌,它所指向的,是人与自然在更高历史层面的统一。而这种统一,又以天人的某种有对为前提:它总是伴随着人(作为主体的人)对世界(作为对象的世界)的认识与作用。

王阳明在肯定天人无对、无间、一体、合一的同时,对二者的有对似乎缺乏必要的意识。在他那里,人所面对的,总是一个通过意向活动而人化的世界,在这一世界中,天人之间呈现为一体无对的关系;而就个体的精神之域言,内外两忘则构成了其追求的理想之境。这样,无对便似乎消融了有对,而当主客、天人之分归于两忘时,对象世界的认识便难以落实。事实上,从"无有人己之分,物我之间"中,王阳明引出的结论正是:"知识技能非所与论也。"②在这方面,王阳明对物我、天人关系的理解,无疑又有其自身的内在弱点。

与本体论—宇宙论的存在考察路向不同,王阳明将存在的追问

---

① 海德格尔曾对诗意地栖居大地反复加以赞美,这种立场固然表现了超越技术社会种种"有对"的意愿,但同时亦蕴含了将"无对"之境过于浪漫化、理想化的趋向。

② 《传习录中》,《王阳明全集》,第55页。

与意义世界联系起来,在人自身的存在过程中澄明世界的意义,从而避免了对超验本体的过多承诺,并表现出统一本体论与价值论、伦理学的趋向。心物之辩中对意义关系的注重,进一步引申为内外两忘的境界,而存在与境界的统一,则使天人之际从有对走向了无对。这一思路扬弃了天人、物我之间的紧张与冲突。然而,物我无间之境固然在提升主体精神上具有不可忽视的作用,但以境界中的内外两忘为化解有对的方式,则又使超越有对的过程失去了更为具体的历史内容:天人在精神世界中的一体无间,消解了对外在世界的认识与历史实践。以心体出发定位存在,使王阳明始终未能看到,天人之际从有对到无对的演进,是一个在认识与实践中不断重建天人统一的历史过程。

第四章
良知与德性

  通过意向活动化本然世界为意义世界,更多地侧重于外在世界的呈现方式。就主体自身而言,重要的便是形成自我的内在德性与人格。在王阳明那里,后者自始即关联着良知说。朱熹曾肯定了二程的如下看法,即良知"乃出于天,不系于人"①。不系于人而出于天,意味着赋予良知以超验的性质。与程朱不同,王阳明着重强调了良知系于人这一面,并由此转换出主体的德性与人格,从而使之区别于超越的天理。在如上转换之后,蕴含着德性伦理与理念伦理的不同进路。

---

① 朱熹:《孟子集注·尽心上》。

一、成就德性

如何在日用常行中为善去恶,是理学所关心的问题之一。为善去恶以分别善恶为前提,而善恶之分则表现为一个知的过程(知善知恶)。道德行为与道德认识的这种关联,早期儒家已有所论析,孔子所谓"未知,焉得仁?"[1]便蕴含了此点。程朱对二者的关系尤为关注,并由此进而强调了知当然对行当然的逻辑在先:从程朱以穷天下之理为进路,就不难看到这一思维趋向。这里似乎内含着某种乐观的信念:通过穷所当然之理,便可逻辑地引向为善去恶的道德实践。

王阳明并不否认知当然对行当然的意义。不过,对他来说,知识与道德似乎具有更为复杂的关系。在谈到知恶与止恶时,王阳明写道:

> 凡人之为不善者,虽至于逆理乱常之极,其本心之良知,亦未有不自知者,但不能致其本然之良知。是以物有不格,意有不诚,而卒入于小人之归。[2]

此所谓致,有推行之义。当人为恶时,其内在的道德意识未尝不处于明觉状态,换言之,他未尝不知何者为善,何者为恶,然而,这种善恶之知,并没有自然地使之导向为善去恶。在这里,道德知识(知善)与道德行为(行善)之间显然存在着某种距离,而如何为善去恶的问题则具体地转换为如何从知善知恶到为善止恶。

---

[1] 《论语·公冶长》。
[2] 《与陆清伯书》,《王阳明全集》,第1011页。

知善知恶属于广义的理性之知，它所面对的，主要是"是什么"的问题，包括善恶的分辨、道德规范的理解、伦理关系的把握，等等。这种道德认识虽不同于一般的事实认知，但却仍以实然（道德领域中的既成规范、准则、人伦关系等）为对象。与此相对，道德行为则首先涉及"应当做什么"的问题。从逻辑上看，是什么（实然）的认识与应当做什么的要求之间，并不存在蕴含关系：实然并不规定应然。① 如何沟通实然与应然？这是道德哲学难以回避的问题。王阳明认为自知善恶并不必然导向行善止恶，亦从一个方面突出了知实然与行当然之间的逻辑张力。

　　如何由知善到行善？在王阳明那里，这一问题的进一步追问，便引向了格外在之物与诚自家之意的关系。如前所述，程朱以穷理为入手处，其中多少蕴含着知识优先的思路。相形之下，王阳明关注的首先是如何诚自我之意：

> 先儒解格物为格天下之物，天下之物如何格得？且谓一草一木亦皆有理，今如何去格？纵格得草木来，如何反来诚得自家意？②

所谓诚自家意，也就是成就德性，与之相对的格天下之物，则更多地表现为成就知识。前者指向当然之域，成就德性展开于行其当然的

---

① J. R. Searl 曾试图从"是"（is）中推出"应当"（ought），但他所做的，无非是一种基于语义分析的形式推论，其立场似乎未超出元伦理学，这种形式的推论并未对现实的伦理关系提出真正有效的说明。参见"How to Derive Ought from Is", in *Philosophical Review*, Vol. 73, 1964 以及 *Theory of Ethics*, Edited by P. Foot, Oxford：Oxford University Press, 1967, pp.101 - 114。

② 《传习录下》，《王阳明全集》，第 119 页。

过程,后者则以明其实然为目标。按王阳明的理解,成就知识与成就德性是两个不同的序列,知识的积累并不能担保德性的完成,所谓"纵格得草木来,如何反来诚得自家意",便以反诘的形式突出了二者的逻辑距离。在此,问题的关键不在于如何穷尽天下之理,而是如何由成就知识到成就德性(诚自家意)。

成就德性(诚自家意)与当然之域的切近关联,使之在知实然与行当然的转换中具有了特殊的意义:从知善知恶到为善止恶的逻辑前提,乃是化知识为德性。正是在此意义上,王阳明一再强调:"道问学即所以尊德性也。""且如今讲习讨论,下许多工夫,无非只是存此心,不失其德性而已。"[1]"君子之学以诚身。"[2]"所以尊德性"、"以诚身"云云,点出了为学之指归即成就德性。作为行当然的前提,成就德性(诚意、诚身)展开为一个实有诸己的过程:"良知即是天理。体认者,实有诸己之谓耳。非若世之想象讲说者之为也。"[3]所谓实有诸己,即是通过自身的体察与践履,使道德意识成为主体的内在德性。从如下辨析中,可更清楚地明了此意:

> 夫道必体而后见,非已见道而后加体道之功也;道必学而后明,非外讲学而复有所谓明道之事也。然世之讲学者有二:有讲之以身心者,有讲之以口耳者。讲之以口耳,揣摸测度,求之影响者也。讲之以身心,行著习察,实有诸己者也,知此则知孔门之学矣。[4]

---

[1]《传习录下》,《王阳明全集》,第122页。
[2]《书王天宇卷》,《王阳明全集》,第271页。
[3]《与马子莘》,《王阳明全集》,第218页。
[4]《传习录中》,《王阳明全集》,第75页。

作为体认对象的道、天理，首先指当然之则，而良知之中亦已蕴含了知善知恶的道德理性。明其善恶、知其当然无疑是孔门之学的题中之义，但如果它仅仅以知识的形态存在，则仍不免具有外在的性质；唯有融合于内在德性，良知才能成为主体真实的存在：讲之口耳与实有诸己之别更深层的内涵，便是外在的理性知识与内在的真实德性之分野。

可以看到，在王阳明那里，从知善到行善的前提是化知识为德性，而这一过程同时意味着通过行著习察使良知由讲论之中的理性成为实有诸己的真实存在。作为实有诸己的德性，良知构成了主体真正的自我："夫吾之所谓真吾者，良知之谓也。"①这种表现为本真之我的良知已超越了知善知恶的理性分辨，而与人的存在融为一体。它不仅包含对当然的明觉，而且具有行当然的意向；知善，则同时好之如好好色，知恶，则恶之如恶恶臭，行善止恶皆自不容已。所以如此，是因为知与好恶"皆是发于真心"②。在真实的德性中，知善与行善已成为同一个我的相关向度，讲论言说与行著习察的对峙开始被扬弃。

从哲学史上看，知识与德性之辩，很早便为哲学家们所瞩目。亚里士多德已开始区分技术与德性："技术和德性也并不相似。人工制作的东西有它们自身的优点，因此，只要它们生成得有某种它们自身的性质，也就可以了。但是，合乎德性的行为，本身具有某种品质还不行，只有当行为者在行动时也处于某种心灵状态，才能说它们是公正的或节制的。"③亚氏所说的技术，主要是一种外在的知识。所谓外

---

① 《从吾道人记》，《王阳明全集》，第 250 页。
② 《与黄勉之》，《王阳明全集》，第 195 页。
③ 亚里士多德：《尼各马科伦理学》，北京：中国社会科学出版社，1990 年，第 30 页。

在,是相对于主体而言:即它只具有工具价值,而没有融入自我的内在人格。德性则不同于外在的工具:它已化为主体存在不可分离的部分;当行为出于德性时,主体并不如制造器物般地"用"某种知识,而是将其作为自身存在的方式。由此出发,当代一些哲学家如B. 威廉姆斯进而对知识意义上的真(truth)与德性意义上的诚(truthfulness)作了区分。作为知识的真,首先与对象意识相联系,而作为德性的诚,则更多地涉及主体内在的反省意识、心理定势。① 在这方面,王阳明的思路似乎近于上述哲学家。他之要求化知识为德性、以实有诸己的良知为真实之我(真吾),即是以外在知识与内在德性的区分为前提的。为更具体地明了此点,我们不妨看一下王阳明对世之学者的批评:

> 世之学者,业辞章,习训诂,工技艺,探赜而索隐,弊精极力,勤苦终身,非无所谓深造之者。然亦辞章而已耳,训诂而已耳,技艺而已耳。非所以深造于道也,则亦外物而已耳,宁有所谓自得逢原者哉! 古之君子,戒慎不睹,恐惧不闻,致其良知而不敢须臾或离者,斯所以深造乎是矣。②

辞章、训诂、技艺属外在的知识,一味专注于此,固然可以成就知识,但亦仅限于工具层面的理性而已,无法成就自我。对王阳明来说,重要的是深造于道,以形成主体内在的德性:所谓自得,强调的便是化良知为自我不可须臾相离的真实存在(真吾)。

---

① B. Williams, *Ethics and the Limits of Philosophy*, London: Fontana Press, 1985, pp.198 - 202.
② 《自得斋说》,《王阳明全集》,第265—266页。

真实的德性既是联结道德知识与道德实践的内在本体,又规定着知与行的性质及作用方向。就知而言,若无内在的德性,则"知识之多,适以行其恶也;闻见之博,适以肆其辨也;辞章之富,适以饰其伪也"。① 从一般意义上看,知带有某种价值中立的特点,它并不内含预定的作用方向,往往既可引向善,亦可用于恶;即使伦理之域的知(关于当然、善恶之知),也未必担保一定导向善的行为:它同样可以被用于伪善之举。相对于单纯的知识,德性已超越了价值的中立而具有善的定向,这种善的德性同时作为稳定的意识结构而逐渐凝结为主体的人格,并制约着知的作用方向。

同样,德性也规定着行为的性质。主体所作所为是否具有善的品格,取决于是否出于真诚的德性。就孝而言:"孝亲之心真切处才是天理。如真心去定省问安,虽不到床前,却也是孝。若无真切之心,虽日日定省问安,也只与扮戏相似,却不是孝。此便见心之真切,才为天理。"②所行是否为孝,不在于形式上做了什么,而在于这种行为是不是以真切的德性为本。离开真诚的德性,即使做出种种姿态,也必然形同做戏,而很难被视为善的行为。

德性作为实有诸己的真实存在,并不是一种抽象的本体,在王阳明那里,它往往以良知为具体形态。如前所说,良知可以作不同理解,当程朱强调良知出于天而不系于人时,其侧重之点首先在超验的理性,在这一层面上,良知更多地表现为超验之"我",而非本真之"我"。王阳明从尊德性的角度,对良知的内涵作了理论上的转换,使之由不系于人的超验理性,向个体存在靠拢,所谓真吾即良知,即体现了此种趋向。在德性或本真之我这一维度上,良知首先取得了自

---

① 《传习录中》,《王阳明全集》,第 56 页。
② 《传习录拾遗》,《王阳明全集》,第 1174—1175 页。

家准则的形式:

> 尔那一点良知,是尔自家底准则。尔意念着处,他是便知是,非便知非,更瞒他一些不得。尔只不要欺他,实实落落依着他做去,善便存,恶便去。①

此所谓是非,虽亦有认识论上的意义,但更多地涉及价值观之域。就后者言,是非准则所指向的便主要是善恶的评价。价值观意义上的评价当然包含认知,但它又不同于一般的知识:善恶的判断总是同时渗入了主体的权衡、选择、意愿以及价值取向。换言之,价值评价不仅以善恶之知为内容,而且为行为提供了某种导向。王阳明以良知为自家准则,同时也就确认了内在德性对行为的范导意义。

价值评价意义上的是非,自始便蕴含着情感之维,王阳明以如下论述点明了此层关系:"良知只是个是非之心,是非只是个好恶。只好恶就尽了是非,只是非就尽了万事万变。"②好即喜爱,恶则是憎厌,二者都属广义的情感。在善恶的评价中,不仅有理性的分辨,而且存在着情感的认同:好善恶恶已不单纯是理智的判断,它更是一种情感上的接受或拒斥。良知作为不系于人的超验理性(程朱),固然可以远离情感之域,但当它转换为主体的内在德性时,便难以隔绝于好善恶恶等情感。正是德性所蕴含的情感之维,从一个方面构成了向善的内在动因,并为知当然转化为行当然提供了某种契机。

除了情感之维,真实的德性还包含志的规定。王阳明很注重志

---

① 《传习录下》,《王阳明全集》,第92页。
② 《传习录下》,《王阳明全集》,第111页。

的作用,认为"夫苟有必为圣人之志,然后能加为己谨独之功"①,亦即将志的确立视为道德行为的前提。在《教条示龙场诸生》中,王阳明对此作了更具体的阐释:

> 志不立,天下无可成之事,虽百工技艺,未有不本于志者。今学者旷废隳惰,玩岁愒时,而百无所成,皆由于志之未立耳。故立志而圣,则圣矣;立志而贤,则贤矣。志不立,如无舵之舟,无衔之马,漂荡奔逸,终亦何所底乎?②

此所谓立志,亦即确立行为的目标,它犹如行舟之舵,赋予主体活动以方向性。志不立则意味着茫无所适,最终势必一事无成。志的这种定向功能,亦可视为广义的意向性,当然,它具有恒定与专一的品格,因而又有别于一般的偶然意向。作为恒定专一的意向,志总是融入于德性之中,并制约着人的行为。与道德理性主要告诉人们何者为善、何者为恶有所不同,志之所向(意之所向)进而要求人们择善弃恶:所谓"志立得时,良知千事万为只是一事"③,便是强调志作为内在于本真之我(良知)的行为定势,而将人引向为善"一事"。正是通过影响人们的行为选择,志构成了由知善走向行善的另一动因。

从道德认识到道德实践的过渡,往往还面临意志软弱的问题。自我之所以虽知其善,却不能付诸于行,虽知其恶,却仍行而不止,常常便是由于缺乏坚毅的意志。这样,如何从知善知恶到为善去恶,总是涉及如何克服意志的软弱。有见于此,王阳明在考察志与行为的

---

① 《书汪进之卷》,《王阳明全集》,第 1024 页。
② 《王阳明全集》,第 974 页。
③ 《传习录下》,《王阳明全集》,第 100 页。

第四章 良知与德性 129

关系时,特别提到了进道之志的勇猛专一:

> 今时同志中,往往多以仰事俯育为进道之累,此亦只是进道之志不专一,不勇猛耳。若是进道之志果能勇猛专一,则仰事俯育之事莫非进道之资。①

专一即志的定向,勇猛则是意志努力,后者更多地体现了意志的坚毅性品格。此所谓进道,可以看作是实现道德理想的过程,如何化理想为现实,与如何由知当然到行当然本质上是相通的,而二者又都以具有坚毅的意志品格为前提。坚定的意志既经形成,往往将进而化为趋善去恶的行为定向,并赋予主体以不为外部阻力所屈的内在力量:"志苟坚定,则非笑诋毁不足动摇,反皆为砥砺切磋之地矣。"②这种与行为定向相关的坚毅意志,当然并非外在于自我的德性,它已凝于良知之中,并随着良知的德性化而构成了德性的内在规定。因之,志的定向,同时即体现了良知(德性)的内在力量:"依此良知,忍耐做去,不管人非笑,不管人毁谤,不管人荣辱,任他功夫有进有退,我只是这致良知的主宰不息,久久自然有得力处,一切外事亦自能不动。"③

不难注意到,在王阳明那里,化知识为德性意味着通过深造以自得而转换良知(化不系于人之超验理性为实有诸己之真实的我),作为内在的德性(真吾),良知包含着自我评价的准则和能力,展开为好善恶恶的情感认同,并以恒定的意向和坚毅的努力制约着行为的选择与贯彻。这种德性既与自我存在融合为一,又构成了主体行为的

---

① 《与道通书》,《王阳明全集》,第 1207—1208 页。
② 《书顾维贤卷》,《王阳明全集》,第 275 页。
③ 《传习录下》,《王阳明全集》,第 101 页。

动力因:从知善到行善的转换,正是以内在的德性为其自因,而为善去恶的道德实践亦相应地表现为一个基于主体自律的过程。

王阳明的如上思路与康德似乎有所不同。康德在道德之域以实践理性为主要论题,其关注之点更多地指向如何建立普遍的道德秩序,他对道德律令的普遍性之反复强调,并以"不论做什么,总应该作到使你的意志所遵循的准则永远同时能成为一条普遍的立法原理"作为实践理性的基本法则[①],都表明了此点。从某种意义上说,康德正是试图以道德法则的普遍性来担保普遍的道德秩序。以此为出发点,康德对个体道德行为的机制较少表现出兴趣,他所说的善良意志,往往是指理性化的意志(与实践理性相通),而善良意志的自我立法,则相应地表现为超验理性向自我颁布律令。可以说,在实践理性之域,康德乃是以形式因为动力因:表现为普遍法则的形式因,同时即被理解为动力因。这种推绎固然对普遍的道德秩序何以可能作了有意义的论析,但却未能对个体的道德行为何以可能作出具体说明。

较之康德之关注普遍的道德秩序,休谟更多地考察了个体的行为机制。与康德确信理性的力量不同,休谟对理性在道德实践中的作用持怀疑的立场。在他看来,道德具有实践的品格,它最终总是落实于具体行为,但理性带有静态的特点,无法影响人的行为:"理性是完全没有主动力的,永远不能阻止或产生任何行为或感情。"[②]作为认识能力,"理性的作用在于发现真或伪"[③],但发现真伪并不必然导向行善(激发道德行为)止恶(抑制不道德的行为)。因此,结论便是理性不能成为动力因:

---

① 参见康德:《实践理性批判》,第30页。
② 休谟:《人性论》,第497—498页。
③ 休谟:《人性论》,第498页。

理性是完全不活动的,永远不能像良心或道德感那样,成为一个活动原则的源泉。①

不难看到,在理性的静与道德的动之间,似乎存在着一道鸿沟,而在这种鸿沟之后,则是"是"与"应该"的对峙:理性的对象是"是",而道德所面临的则是"应该"。②

如何跨越动与静、"是"与"应该"之间的鸿沟?理性既然在此显得"完全无力"③,目光便自然转向了非理性之域。休谟正是由此将情感之维提到了突出地位,以此为人的最本源、最真实的存在。在他看来,道德行为应以情感为动力因,理性唯有通过情感才能影响人的行为④,换言之,从道德原则到道德行为的过渡并非仅仅基于理性之思或理性的形式因,无论就发生抑或过程而言,道德行为都离不开情感等非理性的因素。对道德实践的这种理解,与王阳明无疑有相近之处。事实上,王阳明的良知(实有诸己的德性)便包含了休谟所说的道德感。不过,休谟往往不适当地强化了情感等非理性因素的作用。对他来说,善恶等道德区分最终乃是以情感为其依据,道德行为的动因亦可完全还原为经验层面的情感:"对我们最为真实,而又使我们最为关心的,就是我们的快乐和不快的情绪;这些情绪如果是赞成德,而不是赞成恶的,那么在指导我们的行为和行动方面来说,就不再需要其他条件了。"⑤这种看法不免带有某种经验论与非理性主义

---

① 休谟:《人性论》,第 498—499 页。译文根据英文版略有改动,参见 D. Hume, *A Treaties of Human Nature*, Oxford: Clarendon Press, 1978, p. 458。
② 参见休谟:《人性论》,第 509—510 页。
③ 参见休谟:《人性论》,第 497 页。
④ 休谟:《人性论》,第 503 页。
⑤ 休谟:《人性论》,第 509 页。

的色彩。相对于此,王阳明在坚持理性原则的前提下协调知与情意、理性与非理性,似乎又表现了不同的立场。

二、化德性为德行

德性作为实有诸己的人格,是一种内在的本真之我。但成于内并不意味着封闭于内。人格往往有其外在展现的一面,德性亦总是体现于现实的行为过程。与化知识为德性相关联的,是化德性为德行。有见于此,王阳明在肯定道问学所以尊德性的同时,又一再要求"以成其德行为务"①。

就其现实过程而言,成就德性与成其德行并非彼此隔绝,我们固然可以在逻辑上对二者分别加以考察,但在现实性上,二者又统一于同一自我的在世过程。作为内在的人格,德性总是面临着如何确证自身的问题,所谓德性的自证,并不仅仅是一种精神上的受用,它更需要在德行中确证自身。王阳明以孝悌为例,对此作了阐释:

>就如称某人知孝、某人知弟,必是其人已曾行孝行弟,方可称他知孝知弟,不成只是晓得说些孝弟的话,便可称为知孝知弟。②

懂得孝悌并且有孝悌的意向,无疑表现了善的德性,但这种德性又必须实际地体现于行孝行悌的过程:正是行孝行悌的德行,为主体是否真正具有孝悌的德性提供了外部确证。

德性的外部确证过程,同时也就是德性的外化过程。如果德性

---

① 《传习录中》,《王阳明全集》,第54页。
② 《传习录上》,《王阳明全集》,第4页。

是真实的，那么它就总是既凝于内，又显于外。在解释格物致知时，王阳明亦兼及了德性之显于外的问题：

> 若鄙人所谓致知格物者，致吾心之良知于事事物物也。吾心之良知，即所谓天理也。致吾心良知之天理于事事物物，则事事物物皆得其理矣。①

这里的事事物物，主要就道德之域而言，如人与人之间的伦理关系等。格、致则皆涉及道德实践。与事事物物相对的良知，既以天理为内容，又融合于吾心，因而已可视为实有诸己的内在德性。所谓致吾心之良知于事事物物，也就是将道德意识运用于道德实践（化德性为德行），而事事物物皆得其理，则是内在的德性展示并体现于伦常世界。从心与理的关系看，这一过程表现为通过心的外化而建立理性化的道德秩序；就德性与德行的关系言，它则可以看作是德性通过德行而对象化于现实的伦理关系。

德性的外化或对象化并不是一种远离日用常行的过程，所谓推行（致）良知于事事物物，即已蕴含了德性的外化与日常生活世界的联系。王阳明在另一处更具体地阐述了这一点："君子之行也，不远于微近纤曲，而盛德存焉，广业著焉。是故诵其诗，读其书，求古圣贤之心，以蓄其德而达诸用，则不远于举业辞章，而可以得古人之学，是远俗也已。公以处之，明以决之，宽以居之，恕以行之，则不远于簿书期会，而可以得古人之政，是远俗也已。"②化德性为德行不一定表现为惊天动地之举，相反，它更多地内在于微近纤曲的所谓

---

① 《传习录中》，《王阳明全集》，第45页。
② 《远俗亭记》，《王阳明全集》，第893页。

俗行。道德关系总是展开于社会生活的各个方面,而每一主体又往往处于某种既定的社会环境之中,这种环境常常并不是主体能任意选择的。这样,道德实践必然涉及如下二重关系,即环境的不可选择性与行为的可选择性,而德性的力量即在于:在既定的环境中,不断通过渗入日用常行而使行为获得新的意义,由此达到日用即道之境。

化德性为德行,主要侧重于以德行确证德性。德性与德行的关系当然不限于这一方面。德行属于广义的道德实践,它在王阳明那里常常被归入功夫之列;以实有诸己之良知为内容的德性,则被理解为本体。按王阳明的看法,本体原无内外,后者既指本体由功夫而展现,又意味着功夫不能离开本体:"功夫不离本体,本体原无内外。"①从德性与德行的关系看,功夫不离本体,即是指德行总是以德性为其内在的根据。主体在日常世界的所遭所遇常常并不相同,其所行所为也难以一一预设,但行为不管如何千差万别,都是出于同一自我,所谓"虚灵不昧,众理具而万事出"②,便是就此而言。

德性作为内在的本体,往往以主体意识的形式呈现,不过,这种内在的意识结构不能混同于一般的意念。王阳明通过区分良知与意,对此作了解说:

> 意与良知当分别明白。凡应物起念处,皆谓之意。意则有是有非,能知得意之是与非者,则谓之良知。依得良知,则无有不是矣。③

---

① 《传习录下》,《王阳明全集》,第92页。
② 《传习录上》,《王阳明全集》,第15页。
③ 《答魏师说》,《王阳明全集》,第217页。

意在王阳明那里有不同层面的含义。在广义上,它与心相通;而在较狭的层面上,它则近于念,此处之意,是就后者言。意念作为应物而起者,带有自发和偶然的特点。所谓应物而起,也就是因境(对象)而生,随物而转,完全为外部对象所左右,缺乏内在的确定性。与意念不同,作为真实德性的良知并非偶然生成于某种外部境遇,也并不随对象的生灭而生灭。它乃是在行著习察的过程中凝化为内在的人格,因而具有专一恒定的品格。唯其恒常而内有主,故不仅非外物所能移,而且能自我立法、自我评价,并判定意念所涉之是非。

　　意念与良知之辩,旨在强调主体不能执着于某种外部境遇,而应着重于本体(德性)对功夫(德行)的统摄。对象世界林林总总,难以穷尽,人所处的境遇也往往变动不居,如果逐物而迁,滞泥于具体境遇或境遇中的偶言偶行,则往往不仅不胜纷劳,而且亦难以保持行为的一贯性。唯有立其本体,以德性(良知)为导向,才能使主体虽处不同境遇而始终不失其善:"盖天下之事虽千变万化,至于不可穷诘,而但惟致此事亲从兄,一念真诚恻怛之良知以应之,则更无遗缺渗漏者,正谓其只有此一个良知故也。"①德性(良知)作为真诚的人格,表现了自我的内在统一,在此意义上,德性为"一",所谓"只有此一个良知"即是就此而言;德行则是同一德性在不同社会关系与存在境遇中的多方面展现,故亦可视为"多"。这样,以德性(良知)统摄德行,亦可说是以一驭多。

　　德行作为德性在具体境遇中的多样展现,属节目时变(在不同时空中分化展开的行为),德性(良知)则是行为之纲;以一驭多是就形式言,从更内在的层面看,德性(良知)之于行为,则犹规矩之于方圆:

---

① 《传习录中》,《王阳明全集》,第85页。

> 夫良知之于节目时变,犹规矩尺度之于方圆长短也。节目时变之不可预定,犹方圆长短之不可胜穷也。故规矩诚立,则不可欺以方圆,而天下之方圆不可胜用矣;尺度诚陈,则不可欺以长短,而天下之长短不可胜用矣;良知诚致,则不可欺以节目时变,而天下之节目时变不可胜应矣。①

以规矩尺度定方圆长短,具有衡量取舍之意。德性(良知)对行为、本体对功夫的制约,如同规矩尺度对方圆长短的规范,亦含有选择规定的意义:它总是肯定和鼓励合乎德性的行为,否定和拒斥与之不相容的行为。这种选择取舍既与良知内含的自我评价之维相应,又是其情感认同与志之定向功能的具体体现。德性正是通过这种内在机制以统摄不同境遇中的行为,并赋予不可预定之节目时变以内在的统一性。

从中国哲学的历史演进看,早期儒家已开始注意到德性对行为的制约作用。孔子把成人(人格的培养)提到了十分重要的地位,以达到完美的人格之境为价值目标。这种人格既表现为内在的德性,又外化为具体的行为过程,而后者总是受到前者的范导。孔子说:"苟志于仁矣,无恶也。"②志于仁,即追求并确立以仁道为内涵的人格,在孔子看来,一旦做到了这一点,那么,在日常行为中即可以避免不道德的趋向(无恶)。反之,如果缺乏这种稳定的人格,则往往很难一以贯之地保持行为的善:"不仁者不可以久处约。"③王阳明要求以本体制约功夫,以德性(良知)统摄节目时变,无疑上承了这一思路。

---

① 《传习录中》,《王阳明全集》,第50页。
② 《论语·里仁》。
③ 《论语·里仁》。

如前所述,每一个体都是特定的历史存在,他所处的社会关系、所面对的环境往往各异,所从事的活动也常常变换不居,带有不可重复的特点。如何使不同境遇中的行为保持统一性或一贯性?逐一地为每种行为规定苛严的细则显然行不通,就道德领域而言,内在的德性和人格无疑有其不可忽视的作用。相对于行为的不可重复性与多变性,主体(行为者)的德性作为实有诸己的真诚人格,具有绵延的统一性(在时间中展开的统一),它使主体在各种境遇中都能保持道德的操守,并进而扬弃行为的偶然性,避免自我在不同情景中的变迁分裂,超越道德与非道德之间的徘徊动荡。与孔子对仁和具体行为关系的界定一样,王阳明对本体和功夫、良知和节目时变关系的考察,似乎已有见于此。①

不过,与知识和德性的区分相联系,王阳明在强调以德性统摄行为时,对知识在化德性为德行中的作用未能作出适当的定位。按王阳明之见,在知识与内在心体(德性)中,重要的是首先成就内在心体:"人只要成就自家心体,则用在其中。如养得心体,果有未发之中,自然有发而中节之和,自然无施不可。苟无是心,虽预先讲得世上许多名物度数,与己原不相干,只是装缀,临时自行不去。"②名物度数即泛指一般的知识,从道德实践的角度看,离开德性的培养而仅仅追求外在的知识,往往容易使这种知识成为虚文。然而,王阳明由此进而认为:"大端惟在复心体之同然,而知识技能非所与论也。"③这就

---

① 当代不少哲学家亦开始对内在德性与行为的关系予以较多的关注,如 B. 威廉姆斯便认为,社会的影响往往通过个体的意向而起作用,在此意义上,"社会或伦理生活总是存在于人的内在心理定势(dispositions)中"(B. Williams, *Ethics and the Limits of Philosophy*, p. 201)。

② 《传习录上》,《王阳明全集》,第 21 页。

③ 《传习录中》,《王阳明全集》,第 55 页。

又走向了另一极端。成就德性(心体)固然有别于成就知识,但不能因此将二者加以分隔。这不仅在于德性本身虽不限于知但又包含着知,而且在于从德性到德行的转换亦不能撇开知识技能。若仅有善的意向,而无必要的知识准备,则德性往往易流于良好的动机,难以向现实的德行过渡。尽管王阳明并不否认德性与实践理性或伦理理性的联系①,但工具理性意义上的知识技能却常常在其视野之外,所谓"非所与论",便明显地表现这一趋向。从这方面看,王阳明对化德性为德行这一过程的理解,无疑又有其理论上的局限。②

三、德性与规范

化德性为德行和以德性统摄德行,涉及的是德性与行为的关系。从道德实践看,行为往往还关联着当然之则或普遍规范。与德性内含人格意蕴不同,当然之则(规范)带有无人格的特点:它作为普遍律令而超越自我(个体)。在哲学史上,不同的哲学家对行为、德性、规范的关系往往作了不同的定位,并相应地形成了不同的伦理学思考方向。以此为参照,可以进一步把握王阳明德性论的深层内涵。

从理学的演变看,与心性之辩上提升性体相应,程朱一系的理

---

① 实践理性始终是良知的内在规定之一。
② 冯友兰曾认为,应办某事而即去办某事,这固然体现了物来顺应的德性,"但如何去办这件事,这中间一定有许多知识技术问题"。他由此批评"有些道学家,一切工夫都要用在求物来顺应上,似乎以为,对于无论干什么事,都可以物来顺应,以至成为空疏无用。这是宋明以来道学家的大毛病"(《三松堂全集》第四卷,郑州:河南人民出版社,1986年,第662—663页)。这一批评亦可说兼及王阳明的如上之蔽。

学更为注重天理对行为的制约。天理既有其本体论意义,又是伦理学之域的普遍规范,在程朱看来,后一意义上的理即构成了道德行为所以可能的条件:"要须是穷理始得,见得道理合用凭地,便自不得不凭地。"①合用凭地即应当如此。由穷理而不得不凭地,意味着道德实践即在于明其当然,依理而行。作为普遍的规范,理具有超验的性质:

说非礼勿视,自是天理付与自家双眼,不曾教自家视非礼,才视非礼,便不是天理;非礼勿听,自是天理付与自家双耳,不曾教自家听非礼,才听非礼,便不是天理。②

"天理付与"也就是天之所命,在界定仁道规范时,朱熹更明确地点出了此意:"仁者,天之所以与我,而不可不为之理也。"③在此,作为行为者的我(自家)与作为普遍规范的天理,构成了相互对待的二极,而我的行为则表现为对普遍规范的自觉服从。

作为天之所命,规范已不仅仅是一种当然,而且同时具有了必然的性质:所谓"不可不为",便已含有必须如此之意。事实上,朱熹确实试图融合当然与必然,从如下所论,便不难看到此种意向:"君臣、父子、夫妇、长幼、朋友之常,是皆必有当然之则,而自不容已,所谓理也。"④自不容已,表现为一种必然的趋势,将当然之则理解为自不容已之理,意味着以当然为必然。作为自不容已的外在命令,天理同时被赋予某种强制的性质:遵循天理并不是出于自我的自愿选择,而是不得不

---

① 《朱子语类》,卷二十二。
② 《朱子语类》,卷一百一十四。
③ 《论语或问》,卷一。
④ 《大学或问下》。

为之,所谓"孝悌者,天之所以命我,而不能不然之事也"①,即表明了此点。这种出于天之所命的行为,显然带有受制于他律的特点。

当然,在天之所命与自我的外在对峙之外,朱熹亦曾从另一角度讨论当然之则与自我的关系,在道心与人心说中,便可看到这一点。就表层而言,道心作为主体之中的理性之维,已取得了某种内在的形式,它对人心及行为的制约,也相应地似乎具有了主体"自律"的意义。不过,若作进一步的考察,便不难看到,朱熹所谓道心,并不是本真的自我,作为天理的内化,它更多地带有超我的性质:道心与人心之分,同时也表现了超验之理与个体存在的对峙。朱熹要求"必使道心常为一身之主,而人心每听命焉"②,意味着以内在化的普遍之理主宰人的行为选择;尽管规范的作用方式有内在与外在之别,但在肯定行为应出于普遍规范之命(外在的天之所命或内在的道心之命)这一点上,二者又似乎并无二致。

与朱熹所突出的天理及道心不同,作为德性的良知和个体存在无疑有着更为切近的联系。良知既内在于个体,又包含情意等维度,它在某种意义上已扬弃了超我的形式,而王阳明也正是着重从真实的自我(真吾)这一角度对其加以规定。良知与天理(道心)的这种不同规定,蕴含了对道德行为的不同理解。如前所述,天理与道心可以看作是两种不同形式的理性规范,要求行为出于普遍的理性规范,无疑注意到了道德行为应当是自觉的。这种看法避免了将道德实践混同于自发的冲动或感性的活动,并从一个方面凸现了道德的崇高性及其尊严。然而,规范作为普遍的律令,又带有外在的性质,仅仅强调以普遍规范"命"我,不仅无法避免道德实践的他律性,而且往往容

---

① 《论语或问》,卷一。
② 《朱子语类》,卷六十二。

易使行为趋于勉强而难以达到自然向善。事实上,在天之所命或道心之命的形式下,道德规范常常便成为一种强制性的律令,而出于规范则不免给人以服从异己律令之感。

较之超验天理的异己之命,作为德性的良知似乎更多地表现为主体的自我要求。良知固然也包含理性之维:良知的自我评价便未尝离开理性的权衡,但这种理性已与情意等相融合,成为实有诸己的存在。由天理或道心颁布命令,行为往往与自我相分离:主体之服从天理,并非出于自我的选择和要求。以良知引导自我,则意味着扬弃对行为的外在强制:出于良知并不是一种外在的命令,它与出于自我的意愿具有内在的一致性。

正是基于德性论,王阳明对行为的自愿性质予以了相当的关注,以为行其良知(依良知而行)的过程也就是一种求自慊的过程:

> 心得其宜之谓义。能致良知,则心得其宜矣,故集义亦只是致良知。君子之酬酢万变,当行则行,当止则止,当生则生,当死则死,斟酌调停,无非是致其良知,以求自慊而已。①

宜即应当,主要体现为一种理性的要求,"当行则行,当止则止",指行为应合乎理性的准则;"自慊"则是由于行为合乎主体意愿而产生的一种愉悦感和满足感,这种愉悦又称自快:"君子之学,求尽吾心焉尔。故其事亲也,求尽吾心之孝,而非以为孝也;事君也,求尽吾心之忠,而非以为忠也;……吾心有不尽焉,是谓自欺其心;心尽而后,吾之心始自以为快也。"②自快吾心既是意志的自我选择,也是情感的自

---

① 《传习录中》,《王阳明全集》,第 73 页。
② 《题梦槎奇游诗卷》,《王阳明全集》,第 924 页。

我投契；以为孝、以为忠，则是仅仅以某种抽象的道德律令（如忠、孝）为依据，为"孝"而行、为"忠"而行。在王阳明看来，行为固然应当得其宜（合乎理性的原则），但不能仅仅将其归结为对外在规范的服从，完美的行为在于"得其宜"与"求自慊"的统一。

与肯定求自慊相应，王阳明对出于人为与出于自然作了区分："出乎心体，非有所为而为之者，自然之谓也。"①出乎心体亦即本于德性，有所为而为则是以规范约束行为，前者表现为内在德性的自然流露，后者则具有了人为努力的特征。在王阳明看来，人为的努力固然不可尽废，但相对而言，自然是一种更高的行为之境：

> 为学工夫有浅深。初时若不着实用意去好善恶恶，如何能为善去恶？这着实用意便是诚意。然不知心之本体原无一物，一向着意去好善恶恶，便又多了这分意思，便不是廓然大公。《书》所谓无有作好作恶，方是本体。②

这里涉及两种境界，即"着实用意"与"无有作好作恶"。着实用意亦即有所为而为，它诚然不失为初步的入手工夫，但亦仅限于初步而已，执着于此，往往不免趋于有意矫饰，所谓"多了这分意思"、"不是廓然大公"，便是就此而言。与着实用意相对，无有作好作恶则是出乎心体（德性）之自然，它既非勉强服从外在规范，亦非刻意矫饰，已近于从心所欲不逾矩之境。

王阳明对自然之境的推重，已颇有孔子"吾与点"之意。《论语·先进》曾记载了孔子与其弟子的一段对话。孔子令子路、曾点、冉有、

---

① 《答舒国用》，《王阳明全集》，第 190—191 页。
② 《传习录上》，《王阳明全集》，第 34 页。

公西华各言其志,子路等所言均涉及某种社会抱负,曾点之志则是:"莫春者,春服既成。冠者五六人,童子六七人,浴乎沂,风乎舞雩,咏而归。"孔子闻此言而喟然叹曰:"吾与点也!"相对于子路等人的社会抱负而言,曾点所向往的,是一种自然的境界,何以孔子对曾点如此赞赏?王阳明的一些弟子对此感到无法理解。王阳明就这一问题向门人作了如下解释:"三子是有意必,有意必便偏着一边,能此未必能彼;曾点这意思却无意必。便是素其位而行,不愿乎其外,素夷狄行乎夷狄,素患难行乎患难,无入而不自得矣。"①意必亦即人为地执着,难免有勉强而行之嫌,无意必则是不思而为、不勉而中,由此即可达到无入而不自得。基于如上看法,王阳明进而对圣人之行作了规定:"在圣人分上便是自然的,在学者分上便是勉然的。"②质言之,自然与勉然,构成了圣凡二重境界。

完善的道德行为具有何种品格?如前所述,程朱一系的理学着重突出的是行为的自觉之维,所谓出于天理或道心,不外是自觉地服从理性的规范。亚里士多德则从行为者的角度,提出了德行应当具备的三个基本要素:"第一,他必须是有所知,自觉的;其次,他必须是有意识地选择行为的,而且是为了行为自身而选择的;第三,他必须在行动中,勉力地坚持到底。"③第一点体现了理性的要求,后二点则从不同方面涉及了意志的规定:选择表现为意志的自主或专一品格,勉力坚持则体现了意志的坚毅性或意志努力;以上二个方面综合起来,道德行为便表现为自觉与自愿的统一。仅仅肯定行为应出于理性之知,往往容易使理性规范变为外在强制,在程朱那里,我们已不

---

① 《传习录上》,《王阳明全集》,第14页。
② 《传习录中》,《王阳明全集》,第58页。
③ 亚里士多德:《尼各马科伦理学》,第30页。

难看到此种倾向。相对于程朱,亚里士多德要求将理性的自觉与意志的自愿结合起来,无疑展示了更为开阔的理论视域。①

不过,理性的权衡和意志的选择在某种意义上都是有意而为之。休谟曾区分了两种德性,即人为的德性(artificial virtue)与自然的德性(natural virtue)。人为的特点在于以思想或反省为媒介,亦即有所为而为;自然的特点则是"不经思想或反省的媒介"。② 借用休谟的术语,似乎可以说,理性与意志的活动仍带有某种人为的性质。对规范的理性接受和服从,总是经过权衡思考而为之,同样,道德实践中的意志活动,也往往是勉力而为:意志的选择在此意味着主体决定遵循某种规范,意志的努力则表现为自我在行为中坚定地去贯彻这种规范。在人为的形式下,理性对规范的自觉接受与意志对规范的自愿选择确乎有相通之处,也正是以此为前提,朱熹常常将自觉与自愿融合为一,甚而以自觉消解自愿。③

在理性的自觉接受与意志的自愿选择中,行为固然也可以取得自我决定的形式,但这种决定往往仍带有勉强的性质,而且如上所述,其所接受、所选择者,仍不外乎一般规范,因而它似乎也很难摆脱行为的他律性:以规范的单向认同为前提,自我的决定在某种意义上成了外在命令的转换形态(外在命令取得了自我命令的形式)。如何

---

① 原始儒学在某种意义上亦已表现出与亚里士多德相近的思路。参见杨国荣:《善的历程——儒家价值体系的历史衍化及其现代转换》,上海:上海人民出版社,1994年。

② 参见休谟:《人性论》第三卷。

③ 朱熹曾举例说:"且如今人被些子灯花落手,便说痛。到灼艾时,因甚不以为痛? 只缘知道自家病合当灼艾,出于情愿,自不以为痛也。"(《朱子语类》,卷二十二)知道合当如此,是一种理性的接受,出于情愿则属意志的自愿选择,二者都是人为之举,朱熹认为知道了合当如此,同时也就是出于情愿,显然在同一人为的形式下,将自愿纳入了自觉之中。

扬弃行为的他律性？在此显然应对行为的情感维度予以特别的关注。如果对现实的道德实践作一较为完整的分析，便可注意到，除了理性的权衡与意志的选择之外，具体的道德行为总是同时包含着情感认同。相对于理性接受与意志选择的人为倾向，情感认同更多地表现出自然的向度。休谟已对此作了反复的论述："当我们断定恶和德的时候，我们也总是考虑情感的自然的和通常的势力。""我们的义务感永远遵循我们情感的普通的、自然的途径。"① 即使在道德判断中，也同样渗入了情感之维："当你断言任何行为或品格是恶的时候，你的意思只是说，由于你的天性的结构，你在思维那种行为或品格的时候就发生一种责备的感觉或情绪。"② 换言之，对善恶的情感回应，是一种出于天性的自然过程。休谟对情感的理解当然不免有其经验论的局限，但他肯定情感与自然的联系，却并非毫无所见。就道德行为而言，情感的认同确乎不同于人为的勉强，而具有自然的趋向；正如好好色、恶恶臭总是不假思勉一样，道德行为中的好善恶恶也并非有意为之。这种自然的趋向，使道德中的情感认同表现为自我的真诚要求：见善则内在之情自然契合（恰如好好色），见恶则内在之情自然拒斥（恰如恶恶臭），这里没有勉强的服从与人为的矫饰。完善的道德行为总是理性的判断、意志的选择、情感的认同之融合：如果说，理性的评判赋予行为以自觉的品格，意志的选择赋予行为以自愿的品格，那么，情感的认同则赋予行为以自然的品格。只有当行为不仅自觉自愿，而且同时又出乎自然，才能达到不思而为、不勉而中的境界，并使行为摆脱人为的强制而真正取得自律的形式。

王阳明以德性（良知）为行为的根据，在某种意义上已注意到人

---

① 休谟：《人性论》，第524页。
② 休谟：《人性论》，第509页。

为与自然的统一。如前所述,作为德性的良知既包含理性的规定,又有其情意之维,出于德性(良知),亦相应地既表现为合乎理性的规定与意志的选择,又渗入了情感的认同。王阳明一再强调好善当如好好色,恶恶当如恶恶臭①,其所重亦在道德行为中的情感认同。在王阳明看来,正是情感之维,赋予行为以自然的品格,而情感的认同,又本于良知(德性):"七情顺其自然之流行,皆是良知之用。"②这种看法,无疑已多少有见于完善的道德行为应当是自觉、自愿、自然的统一。

理性规范所体现的,更多地是一种普遍的理念,遵循理性规范,同时也就是贯彻和落实普遍的理念。就此而言,强调以一般规范制约个体行为,似乎具有某种理念伦理或规范伦理的特点。德性则总是具体化于自我的内在人格,而不同于抽象的理念,以德性为行为的根据,亦相应地呈现为一种德性伦理。从理学的演进看,程朱一系以天理为第一原理,要求行为自觉地遵循普遍之理,表现出明显的理念伦理或规范伦理趋向;王阳明以良知为本体,把道德实践(功夫)理解为一个化德性为德行的过程,则蕴含了德性伦理的向度。从程朱到王阳明,逻辑地展开为由理念伦理或规范伦理到德性伦理的转换。③

---

① 《与黄勉之》,《王阳明全集》,第195页。
② 《传习录下》,《王阳明全集》,第111页。
③ 在当代伦理学中,德性已开始受到不少哲学家的关注,A.麦金泰尔、B.威廉姆斯等甚至表现出回到亚里士多德的德性伦理学的趋向。后者在某种意义上表现为对启蒙主义的抽象理念及元伦理学的反叛与超越,尽管这种转换与理学的以上衍化不可同日而语,但它亦从一个方面表现了德性伦理在理论上并非毫无生命力。

第五章
人我之间：成己与无我

德性作为主体的内在品格，以自我为其本体论意义上的承担者：成就德性逻辑地指向成就自我。由德性伦理，王阳明引出了其成己之说。但自我又并非仅仅封闭于内，个体的存在总是蕴含着与他人的共在，由此便发生了自我与他人及个体与群体的关系。王阳明将万物一体说引入群己关系之域，以此定位自我与群体、存在与共在的关系，其思路包含多重理论意蕴。

一、成己：成就自我

自先秦开始，儒家便逐渐形成了为己之学。孔子已对为己与为人作了区分："古之学者为己，今之学者为人。"①"古"象征着孔子心目中的理想形态,"今"则代表了当时的现实。孔子所谓为己,即自我的完善或自我的实现,为人则是迎合他人以获得外在的赞誉,以为己否定为人,意味着将注重之点指向成就自我。在《大学》的"壹是以修身为本",《中庸》的成己而成物之说以及儒学的尔后演进中,为己之学得到了进一步的展开。

王阳明以成就德性立论,对儒家的如上传统很自然地形成了理论上的认同。与原始儒家一样,王阳明十分注重确立为己之心:

> 今之学者须先有笃实为己之心,然后可以论学。不然,则纷纭口耳讲说,徒足以为为人之资而已。②

为己指向自我的充实与提高,为人则是将自我降为他人的附庸:自我仅仅迎合与认同外在标准,而失去了独立的人格。从心学的内在结构看,为己可以视为成就德性的逻辑引申,其最终的目标则是成己:"人须有为己之心,方能克己,能克己,方能成己。"③克己是对自我的抑制,王阳明以成己为过程的终点,把克己理解为成己的手段,意味着道德修养并不仅仅是对自我的否定,毋宁说,它更是一个自我造就的过程。对自我的这种确认,同时也体现了对个体存在的关注。它在理论上与心体的提升又有其内在的联系。

成己以立志为前提。在王阳明那里,志本是德性的内在规定。作为德性的规定,志不同于偶然的意念,而表现为一种稳定的意向。在稳定的意向这一层面,志又与价值目标(志向)相通:立志即意味着

---

① 《论语·宪问》。
② 《与汪节夫书》,《王阳明全集》,第1001页。
③ 《传习录上》,《王阳明全集》,第35页。

价值目标的自我确立。从具体内涵看,以志的形式表现出来的价值目标则不外乎圣,成己总是指向成圣,而达到内圣之境首先必须立志为圣:"务要立个必为圣人之心。"①"故立志而圣,则圣矣。"②通过立志而确立价值目标,自我才能真正由迎合于外转向挺立自我,而为己、克己、成己的过程亦可由此获得内在的依归。

志与己的如上关系,决定了若无必为圣人之志向,则往往难以有为己的切实功夫:

> 夫苟有必为圣人之志,然后能加为己谨独之功。……不然,终亦忘己逐物,徒弊精力于文句之间。③

忘己区别于成己,逐物则与为人一致。在此,立志(价值目标的确立)既构成了为己功夫具体落实的基本保证,又为以自我认同(成己)拒斥忘己逐物提供了根据。自我在世,总是不可避免地与他人共在,这种共在固然是一种本体论的事实,但亦包含导向个体沉沦的可能:如果个体在与人共在中完全随波逐流,一味迎合与"己"相对的人("为人"、"逐物"),那么,他便会常常丧失内在的自我。与之相对,立志意味着唤醒内在自我,超越以"为人"、"逐物"等形式表现出来的沉沦。

通过立志以超越沉沦,体现了内在人格的力量,这种人格的外在形式,即是所谓豪杰。王阳明对豪杰之士极为推重:"非夫豪杰之士,无所待而兴起者,吾谁与望乎?"④无所待表现了人格的独立性,它使自我虽处绝学之世,却依然保持真诚的德性和内在的操守:

---

① 《传习录下》,《王阳明全集》,第 123 页。
② 《教条示龙场诸生》,《王阳明全集》,第 974 页。
③ 《书汪进之卷》,《王阳明全集》,第 1024 页。
④ 《传习录中》,《王阳明全集》,第 57 页。

绝学之余,求道者少;一齐众楚,最易摇夺。自非豪杰,鲜有卓然不变者。①

一齐众楚,是指在楚地而为楚所化,至齐地而为齐所移。身处世俗之中,往往容易被环境所同化(至齐而为齐、至楚而为楚),唯有立志为圣的豪杰,才能空所依傍,抗拒沉沦,始终不渝地走向既定的价值目标。

卓然不变的豪杰之士往往带有某种狂者气象,故又称狂者,王阳明本人即常常以狂者自命:"我今信得这良知真是真非,信手行去,更不着些覆藏。我今才做得个狂者的胸次,使天下之人都说我行不掩言也罢。"②狂者以真为尚,自信本心,没有任何矫饰,亦不为外在的毁誉所左右。他不仅拒绝沉沦于"为人"、"逐物"的世俗化过程,而且敢于向世俗挑战:"丈夫落落掀天地,岂顾束缚如穷囚!"③这种狂者(大丈夫)作为独立的人格形象,已具有顶天立地的气概。

当然,狂者或豪杰并不是终极意义上的人格境界,志所指向的终极目标是圣而非狂。不过,狂者气象虽然非成己过程的终点,但却可以成为走向内圣之境的逻辑中介:

狂者志存古人,一切纷嚣俗染不足以累其心,真有凤凰千仞之意,一克念,即圣人矣。④

这里的主题依然是超越沉沦。自我在世,往往面对纷嚣俗染的现实,

---

① 《与辰中诸生》,《王阳明全集》,第144页。
② 《传习录下》,《王阳明全集》,第116页。
③ 《啾啾吟》,《王阳明全集》,第784页。
④ 《传习录拾遗》,《王阳明全集》,第1168页。

狂者的特点在于身处此境,仍然以崇高的志向自洁其身,超拔于世,不为世俗所同化。正是在拒斥与超越日常沉沦的过程中,狂者不断地迈向了圣人之境,所谓"一克念,即圣人矣",便是就此而言。对狂者之境的如上提升,同时亦蕴含着对个体自主品格的注重:卓然自立构成了成圣的内在环节。

超越俗染,自主自立的前提是确认自性。在王阳明看来,每一个体都有自性:"不信自家原具足,请君随事反身观。""尔身各各自天真,不用求人更问人。"[1]这种自性即构成了成就自我的内在根据。离开此本源,成己的过程便必然是无根的:"却笑从前颠倒见,枝枝叶叶外头寻。""抛却自家无尽藏,沿门持钵效贫儿。"[2]自家具足的根据,也就是成圣的潜能。圣人的境界并不是出于外在强加,也非形成于忘己逐物的过程,它更多地与内在潜能的展开过程相联系。儒家自先秦开始,已注意到成人(成就理想人格)的内在根据问题,孔子提出"性相近,习相远"之说,认为相近之性为成人提供了可能,孟子进而将"性相近"转换为"性本善",并以本善之性为达到内圣之境的出发点(端)。王阳明的如上看法无疑上承了原始儒家的成人学说。如果说,豪杰气概和狂者胸次着重从个体存在与世俗世界的关系上挺立自我,那么,肯定自家具足,各有自性,则进而为自我的挺立提供了内在的根据。

各人不仅自有成圣的根据,而且其才质也并不完全相同。以自性为成圣的内在根据,同时也意味着按各人的具体才质来引导培养。王阳明将这一原则概括为:"人要随才成就。"[3]才质不同,成人的方

---

[1] 《示诸生三首》,《王阳明全集》,第790页。
[2] 《示诸生三首》,《王阳明全集》,第790页。
[3] 《传习录上》,《王阳明全集》,第21页。

式、途径亦往往各异：

> 圣人教人，不是个束缚他通做一般。只如狂者便从狂处成就他，狷者便从狷处成就他。人之才气，如何同得？①

与成人方式的多样性相一致的，是人格模式的多样性。个性的差异，决定了人格模式很难整齐划一，如果以同一模式强加于人，则难免抑制乃至束缚人的个性。王阳明对个体才质的这种注重，显然不同于朱熹之以醇儒律人。

当然，从自性及个体才质出发成就自我，并不意味着这一过程没有普遍的范导原则。事实上，作为根据的自性便以良知为内容，而良知之中即蕴含着普遍之理。就此言，成圣的根据亦有其"同"的一面。不过，良知之中虽内含普遍性规定，但它只是决定着成人的主导方向，并不限定具体的人格模式：

> 圣人何能拘得死格？大要出于良知同，便各为说何害？且如一园竹，只要同此枝节，便是大同。若拘定枝枝节节，都要高下大小一样，便非造化妙手矣。汝辈只要去培养良知。良知同，更不妨有异处。②

就成己而言，内圣之境是一个总的目标，它构成了成就自我的普遍性（同）一面。在这一共同的目标下，人格的具体形象可以千差万别。成人过程固然不能偏离普遍的道德理想及与此相关的范导原则，但

---

① 《传习录下》，《王阳明全集》，第104页。
② 《传习录下》，《王阳明全集》，第112页。

普遍的道德理想与成圣目标又唯有在不同的人格中才能得到具体体现。走向共同的内圣之境与成就多样的个体人格,并非彼此排斥。

人格的具体性既展开为多样的形象,亦有其内在的维度,后者常常以个体的独立思考为表现形式;所谓出于良知同,则不妨各为说,已蕴含了此意。如前所述,在王阳明看来,真实的德性之中总是内含自我评判的规定,而自我评判则往往包含着独立思考的要求。从成己的角度看,立志成圣,超越沉沦,亦意味着不为外在的意见、观点所左右。王阳明对求之于心与求之于外作了区分:"夫学贵得之心。求之于心而非也,虽其言之出于孔子,不敢以为是也,而况其未及孔子者乎!求之于心而是也,虽其言之出于庸常,不敢以为非也,而况其出于孔子者乎!"①此所谓求之于心,也就是自我的思考评判,在崇尚权威与自我思考二者之中,后者无疑被提到了更重要的层面。这里当然并无扫荡传统权威之意,但其中确实又体现了空所依傍(无所待)的人格追求。

自我当然并不仅仅表现为一种人格境界,它总是具体化于现实的生命存在,王阳明曾言简意赅地点出了此意:"真己何曾离着躯壳。"②此所谓躯壳,即以感性形体为表征的生命存在。本真之我固然不能等同于感性层面的形体(王阳明一再强调以良知等形式表现出来的真吾对形体的制约),但亦非游离于感性生命。正是基于这一前提,王阳明提出了"毋绝尔生"的要求:

保尔精,毋绝尔生;正尔情,毋辱尔亲;尽尔职,毋以得失为尔惕;安尔命,毋以外物戕尔性。③

---

① 《传习录中》,《王阳明全集》,第76页。
② 《传习录上》,《王阳明全集》,第35页。
③ 《与傅生凤》,《王阳明全集》,第271页。

这里涉及了一系列的行为规范,而维护自我的生命存在则被置于重要的地位。自我身处社会之中,固然面临各种道德责任和义务,但不能因此而无视个体生命的价值:尽道德义务不应导向否定个体的生命存在。

王阳明的如上看法,与程朱一系的正统理学似乎有所不同。相应于性体的提升,程朱更多地倾向于强化人的理性本质,而在这种思维定势下,个体生命存在的价值往往难以得到合理定位。从所谓失节与饿死之辩中,便不难看出这一点:"然饿死事极小,失节事极大。"①如前所述,守节是对天理(形而上的类本质)的维护,生死则涉及个体的生命存在。在以上律令中,相对于天理的要求,个体的存在已变得完全无足轻重:极小与极大之分背后所蕴含的,绝非仅仅是男尊女卑的观念,毋宁说,它的真正内涵乃是对个体生命存在的某种漠视。较之程朱的这一立场,王阳明肯定真己不离躯壳,并要求"毋绝尔生",在化解理性本质与生命存在的过度紧张上,无疑有其理论意义。

从成就德性到成就自我,理论上的如上推展始终关联着心体与性体之辩。与性体更多地凸现普遍性原则不同,心体同时蕴含着个体性的原则,后者既体现于主体的内在德性,亦展开于作为具体存在的"我"。从性体出发,关注的重心总是首先指向类的本质与普遍的规范,以心体为根据,则难以回避个体存在。就此而言,王阳明的成己说亦可视为其心学的逻辑展开。

二、万物一体:个体间的沟通

以成就自我为价值目标,并不意味着导向自我中心。如前所述,

---

① 《二程集》,第201页。

在王阳明那里,成己与成圣具有内涵上的一致性,而内圣则总是拒斥自我的封闭化。就理论的内在逻辑而言,作为成己之说根据的心体,既包含着个体性的规定,又有其普遍性的维度,后者亦制约着成己说的理论走向。事实上,当王阳明以为己否定为人时,他所拒斥的是自我在道德上的沉沦,而不是自我与他人的共在。作为德性的具体化,自我同时亦表现为一种开放的主体。[1]

如前所述,万物一体是王阳明的一个基本信念。在其文著中,我们可以一再看到这一类的论述:"仁者与天地万物为一体,使有一物失所,便是吾仁有未尽处。"[2]作为涵盖之面相当广的哲学命题,万物一体既指向天人之际,亦涉及人我之间。从天人关系看,万物一体意味着人与自然从有对走向无对;就人我之间而言,万物一体则以主体与主体的相互沟通为内涵。

万物一体的观念当然并非由王阳明第一次提出,在张载的《西铭》中即已可看到类似的思想:"乾称父,坤称母;予兹貌焉,乃混然中处。故天地之塞,吾其体,天地之帅,吾其性。民吾同胞,物吾与也。"[3]程颢的《识仁篇》亦肯定:"仁者,以天地万物为一体。"[4]王阳明的如上看法与宋儒之说无疑有相近之处。不过,《西铭》与《识仁篇》中的万物一体,似乎首先表现为一种本然的存在形态,而在王阳明那里,万物一体则作为圣人之心而取得了应然的形式:

---

[1] 狄百瑞认为,儒家的为己主张并不意味着将个体与社会对立起来(参见 W. T. de Bary, "Neo-Confucian Individualism and Holism", in *Individualism and Holism: Studies in Confucian and Taoist Values*, Ann Arbor:The University of Michigan Press, 1988, p.332),这一论点同样适用于王阳明的心学。

[2] 《传习录上》,《王阳明全集》,第 25 页。

[3] 《张载集》,北京:中华书局,1978 年,第 62 页。

[4] 《二程集》,第 15 页。

> 夫圣人之心,以天地万物为一体,其视天下之人,无外内远近,凡有血气,皆其昆弟赤子之亲,莫不欲安全而教养之,以遂其万物一体之念。①

圣人是一种理想的(应当具有的)人格,圣人之心,则是指个体间交往中应有的态度和立场。在此,万物一体的观念便具体化为以仁道的原则对待一切社会成员,并真诚地关心、友爱他人。它着重于规定自我与他人共在过程中应当遵循的规范:所谓"以天地万物为一体",即意味着以万物一体为个体间交往的基本出发点。②

个体作为社会的存在,总是与他人处于同一社会空间,形成共在的关系。这种共在首先展开于日常的生活世界(日用常行)之中,而日常的生活世界无疑又有其世俗的一面。因此,仅仅认同日常的世界,不免容易趋于世俗化。王阳明要求通过立志成圣而挺立自我,显然亦有超越世俗化之意。然而,如果因为日常世界的世俗维度而将共在本身归结为沉沦,则往往会走向封闭的我。在现代存在主义那里,便不难看到这一趋向。存在主义固然注意到自我与他人的共在是一种本体论的事实,但又将共在中的我视为沉沦的我,而以烦、畏、

---

① 《传习录中》,《王阳明全集》,第54页。

② 以安全教养天下之人为万物一体的具体内容,同时亦体现了一种普遍的责任意识,这种责任不仅表现为对个体自己行为的负责,而且广义地展开于自我与群体的关系,后者与列维那斯对责任的理解似有相通之处。按列维那斯之见,"责任首先是对他人的责任",而个体则由此超越了有限:"责任的正面意义在于引向无限。"(参见 E. Levinas, *Ethics and Infinity*, Pittsburgh: Duquesne University Press, 1985, pp.95-101; *Otherwise Than Being or Beyond Essence*, Boston: Martinus Nijhoff Publishers, 1981, p.12)这里已蕴含自我应对一般的社会成员负责之意。当然,在列维那斯的以上看法中,明显地渗入了犹太教及基督教的文化背景,而王阳明的安全教养天下之人的万物一体思想,则更多地上承了原始儒学的仁道原则。

焦虑等内在的体验为本真之我的存在方式,这种看法事实上将超越世俗导向了逃避共在。就自我与他人的共在而言,超越世俗以挺立自我,主要从消极的方面表现了自我的取向(事实上,这种超越亦并非以逃避共在为形式,所谓极高明而道中庸,即表明了此点),从积极的方面看,自我又应以宽广的胸怀面对他人,通过对人的真诚关心与友爱而赋予个体间关系以仁道的意义。王阳明在推重卓然自立的狂者胸次的同时,又以万物一体的仁者精神为个体间交往的原则,无疑表现了统一以上两个方面的趋向。

万物一体既是一种行为的立场和出发点,也是一种个体所追求的理想之境:前文所谓"以遂其万物一体之念",便是指通过身体力行仁道原则,以实现万物一体的理想目标。作为理想目标的万物一体,其具体所指又是什么?从王阳明的如下论述中,我们不难知其大概:

> 盖其心学纯明,而有以全其万物一体之仁,故其精神流贯,志气通达,而无有乎人己之分、物我之间。[1]
>
> 大人者,以天地万物为一体者也,其视天下犹一家,中国犹一人焉。若夫间形骸而分尔我者,小人矣。[2]

所谈的虽是理想人格(圣人、大人),但涉及的仍是天人之际、人我之间。无有乎物我之间意味着在天人关系上超越对待,无有乎人己之分则指向了个体间关系:主体之间从隔绝和分离走向沟通和融合。不妨说,在人己之间这一维度上,万物一体的内在涵义即是打通个体间(人己、尔我)关系。

---

[1] 《传习录中》,《王阳明全集》,第55页。
[2] 《大学问》,《王阳明全集》,第968页。

与无人己之分相对的是间形骸、分尔我。何以会有人我之隔？王阳明着重从私欲的角度作了分析："仁者以万物为体，不能一体，只是己私未忘。"①"及其动于欲，蔽于私，而利害相攻，忿怒相激，则将戕物圮类，无所不为，其甚至有骨肉相残者，而一体之仁亡矣。"②此所谓私，即执着于一己之我，将自我封闭于个体的狭隘世界，并以个体之利为行为的出发点，而未能由己而及人。不难看出，私的核心是个体之利，从私欲出发，即意味着以利益计较为个体间交往的原则，而在王阳明看来，由此导致的逻辑结果，则是个体间的相互分离，乃至排斥与冲突。

如何建立合理的个体间关系，是中西哲学家很早就开始关注的问题。相对而言，西方哲学家较多地考察了正义的原则。按亚里士多德的理解，正义意味着每一个体都得其应得者。从正面看，得其应得也就是实现个体所具有的权利，其内核是对权利的普遍尊重和确认。这种原则体现于个体间关系，则既表现为个体对自身权利的肯定，又展开为交往双方对彼此权利的相互尊重。正义原则总是涉及利益的公正分配，并相应地关联着现实的福祉。③ 从柏拉图到罗尔斯，西方哲学始终极为注重正义的原则。这种原则对建立合理的个体间关系诚然不可或缺，但个体的权利及与此相关的利益若过度强化，也容易引致社会成员之间的疏离甚至冲突。王阳明将个体之利的关注视为尔我相分、骨肉相残的根源，固然有忽视个体权利的一

---

① 《传习录下》，《王阳明全集》，第110页。
② 《大学问》，《王阳明全集》，第968页。
③ 柏拉图的代表性著作《理想国》即以正义为内在主题，而其中的正义又往往以利益来规定(参见柏拉图：《理想国》，北京：商务印书馆，1986年)，罗尔斯更把利益的分配视为正义原则题中应有之义(参见罗尔斯：《正义论》，北京：中国社会科学出版社，1988年)。

面,但同时亦无疑有见于以利益计较为交往原则所蕴含的消极后果。

与出于利益计较相对,王阳明更注重个体间的情感沟通。在他看来,人作为天地之心(万物之灵),应当具有普遍的仁爱与同情感:"夫人者,天地之心。天地万物,本吾一体也,生民之困苦荼毒,孰非疾痛之切于吾身者乎?不知吾身之疾痛,无是非之心者也。"①这种同情心,可以使人超越尔我之分,走向人己统一:"是故见孺子入井,而必有怵惕恻隐之心焉,是其仁之与孺子而为一体也。"②在此意义上,仁爱恻隐之心即构成了打通个体间关系的心理情感基础。王阳明确信,如果每一个体都能推己及人,由近而远,将恻隐亲仁之情普遍地运用于天下之人,那么,便可逐渐遂其万物一体之念:"是故亲吾之父,以及人之父,以及天下人之父,而后吾之仁实与吾之父、人之父与天下人之父而为一体矣;实与之为一体,而后孝之明德始明矣!亲吾之兄,以及人之兄,以及天下人之兄,而后吾之仁实与吾之兄、人之兄与天下人之兄而为一体矣;实与之为一体,而后弟之明德始明矣!君臣也,夫妇也,朋友也,以至于山川鬼神鸟兽草木也,莫不实有以亲之,以达吾一体之仁,然后吾之明德始无不明,而真能以天地万物为一体矣。"③

王阳明把恻隐同情之心视为达到万物一体的保证,认为通过亲亲仁爱之情的推而广之便可消除人我之隔,无疑过于乐观,而且亦未免把问题简单化了。个体间的关系并不仅仅涉及心理情感,与之相关的更有广义的社会结构、制度,交往过程的形式化程序,等等。④ 不

---

① 《答聂文蔚》,《王阳明全集》,第79页。
② 《大学问》,《王阳明全集》,第968页。
③ 《大学问》,《王阳明全集》,第968—969页。
④ 在这方面,当代哲学家如 J.哈贝马斯作了相当细致的考察,参见 J. Habermas, *The Theory of Communicative Action*, Boston: Beacon Press, V. 1, 1984; V. 2, 1987。

过,王阳明以上所论仍有其值得注意之点:当王阳明将仁爱恻隐之心理解为个体间沟通的心理情感基础时,其内在的意向即是要求以仁道作为个体间交往的原则。从一般的理论层面看,仁道原则的基本精神在于尊重和确认每一主体的内在价值,它既肯定主体自我实现的意愿,又要求个体间真诚地承认彼此的存在意义。孔子以爱人规定仁,①孟子以恻隐之心为仁之端,②等等,无不表现了对主体内在价值的注重。这里不仅蕴含着人是目的的理性前提,而且渗入了个体间的情感认同。个体间的交往当然离不开语言层面的对话,但单纯的语言交流往往只能使人明其意义并相互理解,而基于仁道的情感认同则常能使人进一步得其意味,并达到相互沟通。总之,仁道的原则既要求主体关注自身的存在意义,又要求通过个体间存在价值的相互确认而走出自我、打通人己。王阳明将仁爱恻隐之心作为实现万物一体的内在保证,固然有其抽象的一面,但同时亦似乎多少有见于仁道原则在个体间交往过程中的规范作用;它对于抑制以利益计较为交往原则的趋向,无疑有不可忽视的理论意义。

以仁道为交往的原则,要求个体之间相互尊重。《传习录下》中曾记载了王阳明与其门人若干耐人寻味的对话:

一日,王汝止出游归,先生问曰:"游何见?"对曰:"见满街人都是圣人。"先生曰:"你看满街人是圣人,满街人到看你是圣人在。"又一日,董萝石出游而归,见先生曰:"今日见一异事。"先生曰:"何异?"对曰:"见满街人都是圣人。"先生曰:"此亦常事耳,

---

① 《论语·颜渊》。
② 《孟子·公孙丑上》。

何足为异?"①

初看,这种问答似乎颇近于禅宗的机锋,但事实上其中却另有寓意。所谓满街都是圣人,当然并不是说日常所遇的任何人均已达到了理想的人格之境,它的内在涵义是:社会共同体中的每一主体,都属应当加以尊重的对象。从逻辑上说,既然满街都是圣人,那么,在交往过程中,自我就不能有一种道德上的优越感,以居高临下的态度对待他人:"你们拿一个圣人去与人讲学,人见圣人来,都怕走了,如何讲得行。"②人都怕走,表现了一种心理上的距离,它所导向的,是人己之分;唯有视人皆若圣人,并以这样的平等之心对待他人,才能消除个体间的心理距离,达到彼此的沟通。

从仁道的原则出发,同时也要求在交往过程中有内在的诚意,即使劝人为善,也应注意动机和方式:"责善,朋友之道,然须忠告而善道之。悉其忠爱,致其婉曲,使彼闻之而可从,绎之而可改,有所感而无所怒,乃为善耳。若先暴白其过恶,痛毁极诋,使无所容,彼将发其愧耻愤恨之心,随欲降以相从,而势有所不能,是激之而使为恶矣。故凡讦人之短,攻发人之阴私,以沽直者,皆不可以言责善。"③这里所说虽为如何责善,但其意义并不限于此,它同时涉及交往过程的普遍形式。所谓"悉其忠爱",亦即要有与人为善之心;"致其婉曲",则指言说与行为的可接受性。前者是就动机和出发点而言,后者是就交往的方式而言。在王阳明看来,唯有将仁道的原则具体化于交往形式,才能避免个体间的紧张,建立人与己的和谐关系。

---

① 《传习录下》,《王阳明全集》,第 116 页。
② 《传习录下》,《王阳明全集》,第 116 页。
③ 《责善》,《王阳明全集》,第 975—976 页。

以万物一体为总的论纲,王阳明对个体间关系作了多方面的界说,其着重之点是克服人己的分离,走向个体间的沟通。在万物一体的形式下讨论个体间关系,当然不免有思辨的色彩,但从王阳明哲学的内在结构看,它又构成了其体系不可或缺的一个方面。如前所论,王阳明以心体立说,心建构意义世界,又具体化为德性而统摄行为,心体的这种提升与为己之说相结合,在逻辑上蕴含着导向个体原则过度强化及限制自我开放性的可能,万物一体论对抑制这种演化方向,无疑有其理论上的意义。当然,由万物一体说而展开的个体间关系论,尽管涉及了如何化解人己之间的紧张等问题,并对合理的交往原则作了有价值的考察,但亦表现出过多地从整体之维规定人我关系的倾向,它在理论上潜含了导向无我说的契机。

三、无我的二重意蕴

从成己到万物一体,表现为一个由自我走向他人与群体的过程。如前所述,按王阳明之见,个体间分离、冲突的根源在于有私,打通个体间关系既要以人道原则等来担保,又离不开去私的过程。这样,人我之辩往往与公私之辩联系在一起。王阳明很注重公私之辩:"毫厘何所辨? 惟在公与私。"①在这方面,王阳明无疑又体现了理学共同的价值取向。

从形而上的层面看,公私之辩的基本精神在于确认普遍性的原则,而其内在的根据则蕴含于良知说之中。在王阳明那里,良知既具有个体性的规定,又包含着普遍的内容,唯其有普遍性的一面,故致其良知,便能公是非、同好恶,并达到万物一体:

---

① 《赴谪诗五十五首》,《王阳明全集》,第 680 页。

> 良知之在人心,无间于圣愚,天下古今之所同也。世之君子惟务致其良知,则自能公是非,同好恶,视人犹己,视国犹家,而以天地万物为一体。①

天下古今之所同,突出的是良知超越特殊时空的普遍性品格,也正是这一点,决定了从良知出发,可以由己及人(视人若己),从自我走向他人与群体。

良知的普遍性亦体现了其公共性的一面,这种公共性非个体所能损益:"天命之性,粹然至善,其灵昭不昧者,皆其至善之发见,是皆明德之本体,而所谓良知者也。至善之发见,是而是焉,非而非焉,固吾心天然自有之则,而不容有所拟议加损于其间也。有所拟议加损于其间,则是私意小智,而非至善之谓矣。"②拟议加损属个体意见,良知的普遍内容总是超越于个体意见,试图以个体意见对良知加以损益,便将导向"私"。公私之辩在此即表现为良知的普遍内容与个体意见的对峙,而对私意小智的批评,亦相应地体现了对普遍性原则的维护。

与批评私意小智相联系,王阳明对当时人出己见,纷然立说的现象亦颇有微词:"世之儒者,各就其一偏之见,而又饰之以比拟仿像之功,文之以章句假借之训,其为习熟既足以自信,而条目又足以自安,此其所以诳己诳人,终身没溺而不悟焉耳。"③离开良知所内含的普遍义理而标立异说,便难免陷于片面性(一偏之见),这种批评无疑具有认识论的意义。不过,王阳明此处所着重的主要并不是认识论,其关

---

① 《答聂文蔚》,《王阳明全集》,第 79 页。
② 《亲民堂记》,《王阳明全集》,第 251 页。
③ 《寄邹谦之》,《王阳明全集》,第 206 页。

注之点仍在公私之辩:"后世学术之不明,非为后人聪明识见之不及古人,大抵多由胜心为患,不能取善相下。明明其说之已是矣,而又务为一说以高之,是以其说愈多而惑人愈甚。凡今学术之不明,使后学无所适从,徒以致人之多言者,皆吾党自相求胜之罪也。今良知之说,已将学问头脑说得十分下落,只是各去胜心,务在共明此学,随人分限,以此循循善诱之,自当各有所至。若只要自立门户,外假卫道之名,而内行求胜之实,不顾正学之因此而益荒,人心之因此而愈惑,党同伐异,覆短争长,而惟以成其自私自利之谋,仁者之心有所不忍也。"①这一大段议论,纵横辩说,而其中心之意则是否定自私自利之谋。

从理论上看,反对以一己之见衡定是非,肯定是非准则应当具有普遍性的品格,无疑具有抑制相对主义的意义。不过,王阳明对人出己见、异说相争的批评,同时亦蕴含着另一重倾向。学说的发展、义理的辨析,总是离不开不同意见的争论。每一种意见、观点往往各有所见,亦各有其片面性,唯有通过意见之间的交锋辩难,它们各自的所见才能逐渐被确认,其所蔽也才能不断被克服。如果一开始便把某种观点宣布为唯一的真理,而将与之相异的看法都视为一偏之见,那就很难避免独断论。王阳明断言良知说已将学问头脑说得十分下落,并认为当时出现的不同意见均为私意小智、一偏之见,确实表现出某种独断论的倾向。如上思维行程亦表明,尽管王阳明以内在的良知转换了超越的天理,但与赋予良知以二重性相应,王阳明不仅未完全放弃普遍性的原则,而且往往将其置于重要的地位。

当然,在王阳明那里,公私之辩并不限于良知与意见之分,普遍

---

① 《寄邹谦之》,《王阳明全集》,第207页。

性的原则也非仅仅展开于义理的辨析,就更广的意义而言,二者同时包含着具体的社会内容。从后一维度看,公或普遍性首先表现为个体对社会的责任意识及责任关系。如前所述,王阳明很注重个体的社会责任,其万物一体说已包含着内在的责任意识;在对豪杰之士的规定中,同样表现了这一点。他将豪杰之士视为独立人格的象征,而这种豪杰之士同时又被规定为以圣贤之道自任的自我:"故居今之世,非有豪杰独立之士的见性分之不容已,毅然以圣贤之道自任者,莫之从而求师也。"[①]性分是由人的本质所规定的责任,圣贤之道则表现为一种广义的社会理想,"的见性分之不容已"与以圣贤之道自任相结合,意味着自觉地履行个体所承担的社会责任。

正是基于以上前提,王阳明一再对佛教提出了批评。在他看来,佛教的特点在于外人伦、遗物理,而体现于其中的,则是一种自私自利的价值取向:

> 夫禅之学与圣人之学,皆求尽其心也,亦相去毫厘耳。圣人之求尽其心也,以天地万物为一体也。吾之父子亲矣,而天下有未亲者焉,吾心未尽也;吾之君臣义矣,而天下有未义者焉,吾心未尽也;吾之夫妇别矣,长幼序矣,朋友信矣,而天下有未别、未序、未信者焉,吾心未尽也。……禅之学非不以心为说,然其意以为是达道也者,固吾之心也,吾惟不昧吾心于其中则亦已矣,而亦岂必屑屑于其外;其外有未当也,则亦岂必屑屑于其中。斯亦其所谓尽心者矣,而不知已陷于自私自利之偏。是以外人伦,遗事物,以之独善或能之,而要之不可以治家国天下。盖圣人之

[①] 《答储柴墟》,《王阳明全集》,第814页。

学无人己,无内外,一天地万物以为心;而禅之学起于自私自利,而未免于内外之分,斯其所以为异也。①

问题又一次引向了公私之辩。不过,此所谓公私,涉及的首先是个体的社会责任。儒家将承担各种形式的社会责任视为性分之不容已,体现了成己而成物的群体关怀;佛家则处处逃避社会责任,不免陷于自私自利。二者的如上区分,又与人己之辩相联系:前者以人己为一体,后者则执着于人己之别。

群己关系是儒家反复辨析的问题。从先秦开始,早期儒家便已关注于此。孔子提出"修己以安人"之说,修己是成就自我,安人则指向社会群体(群体价值的实现),以安人为修己的归宿,体现了对群体认同及个体社会责任的注重。儒家的经典之一《大学》沿此思路,对修齐治平的关系作了更具体的规定:"身修而后家齐,家齐而后国治,国治而后天下平。"在这里,出发点是自我的完善,整个过程所要达到的目标则是群体价值的实现(国治天下平),后者构成了个体应当承担的社会责任。随着儒学的演进,注重群体认同逐渐成为儒家的一种思维定势,在王阳明的如上所论中,我们同样可以看到这种思维定势的影响。从群己关系看,肯定个体所承担的社会责任、要求认同群体价值,无疑有助于抑制和避免自我中心的价值取向。王阳明批评佛禅外人伦、遗事物,其意义显然亦不限于儒佛之争(以儒家的群体原则否定佛教之忽视自我的社会义务):在更广的意义上,它可看作是对自我中心价值原则的拒斥。

然而,由批评佛禅的外人伦,王阳明又不免过分地强化了个体的社会责任。在谈到君臣、身国关系时,王阳明已明显地流露出此

---

① 《重修山阴县学记》,《王阳明全集》,第257页。

种倾向:"夫人臣之事君也,杀其身而苟利于国,灭其族而有裨于上,皆甘心焉,岂以侥幸之私、毁誉之末,而足以挠乱其志者。"①此处之"国",可以视为社会整体的象征,君则是这种整体的体现者。在这里,群己关系即展开为个人与整体的关系,而个人对社会的责任,则表现为自我对整体的绝对服从:为了"利于国"、"裨于上",自我必须无条件地抛弃一切,即使杀身灭族亦应毫无所憾。不难看出,在这种关系中,整体似乎已被赋予某种抽象的形式:它与君主融合为一而又超越于个体,作为自我的个体则淹没于普遍的社会义务之中。

与群体抽象化为超验的整体,以及要求个体绝对从属于此整体相应,王阳明提出了无我之说:

圣人之学,以无我为本,而勇以成之。②

从为学的角度看,无我所重在于不执着一己之见,这一意义上的无我,近于孔子所说的"毋意、毋必、毋固、毋我"③。就群己、人我关系而言,无我则既要求自我从封闭走向开放,又含有以群体认同涵盖自我认同之意。这当然并不意味着放弃为己,但相应于群体认同的强化,为己亦非隔绝于无我:"君子之学,为己之学也。为己故必克己,克己则无己。无己者,无我也。"④将无己规定为为己之学的题中之义,固然避免了将为己理解为以自我为中心,但为己与无己的这种沟通,亦易使自我失去其具体的规定:通过克己、无己而达到的"我",其现实

---

① 《奏报田州思恩平复疏》,《王阳明全集》,第 474 页。
② 《别方叔贤序》,《王阳明全集》,第 232 页。
③ 《论语·子罕》。
④ 《书王嘉秀请益卷》,《王阳明全集》,第 272 页。

性的品格无疑已被弱化。①

个体间的联系不能离开具体、现实的个体。人的本质当然唯有在社会的联系中才能得到具体的体现,但这种联系本身又必须落实于具体的个体。马克思曾说:"因为人的本质是人的真正的社会联系,所以人在积极实现自己本质的过程中创造、生产人的社会联系、社会本质。而社会本质不是一种同单个人相对立的抽象的、一般的力量,而是每一个单个人的本质,是他自己的活动,他自己的生活,……是个人在积极实现其存在时的直接产物。"②尽管王阳明以良知转换超验天理,同时亦肯定了自我的个体性品格,但在从社会关系的层面对个体与群体加以规定时,却不免多少将二者抽象化了:在无我的形式下,不仅群体成为某种超然于个体的一般力量,而且个体本身亦似乎难以实现其具体的存在。

前文已论及,心体的挺立,意味着扬弃超验之理对个体的外在强制,但它亦为个体性原则的片面膨胀提供了某种可能。从化良知为德性到为己成己说,着重展开的主要即是个体性的一面,而万物一体说则通过由个体到他人与群体的转换,抑制了从成就自我向自我中心的衍化。后者同时亦上接了传统的群己之辩。万物一体说与儒佛之辩及儒家群体关怀的传统相融合,使注重个体社会责任的群体原

---

① 在这方面,王阳明的看法似乎颇近于布拉德雷。布拉德雷以自我实现(self-realization)为终极的目标,但同时又把自我实现理解为自觉地与无限的大全(infinitive whole)融合为一(参见 Bradley, *Ethics Studies*, Oxford: Clarendon Press, 1927, pp. 64, 80)。王阳明将为己与无我联系起来,亦多少蕴含着对整体主义的某种认同。这一立场,与王阳明在肯定个体性原则的同时,始终没有放弃对普遍性原则的承诺相联系。

② 《詹姆士·穆勒〈政治经济学原理〉一书摘要》,载马克思:《1844 年经济学哲学手稿》,第 159-160 页。

则得到了提升,而后者又进一步导向了无我说。王阳明的如上思维行程既呈现了其内在的逻辑关联,又具体地表明:对思辨的心学来说,人我、群己的合理定位依然是一个理论的难题。

第六章
本体与工夫

王阳明曾说:"吾良知二字,自龙场以后,便已不出此意,只是点此二字不出。"① 又说:"吾平生讲学,只是致良知三字。"② 从心体的重建到意义世界的形成,从天人之际到人我之间,良知与致良知说构成了王阳明心学的内在之维。尽管明确地以良知与致良知概括其学说是相对后起的事,③ 但良知与致良知说的基本思

---

① 《传习录拾遗》,《王阳明全集》,第 1170 页。
② 《寄正宪男手墨二卷》,《王阳明全集》,第 990 页。
③ 在论及王阳明思想形成时,王阳明的学友门人往往试图确定王阳明提出良知与致良知说的具体年月。如黄绾认为,正德九年(1514),王阳明"始专以良知之旨训学者"(《阳明先生行状》)。钱德洪等所撰《年谱》则以为,正德十六年(1521),"先生始揭致良知之教"。这种确认似乎过多地执着具体"话头",而未能把握其内在的思想脉络。

想却是王阳明心学中一以贯之的观念:它既渗入于心体,又融合于德性;既体现于意义世界,又引申于人我之间。良知与致良知说的进一步展开,则是本体与工夫之辩,后者使心学的论旨又得到了更为深入的展示。

一、作为本体的良知

良知作为一个哲学范畴,首见于《孟子》:"人之所不学而能者,其良能也;所不虑而知者,其良知也。"①这里的良知,主要指先天的道德意识。王阳明将这一范畴引入其心学体系,并赋予它以多方面的内涵。

王阳明以心立说,又以良知释心。与重建心体的思维行程相应,王阳明将良知提升到了本体的层面。事实上,在王阳明那里,良知与心体在内涵上亦有重合的一面。从心物关系看,良知的本体义首先体现于意义世界的建构过程。如前所论,王阳明曾提出意之所在即为物之说,其本体论的兴趣已由设定形而上的超验世界,转向意义世界的建构(通过心体的意向活动,化外部对象为意义世界中的存在)。意义世界的建构以心为体,而这种心体又与良知相通,因此,心为物之体亦意味着良知为物之体:"人的良知,就是草木瓦石的良知。若草木瓦石无人的良知,不可以为草木瓦石矣。岂惟草木瓦石为然?天地无人的良知,亦不可以为天地矣。"②这里强调的,当然并不是外部对象作为本然的存在依赖于人,它的实际意蕴是:草木、瓦石、天地的意义总是相对于人而言。作为本然的存在,天地、草木固然自在,

---

① 《孟子·尽心上》。
② 《传习录下》,《王阳明全集》,第107页。

但却没有进入意义世界(只是一种原始的混沌),天地作为"天地",草木作为"草木",其意义唯有对人才敞开。就此而言,没有人的良知,便没有意义关系中的草木、瓦石、天地。

不难看到,良知作为本体,构成了意义世界所以可能的根据。在这里,良知被赋予了二重身份:它既是主体(主体意识及其活动),又是实体。这一思想无疑有其值得注意之点。黑格尔曾指出:"一切问题的关键在于:不仅把真实的东西或真理理解和表述为实体,而且同样理解和表述为主体。"①黑格尔的这一看法着重强调的是实体与主体的统一。马克思对此予以高度的重视:"事物的差别并不重要,因为实体被看作是自我区别,或者说,因为自我区别,悟性的活动被看作是本质的东西。因此,黑格尔在思辨范围内提供了真正把握事物实质的区别。"②从本体论上看,肯定实体与主体统一的内在含义在于:对存在的规定总是关联着主体自身的认识活动。一般而论,在人的历史实践及认识过程之外,存在只具有自在或本然的意义,对这种本然世界,我们除了说它是本然或自在的外,无法作出更多的说明,而且所谓"本然"或自在,也是相对于人的知行、名言之域而言(亦即就其尚未进入人的认识与实践过程而言)。本然世界一旦进入认识之域,便开始转化为事实界。与本然界的自在性不同,事实界已是与主体相联系的为我之物,只有在这种与主体相联系的事实界(为我之物),才可能"把握事物实质的区别"。如果离开人的历史实践和认识过程去规定所谓本然的存在或实体,那就很难避免形而上学的设定或思辨的虚构。黑格尔本身当然并没有完全摆脱思辨哲学,但他要

---

① 黑格尔:《精神现象学》上卷,北京:商务印书馆,1981年,第10页。
② 马克思:《黑格尔现象学的结构》,《马克思恩格斯全集》第42卷,北京:人民出版社,1979年,第237页。

求把实体同时理解为主体,这一思想无疑又表现了其超越传统形而上学的一面。正是在此意义上,马克思认为黑格尔在"思辨的范围内提供了真正把握事物实质的区别"。

王阳明的良知与黑格尔所说的实体和主体在内涵上当然并不重合,不过,他把良知既规定为本体(意义世界所以可能的根据),又理解为主体意识及其活动,无疑表现了沟通实体与主体的思维趋向。这一思路具体展开于心物之辩(参见本书第三章),表现了理学在本体论上新的衍化路向。尽管以良知为存在的根据仍然具有思辨的性质,但它肯定天地万物的呈现离不开人的意识活动,显然又不同于对超越于人的理世界作形而上的规定。从后一意义上看,赋予良知以本体义似乎又多少表现为对思辨本体论的某种抑制。

在王阳明那里,良知的本体义并不仅仅体现于心物关系,它同时关联着成圣(达到理想人格)的过程。就后者而言,良知具体表现为先天的道德本原:

> 心之良知是谓圣。圣人之学,惟是致此良知而已。自然而致之者,圣人也;勉强而致之者,贤人也;自蔽自昧而不肯致之者,愚不肖者也。愚不肖者,虽其蔽昧之极,良知又未尝不存也。苟能致之,即与圣人无异矣。此良知所以为圣愚之同具,而人皆可以为尧舜者,以此也。①

人皆可以为尧舜,这是儒家的基本信念,而对何以人皆可以为尧舜的理解,则又各有不同。孟子从性善的预设出发,较多地强调了成圣必须以先天的善端为根据;荀子则在性恶说的前提下,主张"化性起

---

① 《书魏师孟卷》,《王阳明全集》,第280页。

伪",更多地突出了后天习行的作用。在这方面,王阳明无疑上承了孟子一系的思路,所谓"人皆可以为尧舜者,以此也",即意味着将良知规定为理想人格所以可能的先天根据。

作为道德本原的良知,与德性有着切近的关系。在王阳明那里,内圣的人格与善的德性并非彼此隔绝,良知既是成圣的根据,亦是所谓明德:"天命之性,粹然至善,其灵昭不昧者,此其至善之发见,是乃明德之本体,而即所谓良知也。"①这种明德构成了德性的出发点。在"人孰无根?良知即是天植灵根"②在这一类的议论中,良知即已被视为德性发展的内在之源。从另一方面看,德性和人格又表现为实有诸己的良知,当王阳明以良知为"真吾"时,即蕴含了此意。这样,良知便具有了二重含义:它既是德性由之出发的潜能,又是德性存在的真实形态(真吾);就其为潜能而言,它呈现为先天的道德本原;就其为德性的真实形态而言,它则构成了德性的本质规定。与以上二重内涵相联系,作为道德本体的良知便表现为先天本原与真实本质的统一。

存在的根据与道德的本原主要从心物关系与成圣过程展开了良知的本体义。良知的另一重涵义与"知"相联系:"孟子云:是非之心,知也;是非之心,人皆有之,即所谓良知也。"③这种知同样具有本体的意义。就其为本体而言,亦可说:"良知之外,别无知矣。"④以是非之知的形式表现出来的"知",不同于经验领域的具体知识,而是表现为一般的道德意识,并展开为一套内在的理性原则,王阳明将这种

---

① 《大学问》,《王阳明全集》,第969页。
② 《传习录下》,《王阳明全集》,第101页。
③ 《与陆原静》,《王阳明全集》,第189页。
④ 《传习录中》,《王阳明全集》,第71页。

原则概括为"心之条理"①。

良知作为内在的道德意识和理性原则,以天理为其内容,正是在此意义上,王阳明又把良知称之为天理:"良知是天理之昭明灵觉处,故良知即是天理。思是良知之发用,若是良知发用之思,则所思莫非天理矣。"②不过,天理在取得了良知的形式之后,已不同于外在的道德命令,而是具体表现为忠、孝、信等内在的道德要求:"是理也,发之于亲则为孝,发之于君则为忠,发之于朋友则为信。千变万化,至不可穷竭,而莫非发于吾之一心。"③忠、孝、信等等突出的是其伦理指向,发于吾心则强调了作为良知内容的理性原则具有内在性的特点。在相近的意义上,王阳明亦把表现为内在条理的良知理解为道:"道即是良知。良知原是完完全全,是的还他是,非的还他非,是非只依着他,更无不是处。这良知还是你的明师。"④此所谓道,即是普遍有效的道德原则(道相对于理,表现了更高层面的普遍性),它构成了判断是非、范导行为的最高准则,明师云云,所着重的便是内在原则和条理对人的范导意义。

作为内在的道德意识和理性原则,良知不同于具体的意念。如前所述,王阳明一再对良知与意念加以区分:"意与良知当分别明白。凡应物起念处,皆谓之意。意则有是有非,能知得意之是与非者,则谓之良知。"⑤应物起念是一种后天的经验活动过程,它往往限定于具体时空之域,随物而变迁,具有特殊和偶然的特点。良知作为判断是非的理性准则,总是超越特定的时空及经验的偶然性,不存在起念与

---

① 《书诸阳伯卷》,《王阳明全集》,第277页。
② 《传习录中》,《王阳明全集》,第72页。
③ 《书诸阳伯卷》,《王阳明全集》,第277页。
④ 《传习录下》,《王阳明全集》,第105页。
⑤ 《答魏师说》,《王阳明全集》,第217页。

否的问题:"良知者,心之本体,即前所谓恒照者也。心之本体,无起无不起,虽妄念之发,而良知未尝不在,但人不知存,则有时而或放耳。……若谓良知亦有起处,则是有时而不在也,非其本体之谓矣。"①恒照肯定的是其普遍性,无起无不起则是强调良知并非根源于应物而起的经验活动。也正是在同一意义上,王阳明认为:"良知不由见闻而有。"②这种先于经验(见闻)的良知,也可视为先天之知:"盖良知之在人心,亘万古,塞宇宙,而无不同,不虑而知,恒易以知险,不学而能,恒简以知阻,先天而天不违,天且不违,而况于人乎?"③

通过良知与意念、见闻的分别,王阳明着力突出了良知的先天性(先验性)。在王阳明看来,正由于良知非起源于后天的经验活动,而是内含着先天的理性意识,故它能超越特定时空而成为天下之大本:"自圣人以至于愚人,自一人之心以达于四海之远,自千古之前以至于万代之后,无有不同。是良知也者,是所谓天下之大本也。"④不难看出,王阳明在此乃是以良知的先天性(先验性)来担保其普遍有效性。这种思路在某些方面近于康德。前文已提及,突出道德原则的普遍性,是康德伦理学的重要主题,而按康德之见,道德原则的普遍性与感性经验总是格格不入,前者只能来自先天的理性或善良意志的自我立法。从理论上看,道德原则无疑具有先于特定个体的性质:个体在行为中所依照的道德原则,并非形成于其具体的经验活动,它首先是作为既定的(先于个体的)规范而被接受的。但先于特定个体并不意味着先天,从人类或社会的历史演进看,道德原则固然有普遍性的品格,但又总是有其深刻的社会历史根源,正如思维的逻辑在本

---

① 《答陆原静书》,《王阳明全集》,第61—62页。
② 《传习录中》,《王阳明全集》,第71页。
③ 《传习录中》,《王阳明全集》,第74页。
④ 《书朱守乾卷》,《王阳明全集》,第279页。

质上表现为人的历史实践的某种积淀一样,道德原则也可以视为社会演进的历史需要的某种折射,正是人类实践的普遍性,构成了道德原则普遍性的根据;就个体而言,道德原则诚然先于个体而在,但这种原则并非与生俱来,唯有通过个体社会化的长期过程,历史地形成的规范才能逐渐内化于其意识结构。与康德一样,王阳明以道德原则的先天性来担保其普遍性,显然未能真正把握道德原则与历史实践的联系。

综合起来,从本体的层面看,良知有其多方面的内涵:在心物关系上,它是意义世界存在的根据;从成圣过程看,它构成了德性的本原;就心之条理而言,它展示为先天的理性原则,从而,良知的本体义在总体上便表现为存在的根据、德性的本原、先天的理性原则等方面的统一。良知的以上诸义当然并非彼此互不相关。作为存在的根据,良知的本体作用主要体现于意义世界的建构过程,而后者一开始便渗入了善的关怀;作为德性的本原,良知同时亦包含了理性的要求;作为先天的理性原则,良知又总是指向"真吾"(个体存在):所谓化良知为德性,即肯定了良知与个体存在的联系,也正是这一点,使之虽以天理为内涵而又不同于程朱意义上的超验天理。

二、先天之知与后天之致

与良知说相联系的是致良知说。正如良知说在理论上以《孟子》为其来源一样,致良知说的思想渊源可以上溯到《大学》一系。《大学》有正心、诚意、格物、致知之说,致良知的提法,无疑受到了其影响。当然,对所谓"致",王阳明又有自己的理解。大体而言,在王阳明那里,致良知之"致"包括二重涵义。首先是"至":"易谓知至至之。知至者,知也;至之者,致知也"①类似的界说亦见于《大学问》:"致者,至也。如云丧致乎哀之致。易言知至至之,知至者,知也;至之者,致也。致知云者,非若后儒所谓充广其知识之谓也,致吾心之良知焉耳。"②此两处之"至",并不意味着经验知识的增加,而是以内在良知的达到和实现为指归(详见后文)。致的另一涵义是"做"或"为":"良知所知之善,虽诚欲好之矣,苟不即其意之所在之物而实有以为之,则是物有未格,而好之之意犹为未诚也。"③此所谓"为之",有推行之意,王阳明本人对此亦有更为明确的概括:"决而行之者,致知之谓也。"④这一意义上的致良知,已与知行之辩相融合,其理论意蕴,将在论知行之辩时再作具体考察,本节所论的重心,主要放在"致良知"的前一意义之上。

从宽泛的意义上看,致良知的过程与意义世界的建构无疑亦有联系:唯有在主体达到了对良知的自觉意识之后,良知才可能真正成为意义世界所以可能的根据。但相对而言,与致良知过程有更切近关系的,是作为德性本原和先天理性原则的良知。就良知的德性本原义而言,良知作为成圣的根据,首先以潜能的形式表现出来,但潜能还只是为成圣提供了可能,而并不是德性的现实形态。从潜能走向现实,离不开致知的过程:

> 故致知者,意诚之本也。然亦不是悬空的致知,致知在实事上格。如意在于为善,便就这件事上去为;意在于去恶,便就这件事上去不为。去恶固是格不正以归于正,为善则不善正了,亦

---

① 《与陆原静》,《王阳明全集》,第189页。
② 《大学问》,《王阳明全集》,第971页。
③ 《大学问》,《王阳明全集》,第972页。
④ 《书朱守谐卷》,《王阳明全集》,第277页。

是格不正以归于正也。如此,则吾心良知无私欲蔽了,得以致其极,而意之所发,好善去恶,无有不诚矣!诚意工夫,实下手处在格物也。若如此格物,人人便做得。"人皆可以为尧舜",正在此也。①

人皆可以为尧舜(成圣),这是由良知之本原所决定的,但唯有通过致知的过程,这种本原才能转化为现实的根据,而致知的过程又具体展开为行善去恶。

化善的潜能为现实的德性,逻辑地关联着对良知的自觉意识,后者便涉及了致良知的另一重意蕴。王阳明对良知的本然状态与明觉状态作了区分,前者带有自在的性质,后者则是对良知的自觉意识。当良知对主体来说还处于本然状态时,主体往往表现为一种自在的存在;从本然走向明觉,以"致"为其中介:"昏闇之士,果能随事随物精察此心之天理,以致其本然之良知,则虽愚必明,虽柔必强,大本立而达道行,九经之属可一以贯之而无遗矣。"②

如前所述,良知作为内在的道德意识与理性原则,具有先天的性质,这种先天性首先是就其起源而言:良知的形成先于一切经验活动。但先天地形成并不意味着先天地达到明觉,良知作为理性的原则固然是先天的(在王阳明看来,正是这种先天性决定了其普遍性),但其作用却并不能完全离开后天的致知活动。正是在此意义上,王阳明认为,"人孰无是良知乎?独有不能致之耳"。③ 并一再批评时人将"致"字看得太易:"近时同志亦已无不知有致良知之说,然能于此

---

① 《传习录下》,《王阳明全集》,第119—120页。
② 《传习录中》,《王阳明全集》,第47页。
③ 《书朱守乾卷》,《王阳明全集》第279页。

实用功者绝少,皆缘见得良知未真,又将致字看得太易了,是以多未有得力处。"①对"致"的这种强调,在逻辑上即以先天的原则与后天的明觉之区分为其前提。

良知与致良知的如上关系,王阳明常将其比作植物之根与人工培灌的关系:"譬之植焉,心其根也;学也者,其培拥之者也,灌溉之者也,扶植而删锄之者也,无非有事于根焉耳矣。"②此所谓心,即指作为本体的良知:"良知者,心之本体。"③学则泛指后天的致知活动。种植之物的根非培植所成,但其成熟又离不开培植;同样,良知作为天植灵根,并不是致知活动的产物,但无致知功夫,则难以由本然达到明觉。

可以看到,按王阳明的理解,良知的先天性固然担保了良知的普遍有效性,但却无法担保主体对良知的自觉意识。先天与明觉的这种区分,无疑有其理论上的意义。从逻辑上看,先天性往往意味着对主体作用的某种限制:作为天之所赋,良知的形成并非出于主体的学与思。然而,如果先天之知最初只具有本然的性质,唯有通过致知过程才能提升为明觉之知,那么,主体的学与思便成为无法跳过的环节。王阳明正是以此为前提,对致良知的过程作了具有认识论意义的考察。

良知尽管具有是先天的性质,但致良知作为一个过程,却无法完全离开后天的经验活动与理性活动。就良知与见闻的关系而言:"盖日用之间,见闻酬酢,虽千头万绪,莫非良知之发用流行,除却见闻酬酢,亦无良知可致矣。"④见闻属感性的认识形式,酬酢是日常的行为。

---

① 《与陈惟濬》,《王阳明全集》,第222页。
② 《紫阳书院集序》,《王阳明全集》,第239页。
③ 《答陆原静书》,《王阳明全集》,第61页。
④ 《传习录中》,《王阳明全集》,第71页。

第六章 本体与工夫

良知包含着普遍的道德原则,对这些普遍的原则,主体唯有在耳濡目染的日用常行中,才能逐渐产生认同感并有较为真切的理解。同样,理性之思,亦是体悟良知的必要环节:"思曰睿,睿作圣。心之官则思,思则得之,思其可少乎?"①唯有通过精思,对良知的理解才能由模糊粗浅走向明晰深入:"千思万虑,只是要致良知。良知愈思愈精明,若不精思,漫然随事应去,良知便粗了。"②不过,在王阳明看来,经验与理性诚然为自觉地把握先天本体所不可或缺,但其活动本身又离不开良知。从过程的观点看,一定阶段上所达到(自觉体悟)的良知,转过来又构成了进一步体察的前提:"舍吾心之良知,亦将何所致其体察乎?"③此所谓体察,便包括感性的见闻及理性的体认、省思。

良知的制约作用,首先表现在心之条理对致知过程的规范:"常知常存常主于理,即不睹不闻、无思无为之谓也。不睹不闻、无思无为,非槁木死灰之谓也,睹闻思为一于理,而未尝有所睹闻思为,即是动而未尝动也。"④此处之理,亦即良知所包含的普遍之则。从内容上看,一于理意味着所思所睹不偏离良知所包含的普遍之理;从形式上看,一于理则要求道德认识应合乎理性的思维原则,并与德性之知的规范相一致,这种形式化的规定包括:在道德认识中撇开不相关的因素,对善的评判与功利的计较加以区分,等等。致知过程的这两个方面具有内在统一性,道德认识内容同时亦规定了道德思维的方式、程序等。如果离开良知的规定,则不免纷纭劳扰:"思是良知之发用,若是良知发用之思,则所思莫非天理矣。良知发用之思自然明白简易,良知亦自能知得。若是私意安排之思,自是纷纭劳扰,

---

① 《传习录中》,《王阳明全集》,第72页。
② 《传习录下》,《王阳明全集》,第110页。
③ 《传习录中》,《王阳明全集》,第46页。
④ 《传习录中》,《王阳明全集》,第63页。

良知亦自会分别得。"①私意安排是对遵循理性原则的否定,纷纭劳扰则是由此而导致的思维混乱。在此,良知作为心之条理对致知过程作了双重制约:循乎良知则明,反之则扰。这里重要的当然不是良知本身与逻辑思维的关系,而在于王阳明通过肯定良知内含的心之条理对思的影响,注意到了道德认识同样受思维逻辑的制约并有其形式化的规定。

从更广的意义上看,良知同时赋予致知过程以统一性。这种作用,王阳明称之为主一。主一并不是沉溺于某种个人的偏好,而是专主于理:"好色则一心在好色上,好货则一心在好货上,可以为主一乎?是所谓逐物,非主一也。主一是专主一个天理。"②逐物意味着随物而迁,缺乏专一的目标;主一则是始终以良知之中内含的理性原则为追求的目标,并把致知活动的各个方面都置于这一总的目标之下:"是故君子之学也,于酬酢变化、语默动静之间,而求尽其条理节目焉,非他也,求尽吾心之天理焉耳矣。"③质言之,良知作为致知过程的既定目标而范导着整个致知过程;正是这一目标,把考察具体条理节目的各个致知环节联系起来。在王阳明看来,一旦离开了先验之知的这种范导作用,就不可避免地将陷于支离决裂:"后之言学者,舍心而外求,是以支离决裂,愈难而愈远。"④此所谓支离,即停留于各个枝节的方面,而未能进而将它们综合起来,形成统一的道德意识。在这里,吾心之良知成为统一的道德观念所以可能的逻辑前提。

在致良知的如上展开过程中,一方面,先天的良知唯有通过致知

---

① 《传习录中》,《王阳明全集》,第 72 页。
② 《传习录上》,《王阳明全集》,第 11 页。
③ 《博约说》,《王阳明全集》,第 266 页。
④ 《谨斋说》,《王阳明全集》,第 264 页。

过程才能为主体所自觉把握,另一方面,致知过程本身又受到良知的制约;"知"与"致"彼此作用,互为前提,呈现为一种动态的统一关系。正是在由知到致,又由致到知的反复进展中,先天的良知逐渐由本然的形态转换为明觉之知。

综合起来看,就"至"(达到、实现)这一侧面而言,致良知既表现为从先天的道德本原走向现实的德性,又意味着化本然之知为明觉之知(不断达到对良知的自觉意识)。良知虽由天之所赋而内在于人心,但如果仅仅停留在这种自在的形态,则"虽曰知之,犹不知也"①,唯有通过"致",才能真正使之实有诸己。王阳明对良知与致良知关系的如上规定,表现了统一先天之知与后天之致的思路。从儒学的演进看,"知"与"致"的这种统一可以视为孟子的良知说与《大学》的致知说的某种融合,就心学的内在结构看,它又构成了本体与工夫论的逻辑前提。

三、本体与工夫之辩

如前所述,良知一开始便被赋予本体的意义,致良知则表现为后天的工夫,良知与致良知的关系,逻辑地展开为本体与工夫之辩。与统一良知和致知的思路相应,王阳明更多地注意本体与工夫相即相合这一维度:"功夫不离本体;本体原无内外。"②无内外意味着超越内外的对峙,其中包含着值得注意的理论意蕴。

良知作为本体首先表现为先天之知,这种先天意义上的知,往往具有逻辑设定的意味。王阳明说:"人心之无不知,犹水之无不

---

① 《大学问》,《王阳明全集》,第972页。
② 《传习录下》,《王阳明全集》,第92页。

就下也。"①就物理现象而言,水之就下,固然首先是一种时空中展开的必然性,但从命题形式看,"水无不就下"同时似乎又被理解为一个分析命题:"水"这一主词在逻辑上已蕴含了无不就下之意。同样,"人心无不知",亦被赋予分析命题的形式:"知"并非由后天的经验综合而形成。尽管这种界定和推论在逻辑上的合法性颇成问题,但在王阳明的心学中,它却被用来说明心与知之间的逻辑关系。事实上,当王阳明以先天性来担保良知的普遍必然性时,其思路亦明显地关联着逻辑的考虑:后天的经验总是与特殊的人伦相联系,道德原则的作用固然离不开经验活动,但其普遍有效性在逻辑上唯有来自先天之知。同样,就人的内在规定而言,凡是人,都有天赋的良知;即使愚不肖者,"虽其蔽昧之极,良知又未尝不存也"。② 在此,良知即构成了人之为人的先天条件,并相应地成为人区别于其他存在的逻辑标准:唯有具有先天的良知,才能归入人这一"类"。从另一方面看,只要属于人这一"类",良知便是其必然具有的规定。

然而,逻辑上的先天性,与本体的现实作用并不彼此等同。从主体的体认看,良知虽天赋于主体,但在致知过程展开之前,这种良知并未为主体所自觉认识。就良知自身的存在而言,其来源固然是先天的,但离开后天的感应过程,它亦只是一种寂然不动的本体:"人之本体常常是寂然不动的,常常是感而遂通的。未应不是先,已应不是后。"③"感"和"应"可以视为后天的工夫,"通"则既是内容的展开过程,又是现实的作用过程。良知诚然在逻辑上先天而有,但其内容和作用唯有通过后天的感应(工夫)才能得到展示,在这一意义上,逻辑

---

① 《书朱守谐卷》,《王阳明全集》,第 277 页。
② 《书魏师孟卷》,《王阳明全集》,第 280 页。
③ 《传习录下》,《王阳明全集》,第 122 页。

上的先天性亦似乎表现为某种逻辑上的可能：这种可能只有在工夫的展开过程中才逐渐获得现实性的品格。正是在此意义上，王阳明强调："心何尝有内外？""人须在事上磨炼做功夫，乃有益。"①此所谓心无内外，亦即前文提及的本体无内外，而本体无内外的具体意谓，则是本体应落实于工夫。

本体与工夫的如上关系，在王阳明与其高足王畿（汝中）的严滩之辩中得到了更深入的阐发。钱德洪在《传习录下》中记载了这一段重要的论辩：

> 先生起行征思、田，德洪与汝中追送严滩。汝中举佛家实相幻相之说。先生曰："有心俱是实，无心俱是幻；无心俱是实，有心俱是幻。"汝中曰："有心俱是实，无心俱是幻，是本体上说工夫；无心俱是实，有心俱是幻，是工夫上说本体。"先生然其言。洪于是时尚未了达，数年用功，始信本体工夫合一。②

征思田次年，王阳明便告别了人世，因此，严滩之辩无疑体现了其晚年思想。这里虽然借用了一些佛家术语，但诚如王汝中当时所发挥和钱德洪后来所概括的那样，其中心论题涉及的乃是本体与工夫的关系。从逻辑上看，本体（良知）是工夫（致良知）的先天根据，工夫以本体为出发点和前提，并在过程的展开中以本体为范导。这样，从本体上说工夫，必须设定本体的存在（有心是实，无心是幻）。从现实性上看，本体在工夫的具体展开之前，往往带有可能的特点，唯有通过切实的致知过程，本体才呈现为真实的根据，并获得具体的内容。这

---

① 《传习录下》，《王阳明全集》，第92页。
② 《王阳明全集》，第124页。

样,从工夫上说本体,便不能把本体视为既成的存在,而应肯定无心是实,有心是幻。

以上所论虽然包含了王汝中的某些理解,但其基本思想无疑源于王阳明的本体与工夫之辩,所谓"先生然其言",便已明确表明了王阳明的立场。事实上,类似的看法亦见于王阳明的另一些论述:"无知无不知,本体原是如此。"①"无不知"是从本体说工夫(就逻辑上的可能而言),"无知"则是从工夫说本体(就尚未落实于工夫的本体而言)。在相同的意义上,王阳明认为:"耳原是聪,目原是明,心思原是睿智,圣人只是一能之尔。能处正是良知,众人不能,只是个不致知,何等明白简易!"②正如耳、目、心包含着聪、明、智的潜能一样,良知亦内涵着无不知的可能;但这种可能只有在致知过程中才能转化为现实的形态,圣人不同于众人之处,即在于他能自觉地通过致知工夫以实现这种可能。总起来,"合着本体的,是工夫;做得工夫的,方识本体。"③

从主体精神的发展看,本体可以理解为意识的综合统一体。这种本体并不是独立于意识过程的超验实体,它即形成并体现于现实的意识活动过程,离开了现实的意识活动过程来谈本体,便很难避免思辨的虚构。在哲学史上,休谟曾对内在精神实体(自我)的存在提出质疑④,尽管休谟由此而否定了意识的内在统一性,不免表现出狭隘的经验论立场,但他对离开意识活动而设定超验精神实体的批评,却并非一无所见。当代哲学中赖尔、后期维特根斯坦等对内在精神实体的消解,在某种意义上可以看作是休谟工作的继续,其中固然渗

---

① 《王阳明全集》,第109页。
② 《王阳明全集》,第109页。
③ 《传习录拾遗》,《王阳明全集》,第1167页。
④ 参见休谟:《人性论》,第281—294页。

入了某种逻辑行为主义的偏狭眼界,但它对意识现象的形而上学独断规定,无疑亦有抑制的意义。

在对精神本体的理解上,王阳明似乎表现出二重性,从严滩之辩中,已不难看到这一点。从总的思维倾向看,王阳明始终没有放弃对本体的先验设定,所谓本体上说工夫,有心俱是实,无心俱是幻,便可视为对先验本体的确认,就此而言,王阳明显然并没有超出思辨哲学的视域。然而,王阳明同时又肯定了本体与工夫关系中的另一面,即工夫上说本体,有心俱是幻,无心俱是实。如前所述,无心俱是实,意味着本体并不是一种既成的存在,由此进一步加以推论,便可能偏离对超验本体的承诺。事实上,当王阳明强调由工夫看本体则有心是幻时,便已表现出对超验本体的某种疏远。从王阳明的以下论述中,我们可以更具体地看到这一点:"目无体,以万物之色为体;耳无体,以万物之声为体;鼻无体,以万物之臭为体;口无体,以万物之味为体;心无体,以天地万物感应之是非为体。"①此所谓心无体,可以看作是有心是幻,无心是实的一个注脚。质言之,本体并非超然于意识的现实作用过程(感应之是非),离却工夫,亦无现实之本体。

在工夫与本体的如上辨析中,值得注意的是从工夫说本体这一向度。稍作分析即不难看到,在王阳明那里,先天(先验)与超验似乎具有不同的涵义:先天是在逻辑上先于经验活动,超验则是离开现实的感应(工夫)过程。本体作为普遍必然的理性原则,是先天的(具有先验性),但它并不是超验的。唯有在后天的工夫展开过程中,先天的本体才能获得现实性的品格。王阳明对本体超验性这种疏而远之的立场,在理论上乃是以扬弃超验天理及超验性体为其前提:本体与工夫关系上的心无体(无心是实)可以看作是心性关系上融性体于心

---

① 《传习录下》,《王阳明全集》,第108页。

体、心物关系上以意义世界取代宇宙论推绎的逻辑展开。

作为思辨哲学家,王阳明对超验性的拒斥当然并不彻底,对先验与超越的区分也既非如这里分析的这样自觉明晰,亦非始终前后一贯,而且,从实质上看,先天性(先验性)的预设本身亦未真正摆脱超验性。然而,从工夫说本体这一思路,毕竟不同于对精神本体的超验规定,尽管它本身并未完全超越对本体的独断看法,但它却为这种超越提供了历史的前提。正是循沿从工夫说本体这一理论路向,黄宗羲后来进而提出:"心无本体,工夫所至,即其本体。"①心无本体与王阳明所谓心无体,无疑有相近的意蕴。当然,在黄宗羲那里,工夫的展开并不表现为先天本体的实现,换言之,后天的工夫并非以先天预设的本体为前提:本体即形成并体现于工夫过程,离开工夫别无本体(工夫所至即是本体);从而,扬弃本体的超验性同时意味着扬弃其先天性(先验性)。从有心是幻,无心是实,到工夫所至即是本体,既可以看到理论的深层转换,又表现为思想演进的逻辑进展。

就工夫上说本体这一向度而言,主导的方面首先是工夫。作为把握本体并使本体获得现实性品格的必要环节,致知工夫本质上展开为一个过程。王阳明很注重致知工夫的过程性,并从不同侧面对此作了考察。从个体看,其认识潜能虽然存在于先天的本原之中,但唯有经过后天"盈科而进"的发育过程,才能转化为现实的能力:"为学须有本原,须从本原上用力,渐渐盈科而进。仙家说婴儿,亦善譬。婴儿在母腹时,只是纯气,有何知识?出胎后方始能啼,既而后能笑,又既而后能认识其父母兄弟,又既而后能立能行、能持能负,卒乃天下之事无不可能:皆是精气日足,则筋力日强,聪明日开,不是出胎日

---

① 《明儒学案·序》。

便讲求推寻得来。"①主体的如上发育成熟过程,从个体认识能力发展的维度决定了致知工夫的过程性。

从致知工夫的角度看,个体能力的发展过程,总是关联着对良知的体认。王阳明说:"吾教人致良知,在格物上用功,却是有根本的学问。日长进一日,愈久愈觉精明。"②此所谓长进、精明,既是指认识能力的提高,又是指对良知体悟的深化。这样,个体认识能力的发展与不断从更深的层面把握良知便构成了同一过程的两个方面:与个体先天本原由潜能而转化为现实能力相应的,是对本体(良知)的体察由浅而入深。在工夫的展开中,自我的完成与精神本体的实现表现为一个统一的过程。

致知工夫作为过程,又有阶段之分:"我辈致知,只是各随分限所及。今日良知见在如此,只随今日所知扩充到底;明日良知又有开悟,便从明日所知扩充到底。如此方是精一功夫。"③主体的认识能力总是逐渐提升,所谓分限所及,也就是一定阶段所达到的层面。良知作为本体,内含着无尽的意蕴,主体对良知的体认和理解,则是以一定阶段所达到的认识能力和知识背景为前提。由此达到的体悟,又构成了新的致知背景。王阳明将主体在致知过程中的境界区分为三重,即"夭寿不贰,修身以俟"、"存心事天"、"尽心知天":"譬之行路,尽心知天者,如年力壮健之人,既能奔走往来于数千百里之间者也;存心事天者,如童稚之年,使之学习步趋于庭除之间者也;夭寿不贰、修身以俟者,如襁抱之孩,方使之扶墙傍壁而渐学起立移步者也。"④

---

① 《传习录上》,《王阳明全集》,第14页。
② 《传习录下》,《王阳明全集》,第99页。
③ 《传习录下》,《王阳明全集》,第96页。
④ 《传习录中》,《王阳明全集》,第86页。

这三者当然并非彼此悬隔,而是展开为一个前后相继,由今日到明日的演进过程,但其间又有层次的不同,致知工夫只能循序而进,不能超越阶段:"然学起立移步,便是学步趋庭除之始;学步趋庭除,便是学奔走往来于数千里之基,固非有二事。但其工夫之难易,则相去悬绝矣。心也,性也,天也,一也,故及其知之成功则一;然而三者人品力量自有阶级,不可躐等而能也。"①从道德意识的发展看,过程总是由阶段所构成,每一阶段的道德意识,往往以先此所形成的意识背景为出发点,并由此积累新的道德认识,后者又进一步化为新的道德意识和视域,并指向更高阶段的认识。离开了层层递进的阶段,过程往往会被架空。王阳明对致知工夫的如上考察,似乎亦有见于此。②

致知过程虽不可躐等,但这并不意味着这一过程仅仅表现为日积月累。在王阳明看来,工夫积累到一定阶段,就会豁然有见:"今且只如所论工夫著实做去,时时于良知上理会,久之自当豁然有见。"③豁然有见可以看作是致知过程中所达到的飞跃,通过这种飞跃,主体对良知的体认即达到了一种新的境界。不过,王阳明同时认为,豁然有见并不是致知过程的终结;在有所见之后,工夫还应当进一步展开,以求获得新的理解:"功夫愈久,愈觉不同。"④王阳明特别强调了这种过程的无止境性:"这个要妙,再体到深处,日见不同,是

---

① 《传习录中》,《王阳明全集》,第86页。
② L. 科尔贝克曾把个体道德判断的发展区分为三个层面六个阶段(参见 L. Kohlberg, "The Philosophy of Moral Development", in *Essays on Moral Development*, Vol.1, New York: Harper and Row, 1981, pp. 409-412),尽管科尔贝克的分析以社会学、心理学等实证性的研究为基础,而王阳明则更多地表现出思辨推绎的特点,但在肯定道德意识发展的过程性、阶段性上,二者似乎又有相通之处。而从心学体系看,正是这种过程论思想,构成了其重要的特征。
③ 《与道通书》,《王阳明全集》,第1206页。
④ 《传习录下》,《王阳明全集》,第93页。

无穷尽的。"①"不可以少有所得而遂谓止此也;再言之,十年、二十年、五十年,未有止也。"②如果说,豁然有见肯定了致知过程的间断性,那么,"未有止"、"无穷尽"则突出了致知过程的连续性。

致知工夫的过程论,可以看作是从工夫说到本体这一思路的展开。工夫作为达到本体的中介,以过程为其存在形式,而本体也正是在过程的展开中获得其生命力,这样,本体与工夫亦可以说即统一于过程。王阳明所说的致知工夫固然不能等同于一般意义上的认识过程,但亦包含着某种认识论的意义。按其内本性,认识总是既包含着质的飞跃,又具有连续性,这不仅在于飞跃总是在一定积累的基础上实现的,而且表现在飞跃本身又是新的认识阶段的起点,而并未终结认识活动。间断性与连续性的统一,在总体上表现为循环往复、不断上升的过程。王阳明关于致知工夫的以上阐释,对此无疑多少已有所注意。

王阳明以"有心俱是实,无心俱是幻"与"有心俱是幻,无心俱是实"概括本体和工夫的关系,在对本体作先天预设的同时,又以后天工夫限定了本体。就其肯定本体的先天性而言,其思路显然并未突破思辨哲学之域,但就其强调本体唯有在工夫的展开过程中才获得现实性品格并为主体所自觉把握而言,又有扬弃本体超验性的一面。从哲学史的演进看,朱熹在赋予性体以先天性质的同时,又强调性体超越经验层面的人心这一面,这种看法在逻辑上蕴含着先验性与超验性的合一:本体既是先天的,又是超验的。作为先天与超验的合一,本体更多地具有形而上的独断性质。王阳明以本体上说工夫与工夫上说本体二重思路,对先验与超验作了某种区分,从而为意识本体向现实认识过程的还原提供了理论前提。

---

① 《传习录下》,《王阳明全集》,第93页。
② 《传习录上》,《王阳明全集》,第12页。

当然,从更深的层面看,心学对本体与工夫的如上理解,同时又包含着较为复杂的意蕴。广义的认识活动总是展开为一个不断化对象世界(包括本然世界)为意义世界的过程,现象学已从一个思辨的、抽象的层面注意到这一点,所谓现象学的还原,在某种意义上即表现为立义(赋予对象以意义)的过程。主体赋予对象以意义的过程,离不开内在的意识结构(精神本体):对象被理解到什么层面,关联着内在精神本体(意识结构)所达到的水平。就此而言,可以把精神本体视为精神活动(赋予意义之过程)的内在根据。但精神本体本身并不是超验的存在,而是始终处于历史过程之中:它在本质上形成于人的历史实践及精神活动,并随着这一过程的展开而不断获得丰富的内涵。精神本体的历史性与精神活动的历史性,可以看作是同一过程的两个方面。然而,对精神本体与精神活动的这一关系,心学似乎未能真正把握。通过肯定"本体上说工夫",王阳明固然有见于精神本体在化本然世界为意义世界中的作用,但本体的这种作用,在心学中又以其先天性为根据,这种"前见",逻辑地限制了王阳明对"工夫上说本体"的理解。从工夫说本体这一思路如果贯彻到底,便应当承认本体本身亦处于精神活动的历史过程之中。然而,在心学系统中,工夫(精神活动)的作用,却主要被归结为对先天本体的自觉把握,作为工夫所指向的本体,则被视为先天完成的、既定的存在。这种看法显然未能注意精神本体自身的历史性。工夫的历史性与本体的非历史性这种理论上的不对称,从一个方面表现了心学的内在紧张,而超越这种紧张,则以心学视域本身的突破为前提。

四、意见的悬置与解构

通过工夫的不断积累,以逐渐深入地体认先天本体(良知),这是由工夫达本体的主要进路。这一过程不仅仅表现为正面的切入和理解,而且有其另一理论维度。良知作为先天的本体,何以一开始未能为主体所自觉把握?在王阳明看来,其中的缘由之一即在于它受到了多重遮蔽,这样,致知的过程便同时以去蔽和破除成见为其内容。

如前所述,良知不同于意念。循沿这一思路,王阳明进而对良知与意见作了区分。意念是应物而起的偶然观念,它往往随物而转,起灭无定。相对而言,这里所说的意见则是个人较为稳定的看法,它总是受到主体所处的社会环境、个人的知识背景等的制约,并影响着人的认识过程。在分析其学说何以在当时未能得到认同的原因时,王阳明特别考察了意见在理解过程中的作用:

> 吾始居龙场,乡民言语不通,所可与言者乃中土亡命之流耳;与之言知行之说,莫不忻忻有入。久之,并夷人亦翕然相向。及出与士夫言,则纷纷同异,反多扞格不入。何也?意见先入也。①

如后文将论及的,知行学说是其良知与致良知说的具体展开。士大夫都有其各自的知识背景,这种知识背景构成了某种先入之见,以此为致知工夫的出发点,往往会妨碍正确认识的接受。在此,意见在致知过程中更多地表现为一种负面的作用。

对意见作用的如上看法,亦决定了对意见的基本态度:"学问最怕有意见的人,只患闻见不多。良知闻见益多,覆蔽益重。"②一个怕字,很形象地表现了排拒意见的立场。良知作为本体,往往被赋予真

---

① 《刻文录叙说》,《王阳明全集》,第 1574—1575 页。
② 《传习录拾遗》,《王阳明全集》,第 1172 页。

理的形态;相对于良知,意见更多地表现为以往的成见或个人的先见,在王阳明看来,只有破除意见,才能真正切入作为真理的良知。从哲学史上看,庄子曾提出心斋之说。心斋的特点是所谓虚:"唯道集虚。虚者,心斋也。"①剔除某些神秘的渲染,便不难看到,其中亦包含着对先见与成见的存疑态度。事实上,庄子确实由此而对"随其成心而师之"提出了批评。② 在近代哲学中,笛卡尔把普遍怀疑作为方法论的原则,认为:"要想追求真理,我们必须在一生中尽可能地把所有事物都来怀疑一次。"③这里的怀疑,主要便指向已往所接受的先见。胡塞尔进而将悬置判断视为现象学的基本观念,所谓悬置判断,则既包括存在的悬置,亦兼指前见的悬置。王阳明要求区分良知与意见,并以先入之意见为致知的障碍,体现的无疑也是一种悬置意见的思路。

以个体的先见或成见等为形式的意见,往往构成了某种思维的定式,如果执着于此,确实容易限制开放的心态,并使主体难以接受与意见相左的真理。就此而言,王阳明要求悬置意见,当然不无所见。不过,从另一方面看,先见或前见在认过程中的作用亦并非仅仅具有消极的意义。当代解释学已注意到这一点。在广义的认识或解释中,先见不仅难以完全避免,而且常常构成理性活动展开的现实背景。所谓解释的历史性、解释学循环等,都以不同的方式关联着某种前见。现象学主张悬置判断,固然有见于已有观念体系对达到本质可能具有的限制,但这种要求本身却带有理想化的、抽象的色彩,王阳明在这方面似乎亦有类似的偏向。同时,真理的达到总是展开为

---

① 《庄子·人间世》。
② 参见《庄子·齐物论》。
③ 笛卡尔:《哲学原理》,北京:商务印书馆,1959年,第1页。

一个过程,其中既有主体与客体的交互作用,亦涉及主体间不同意见的争论;以个人意见为真理固然将导致片面性,但完全悬置不同意见,亦容易导向独断论,王阳明对此显然亦未能予以应有的注意。

按王阳明的观点,意见本质上是一种蔽。从致良知的角度看,蔽当然不仅仅限于意见,它亦同时包括广义的习、欲等:"夫良知即是道,良知之在人心,不但圣贤,虽常人亦无不如此,若无有物欲牵蔽,但循著良知发用流行将去,即无不是道。但在常人多为物欲牵蔽,不能循得良知。"①"君子之学以明其心。其心本无昧也,而欲为之蔽,习为之蔽。"②此所谓物欲,亦即感性的欲求,习则泛指世俗的影响,前者与个体的存在相联系,后者则来自外在的社会环境。感性欲求若片面强化,往往使人偏离道德本体;习俗的渗入,则常常将人引往不同方向。王阳明很注重习俗的影响:"习俗移人,如油渍面,虽贤者不免。"③正是习俗对人的潜移默化,使人们虽都赋有先天的善根,但最后仍不免有善恶之分:"人生初时,善原是同的。但刚的习于善则为刚善,习于恶则为刚恶;柔的习于善则为柔善,习于恶则为柔恶,便日相远了。"④习俗的这种影响,既体现于人格塑造上,亦指向对本体的理解:它往往通过凝化为普遍的前见而制约着对本体的体认。

意见、物欲、习俗等从不同侧面构成了对良知的障蔽。于是,去蔽便成为致知的过程中应有之义:"性无不善,故知无不良。良知即是未发之中,即是廓然大公、寂然不动之本体,人人之所同具者也。但不能不昏蔽于物欲,故须学以去其昏蔽。"⑤"即心之良知更无障碍,

---

① 《传习录中》,《王阳明全集》,第69页。
② 《别黄宗贤归天台序》,《王阳明全集》,第233页。
③ 《赣州书示四侄正思等》,《王阳明全集》,第987页。
④ 《传习录下》,《王阳明全集》,第123页。
⑤ 《传习录中》,《王阳明全集》,第62—63页。

得以充塞流行,便是致其知。"①从去昏蔽、除障碍的维度看,致知的工夫主要不是增,而是减,正是在此意义上,王阳明认为:"吾辈用功只求日减,不求日增。"②对致知工夫的这种理解,在某些方面似乎近于《老子》。《老子》将为学与为道区分为二,强调"为学日益,为道日损"③:为学旨在获得经验领域的具体知识,为道则是本体的追寻和智慧的探求;获取知识主要展开为一个不断积累的过程,本体的追寻则以消除个体或世俗的先见为条件。王阳明所欲达到的本体与《老子》所追寻的道当然并不相同,但以去蔽、日减为工夫,无疑又有相通之处。

  从方法论上看,去蔽、日减更多地带有解构的意味:它具体表现为消解在意见、物欲、习俗中形成的意义世界。就此言,日减的工夫又与所谓解构哲学有类似的一面。不过,解构哲学追求的是不确定性:拆解现存的结构,放弃逻辑的整合,拒绝任何确定的解释,简言之,不断地超越给定的视域(horizon),否定已达到的意义,但又永远不承诺新的意义世界,④这种看法带有某种相对主义乃至虚无主义的倾向。与解构哲学仅仅强调消解意义世界,完全放弃对确定性的寻

---

① 《传习录上》,《王阳明全集》,第6页。
② 《传习录上》,《王阳明全集》,第28页。
③ 《老子·四十八章》。
④ 在德里达的延异(différance)概念中,即已蕴含了如上意向。延异的含义之一是差异,它意味着本文与作者意图之间有一个意义空间,作者所写的内容已不限于其本来意图,因此,理解应超越、突破原来的结构,揭示本文中超出作者所赋予的意义;延异的另一含义是推迟(推延),即意义的呈现总是被推延(本文之意不限于作者写作时所赋予者,其意义乃是在尔后不断扩展),因此对本文的理解应不断超出、否定现在的解释。总之,解构强调的是理解过程的不确定性。(参见 J. Derrida, "Différance", in *Margins of Philosophy*, Brighton: The Harvesten Press, 1982)

求不同,王阳明所谓去蔽、日减,乃是把握本体的中介:对王阳明来说,消解形成于意见、习俗等之中的意义世界,旨在达到终极的意义世界。可以看到,王阳明并没有从消解意见、习俗中的意义世界(去蔽、日减),走向放弃确定性的相对主义。

作为致知工夫的一个侧面,去蔽、日减常常被理解为一种治病的过程。在谈到如何使良知由蔽而明时,王阳明说:"良知犹主人翁,私欲犹豪奴悍婢。主人翁沉疴在床,奴婢便敢擅作威福,家不可以言齐矣。若主人翁服药治病,渐渐痊可,略知检束,奴婢亦自渐听指挥。及沉疴脱体,起来摆布,谁敢有不受约束者哉?良知昏迷,众欲乱行;良知精明,众欲消化,亦犹是也。"①良知有蔽犹人之患病,去蔽而达到良知,则如治病以恢复健康。正如治病的方式往往各不相同,去蔽致知的方法也各异:"君子养心之学,如良医治病,随其虚实寒热而斟酌补泄之,要在去病而已。初无一定之方,必使人人服之也?"②

以治病喻致知,使人自然联想到现代哲学家的某些思考。在现代哲学中,弗洛伊德与维特根斯坦曾从不同角度提到了治疗问题。弗洛伊德对精神现象作了多方面的考察,注意到了精神的不健康与某些心理情结的关系,而心理的情结又往往被归源于由本我与超我的冲突所引起的精神压力(这种压力往往以潜在的形式存在于无意识之中)。这样,治疗精神之疾,便主要在于通过心理分析,以化解某种心理情结。王阳明所谓养心犹治病,与弗洛伊德的精神分析当然有不同的内涵(前者指向完美的道德境界,后者旨在恢复精神的正常运作);他之区分先天本体与后天的习染,并把这种习染视为对本体的扭曲(蔽、病),与弗洛伊德从普遍规范(超我)与个体本能的紧张中

---

① 《传习录拾遗》,《王阳明全集》,第1167页。
② 《传习录拾遗》,《王阳明全集》,第1181页。

考察精神失常的缘由,更不可作简单类比。但王阳明要求通过去蔽的工夫克服精神的扭曲,以达到健全的精神本体,这一意义上的"治病",与弗洛伊德所理解的治疗,似乎亦有某些相近之处。

较之弗洛伊德主要将治疗限定于心理分析,维特根斯坦更多地把治疗与语言分析联系起来。在《哲学研究》中,维特根斯坦明确指出:"哲学家处理一个问题就像治疗一种疾病。"①与后期对日常语言的关注相联系,维特根斯坦认为,哲学病症产生的根源,主要在于语言的误用,所谓误用,即偏离日常的语义,对语言作玄学式的、思辨的运用;而哲学的治疗,则相应地表现为通过对哲学概念的语言分析,使之回到日常的语义。作为治疗活动,哲学的作用主要不在于正面的立(建构体系),而在于负面的破(消除语言的误用)。尽管王阳明的"治病"完全不同于语言分析,但将治病工夫理解为去蔽、日减,与后期维特根斯坦强调哲学的否定功能(消除病症),却有某些相近之处,事实上,治疗总是带有某种消极的意义(偏重于限定、纠正等)。不过,虽然治疗之喻具有某种恢复(回到某种健全形态)的预设,然而与后期放弃静态的、理想化的语言模式相应,维特根斯坦所谓回到语言的日常意义,首先与后天的生活形式相联系;相形之下,王阳明的致知工夫则更多地指向先天的本体,这种形而上的思辨趋向,与维特根斯坦所主张的治疗,其涵义显然又相去甚远。不难看到,在治疗之喻所蕴含的破、否定、消解等形式下,始终存在着所破内容、所趋目标等方面的深刻差异。

与悬置个体意见,消解习俗中的意义世界相近,作为治疗内容的破、否定、扬弃等主要表现对既成或给定的观念、理论的解构和超越。如前所述,认识的过程固然须要借助严格的逻辑思维和逻辑建构,也

---

① 维特根斯坦:《哲学研究》,北京:三联书店,1992年,第255节。

无法离开已有的知识背景,但如果完全限定于现成的认识框架,仅仅循沿习焉而不察的思维路向,则往往难以在认识上达到新的境界。认识的进展常常是通过突破既定的思路、超越习常的框架而实现的,就此而言,否定、消解(破)亦有其不可忽视的方法论意义。冯友兰曾将哲学的方法区分为正与负两种,"破"略近于所谓负的方法。王阳明所理解的消除(治疗)当然有别于一般意义上的超越既成逻辑思路,但物欲、习俗等亦确乎制约着人的思维方向,以破习、欲等为内容的去蔽治病,则相应地具有某种转换思考维度的意义。从这方面看,王阳明在要求以本体规范主体之思的同时,又一再将去蔽治病视为工夫的题中之义,无疑亦有其值得注意之点。

以良知与致良知说为论旨,王阳明区分了先天之知与后天之致,并由此展开了本体与工夫之辩。作为"知""致"统一的逻辑引申,王阳明对本体与工夫的关系作了二重规定,后者具体化为"本体上说工夫"与"工夫上说本体"。在工夫上说本体这一思维向度下,王阳明着重强调本体唯有在工夫的历史展开中才能为主体所自觉把握并获得现实性的品格,从而对本体的超验性作了某种扬弃。本体与夫关系上的如上看法,为精神本体向现实过程的回归提供了理论的前导,而王阳明的本体与工夫之辩亦正是在中国哲学的这一演进中获得其历史的定位。

第七章
知行合一

与致良知说相联系的,是知行之辩。尽管在时间上,似乎很难对知行学说与致良知之教标出严格的先后之序,①但从心学的内在结构看,知行学说可以视为致良知说的逻辑展开。黄宗羲曾说在王阳明的致良知说中,"致字即是行字",②这一看法已注意到致良知说与知行学说之间的逻辑关系。当然,在展开致良知说

---

① 王阳明在龙场之时已提出知行之说,同一时期,良知与致良知说的思想亦开始形成。王阳明自己后来曾对钱德洪说:"吾良知二字,自龙场已后,便已不出此意。"(参见《刻文录叙说》,《王阳明全集》,第 1575 页)因此,虽然致良知的明确提法(所谓"话头")要相对晚出一些,但就内在观念而言,则很难在时间上判然划一先后之序。

② 《明儒学案》,卷八。

的同时,知行学说亦形成了它特有的问题域,并有其自身的理论侧重之点。

一、知行秩序与过程

作为致良知说的展开,知行学说以如何致知为题中之义。如前所述,"致"有达到(获得)与推行双重涵义,从达到这一维度看,致知的目标首先指向内在的良知,这一点同样体现于知行的工夫:"君子之学,何尝离去事为而废论说?但其从事于事为论说者,要皆知行合一之功,正所以致其本心之良知。"①

前章已论及,按王阳明的理解,良知作为本体,具有先天的性质。但同时,王阳明又对良知的本然形态与明觉形态作了区分:良知固然天赋于每一主体,但最初它只是一种本然(自在)之知,如果停留于这一形态,则"虽曰知之,犹不知也"。② 致良知的目标在于从本然走向明觉,而要实现这种转换,便不能离开知与行的互动。以关于孝之知而言,"知其如何而为温清之节,则必实致其温清之功,而后吾之知始至;知其如何而为奉养之宜,则必实致其奉养之力,而后吾之知始至。如是乃可以为致知耳"③。实致其功属知行工夫中的行,在实致其功之前,对天赋良知还只是一种"粗知","若谓粗知温清定省之仪节,而遂谓之能致其知,……则天下孰非致知者耶?"④在此,实致其功(行)构成了从自发的"粗知"(本然之知)到明觉之知的中介。

就主体与良知的关系而言,良知诚然是一种先天本体,但在先天

---

① 《传习录中》,《王阳明全集》,第 52 页。
② 《大学问》,《王阳明全集》,第 972 页。
③ 《书诸阳伯卷》,《王阳明全集》,第 277—278 页。
④ 《传习录中》,《王阳明全集》,第 50 页。

的形式下,它更多地表现为一种逻辑上的普遍必然之知,而并未转换为现实的理性意识;先天性固然为普遍必然性提供了某种"担保",但在实致其功之前,它却缺乏现实性的品格。唯有通过切实地践履过程,主体对良知才能逐渐获得认同感与亲切感,并使之化为自觉的理性意识。正是在此意义上,王阳明反复强调:

> 尽天下之学无有不行而可以言学者,则学之始固已即是行矣。……是故知不行之不可以为学,则知不行之不可以为穷理矣;知不行之不可以为穷理,则知知行之合一并进,而不可以分为两节事矣。①
>
> 以是而言,可以知致知之必在于行,而不行之不可以为致知也,明矣。知行合一之体,不益较然矣乎?②

在这里,致良知之教已具体化为知行合一之说,致知过程则相应地被理解为知与行的统一,其内容表现为先天良知通过行(实致其功)由本然的形态转化为明觉的形态。

以知行合一来概括知行关系,构成了王阳明知行学说的独特之点。知行合一有其多重内涵,王阳明的解释与界定亦往往展开于不同方面。从致知(达到、获得知)的角度看,知与行的合一并不表现为静态的同一,而是展开为一个动态的转化过程:它以预设的先天良知为出发点,通过后天的实际践履(行),最后指向明觉形态的良知。作为出发点的良知虽然具有先天的普遍必然性,但却尚未取得现实的理性意识的形式,作为终点的明觉之知固然仍以良知为内容,但这种

---

① 《传习录中》,《王阳明全集》,第45—46页。
② 《传习录中》,《王阳明全集》,第50页。

良知已扬弃了自在性而获得了自觉的品格。知行合一的如上过程可以简要地概括为：知（本然形态的良知）—行（实际践履）—知（明觉形态的良知）。

行（实致其功）是一种经验性的活动，良知则是先天的本体，通过后天的实际践履以达到对先天本体的自觉意识，无疑涉及先验之知与经验活动的关系。在本体与工夫之辩中，王阳明在赋予本体以先天性质的同时，又强调本体唯有在后天的工夫中才能获得现实性的品格，知行之辩可以看作是这一思路的引申。当然，与一般的经验活动不同，行（践履）是一种"在身心上做"的过程，它更多地指向实有诸己。而王阳明以后天的经验活动（行）为达到先天本体的前提，则在知行关系上表现了打通先验与经验的意向。从理论的本来形态看，先验与经验似乎很难相容：先验的预设是一种思辨的虚构，其旨趣在于为理性本体的普遍必然性提供某种形而上的根据；作为经验活动的践履（行）则指向现实的主客体关系及主体间关系，而在知行合一说中，二者却被糅合为一。这一趋向从一个方面表现了王阳明在思辨的立场与现实的向度之间的某种徘徊：一方面，他始终难以放弃对理性本体普遍必然性的先验承诺；另一方面，又力图使这种本体在社会人伦中扬弃超验的性质而获得现实的力量。

知行的统一作为一个过程，以知（本然之良知）—行（践履）—知（明觉之知）为其内容。从致知（达到对良知的自觉意识）这一角度看，重要的首先是知—行—知总过程中的后两个环节（行—知）。王阳明强调不行不可以为学，其内在的意蕴即在于将行纳入致知的过程。在论证知的获得（或自觉意识）离不开行时，王阳明常常借助日常的经验事实，诸如："夫人必有欲食之心然后知食：欲食之心即是意，即是行之始矣。食味之美恶必待入口而后知，岂有不待入口而已先知食味之美恶者邪？必有欲行之心然后知路：欲行之心即是意，即是行之始矣。路岐之险夷必待身亲履历而后知,岂有不待身亲履历而已先知路岐之险夷者邪?"①从严格的意义上说,知味、知路属经验领域的知识,这些知识之由行而获得,并不足以证明对先天本体(良知)也可以通过作为经验活动的行而达到自觉意识。但从另一角度看,王阳明在此似乎又超出了致良知之域而旁及了一般意义上的认识活动,并注意到了这一领域的认识对行的依赖性。

行作为致知过程的一个环节,还在于它构成了判断真知的准则。《传习录上》有一段徐爱问知行关系的记载:"爱因未会先生知行合一之训,与宗贤、惟贤往复辩论,未能决,以问于先生。先生曰:'试举看。'爱曰:'如今人尽有知得父当孝、兄当弟者,却不能孝、不能弟,便是知与行分明是两件。'先生曰:'此已被私欲隔断,不是知行的本体了。未有知而不行者,知而不行,只是未知。'"②这里的中心论点,仍是知与行的不可分离,不过其侧重之处在于以行判断知:唯有付诸行之知,才是真知。知行关系的这一面,展开了知行之辩的另一内涵:知应当落实于行。按王阳明的理解,真正的知总是包含着运用于行的向度,并且只有在付诸实行时才具有现实性。在此意义上,行不仅是达到(理解)知的中介,而且构成了知的具体存在方式,所谓知行合一,便同时包含了以上双重涵义。

作为达到知的中介与知本身存在的方式,行并非超然于日常世界,它即展开于日用常行之中。王阳明一再强调致知过程与经验世界中主体活动之间的联系。《传习录下》记载:"有一属官,因久听讲先生之学,曰:'此学甚好。只是簿书讼狱繁难,不得为学。'先生闻之曰:'我何尝教尔离了簿书讼狱,悬空去讲学?尔既有官司之事,便从

---

① 《传习录中》,《王阳明全集》,第41—42页。
② 《王阳明全集》,第3—4页。

官司的事上为学,才是真格物。如问一词讼,不可因其应对无状,起个怒心;不可因他言语圆转,生个喜心;不可因恶其嘱托,加意治之;不可因其请求,屈意从之;不可因自己事务烦冗,随意苟且断之;不可因旁人谮毁罗织,随人意思处之:这许多意思皆私,只尔自知,需精细省察克治,唯恐此心有一毫偏倚,杜人是非,这便是格物致知。簿书讼狱之间,无非实学;若离了事物为学,却是著空。'"①这一大篇议论,主旨在于:作为致知过程内在环节的行,与主体的日常践履具有一致性;由行而致知,即体现于日用常行中。这种日用常行虽愚夫愚妇亦并不悬隔,相反,如果离开了愚夫愚妇的庸言庸行,便是异端:"与愚夫愚妇异的,是谓异端。"②这里所谓异端,便是指脱离日用常行的超验进路。

在王阳明那里,致知过程主要不在于知识的积累,它更多地指向诚意:"致其知温清之良知,而后温清之意始诚,……故曰:知至而后意诚。"③诚意以成就德性为其具体内容,王阳明要求"在事上磨炼做功夫",这种工夫,亦被视为德性自我培养的方式,而德性与工夫的如上统一,则构成了知行合一的内涵之一:"以畜其德为心,则凡多识前言往行者,孰非畜德之事? 此正知行合一之功矣。"④

从成就德性(畜德之事)的角度看,知行合一同时意味着德性的培养与道德实践的统一。如前所述,按王阳明的看法,凡人皆具有先天的本体,这种本体构成了德性的内在根据。但主体在后天的环境中往往受到习俗的影响并产生习心,从而不免偏离先天本体,由行而致知,旨趣之一,即是破习心而返归至善的本体:

---

① 《王阳明全集》,第 94—95 页。
② 《王阳明全集》,第 107 页。
③ 《传习录中》,《王阳明全集》,第 49 页。
④ 《传习录中》,《王阳明全集》,第 51 页。

人有习心,不教他在良知上实用为善去恶功夫,只去悬空想个本体,一切事为俱不着实,不过养成一个虚寂。①

悬空想本体,表现为一种静态的内省,其特点在于离开实际的践履,与这种虚寂的涵养方法相对,为善去恶的工夫则是展开于日用事为间的道德实践:"区区格致诚正之说,是就学者本心日用事为间,体究践履,实地用功。"②与先天的本体唯有通过知行的互动才能由自在的形态转换为明觉的形态相应,至善的根据只有在身体力行的实地工夫中,才能转化为现实的德性。

王阳明的如上看法与朱熹的道德涵养论似乎有所不同。朱熹将天理的体认视为德性培养的第一要义,并相应地将道德涵养与穷理联系起来:"涵养中自有穷理工夫,穷其所养之理;穷理中自有涵养工夫,养其所穷之理。"③涵养的具体内容即居敬:"学者工夫,唯在居敬、穷理二事,此二事互相发。"④居敬往往表现为主体的内省状态,其特点在于精神上的畏谨收敛。尽管朱熹并不完全否认涵养与践履的联系,但相对而言,他更多地侧重于德性培养中理性自觉(亦即所谓"穷天理,明人伦")这一向度,对道德实践在成就德性过程中的意义,则未能作出更适当的定位。一般说来,德性的培养固然与穷理之类的道德认识相联系,但它更需要在现实的道德生活中进行自我磨炼。道德本质上是实践的,道德认识本身即形成于道德实践之中,道德理想也只有在道德实践中才能化为现实,离开了现实的道德实践而囿于虚寂的玄思,则很难使德性成为实有诸己的品格。王阳明要求通

---

① 《传习录下》,《王阳明全集》,第118页。
② 《传习录中》,《王阳明全集》,第41页。
③ 《朱子语类》,卷九。
④ 《朱子语类》,卷九。

过日用事为间的体究践履而成就德性(诚意畜德),无疑更自觉地注意到了道德实践在德性培养中的作用。

合而言之,知行互动与成就德性构成了同一过程的两个方面,王阳明对此作了如下概括:"区区专说致良知,随时就事上致其良知,便是格物;著实去致良知,便是诚意。"①格物而致其知,是对先天良知的自觉,诚意则指向德性的完善。在这里,化本然之知为明觉之知与德性的培养便统一于"在事上"展开的著实工夫(行)。王阳明的如上思想可以看作是先秦儒家仁知统一说的进一步发挥,其中多少注意到了理性的自觉、德性的升华与后天的实际践履是一个统一的过程。

德性的形成关联着德性的展现。知行的统一不仅意味着在实践中成就德性,而且以化德性为德行为指归。以孝悌而言,孝悌无疑是一种善的品格,但仅仅停留在观念的层面上,并不表明真正具有了孝的德性。唯有在行孝行悌的过程中,才能展现出孝的品格:"就如称某人知孝、某人知弟(悌),必是其人已曾行孝行弟,方可称他知孝知弟,不成只是晓得说些孝弟的话,便可称为知孝弟。……知行如何分得开?此便是知行的本体。"②这里的知孝知悌不仅是指对孝悌涵义的理解,而且是对孝悌的认同和接受(使其化为内在德性),就前者而言,是否理解孝悌的涵义唯有付之于行才能判断;就后者而言,对孝悌的品格的认同与接受,则需有孝悌的德行来确证,知行之不可分,在此具体表现为德性与德行的统一。

可以看到,王阳明的如上观点从先天本体的体认以及德性与德行的关系上展开了知行合一的论题。以此为前提,王阳明对分离知与行的论点提出了批评:

---

① 《传习录中》,《王阳明全集》,第83页。
② 《传习录上》,《王阳明全集》,第4页。

> 今人却就将知行分作两件去做,以为必先知了然后能行,我如今且去讲习讨论做知的工夫,待知得真了方去做行的工夫,故遂终身不行,亦遂终身不知。①

这里涉及的,是王阳明所理解的知行总过程(知—行—知)中后两个环节(行—知)。从总过程看,先天的良知构成了知行互动的出发点,但就其中的后两个环节而言,行又是达到明觉之知的前提。如果试图越过践行这一环节,则势必难以完成从本然之知到明觉之知的转化。在此,先天的本体似乎主要表现为一种形式的设定,它在逻辑上构成了知行互动演进的起点,但并不构成致知过程的现实出发点;就现实过程而言,知行的互动以践行为其基础。在"行—知"的致知环节中,知行过程已从其逻辑起点(先天本体)向现实根据转换。知行过程的逻辑起点与现实根据的分野,使王阳明多少超越了离行言知的思辨视野。

从如何达到先天本体的这一维度看,知行的统一包含二重涵义,即逻辑上的合一与过程中的合一。王阳明常以主意与功夫来概括知与行的关系:"知是行的主意,行是知的功夫;知是行之始,行是知之成。若会得时,只说一个知已自有行在,只说一个行已自有知在。"②行要以知来范导(行以知为主意),知则需通过行而获得自我实现(知以行为功夫),二者相互依存,无法分离。行在其展开中已包含了知的规范,知的存在则已蕴含了走向行的要求,知与行在此似乎表现为一种逻辑上的统一:所谓说知,已有行在;说行,已有知在,这种"说",主要便是一种逻辑上的说。

---

① 《传习录上》,《王阳明全集》,第4—5页。
② 《传习录上》,《王阳明全集》,第4页。

逻辑上的统一具有静态的特点。王阳明知行学说中更值得注意的是从过程的角度对知行关系的规定。如前所述,在知—行—知的总秩序下,王阳明把知与行的关系理解为从知(本然的良知)到行,又由行到知(明觉之知)的双重转化过程,而这一过程同时又表现为德性与德行的统一。对知行关系的这种理解,不同于抽象地肯定知行的统一,它通过引入过程的观点而在某些方面触及了知与行的现实运动。在王阳明以前,朱熹提出了知先行后说:"夫泛论知行之理,而就一事之中以论之,则知之为先,行之为后,无可疑者。"①尽管朱熹并不否认知与行之间的联系,但这种联系往往主要就以下二重意义而言:其一,知应付诸行:"为学之功,且要行其所知。"②其二,行需遵循知:"穷理既明,则理之所在,动必由之。"③在这两种情况下,知的过程都是在行之前完成的。离开行谈知的形成与达到,常常容易导致知与行的割裂(形成知为一段,行其知则为另一段),从而将其抽象化。相形之下,王阳明以知与行的互动和转化说知行关系,似乎以过程的观点对知与行作了联结与沟通。

二、知行互动与人伦的理性化

知行之辩的如上推绎,侧重于讨论如何达到对先天良知的自觉意识,以及如何成就德性。作为致良知说的展开,王阳明所论的知行合一,同时涉及知的推行问题。

王阳明对知与致知作了区分:"知如何而为温凊之节,知如何而

---

① 《答吴晦叔》,《朱文公文集》,卷四十二。
② 《答吕道一》,《朱文公文集》,卷四十六。
③ 《答程允夫》,《朱文公文集》,卷四十一。

为奉养之宜者,所谓知也,而未可谓之致知。必致其知如何为温清之节者之知,而实以之温清,致其知如何为奉养之宜者之知,而实以之奉养,然后谓之致知。"①如前所述,致知之"致"在王阳明那里具有达到(获得)与推行双重涵义,此所谓致知,作为与"知"相对者,主要是就后一意义而言。"知"如何,属理性的了解和自觉,致知则是这种自觉的理性意识在践行中的具体运用。按王阳明的理解,致知不仅仅以先天本体的自觉意识为内容,它同时涉及化知为行的过程。

与致的推行义相应,王阳明将行视为知的目标。在谈到学问思辨与践行的关系时,王阳明指出:"学是学做这件事,问是问做这件事,思辨是思辨做这件事。"②在此,践行(做这件事)似乎构成了整个致知过程的目的因:学问思辨均以践行为指归。在宽泛的意义上,这一要求无疑与知应落实于行相通,不过,对王阳明来说,知之指向行,不能理解为先形成或达到观念层面的知,然后付诸行:"若谓学问思辨之,然后去行,却如何悬空去学问思辨得?"③学做这件事,本身意味着行中求知。因此,以行为目的因与即行而知是统一的:所谓"悬空",既是对离行言知的批评,又含有反对偏离行的目标(泛然言知)之意。

由行求知与化知为行的统一,从另一侧面展开了知行合一的论题。王阳明在解释"知之"与"知至"时,对此作了进一步的阐述:

《易》曰:"知至至之。"知至者,知也;至之者,致知也;此知行之所以合一也。若后世致知之说,止说得一知字,不曾说得致字,此知行所以二也。④

---

① 《传习录中》,《王阳明全集》,第48—49页。
② 《答友人问》,《王阳明全集》,第208页。
③ 《答友人问》,《王阳明全集》,第208页。
④ 《与顾惟贤》,《王阳明全集》,第999页。

此所谓"致知",是就推行而言。知至,即对良知的自觉意识,致知意义上的至之,则是良知的推行。在这里,知行的合一具体表现为良知的体认于内与良知的推行于外之统一,而这种统一的基础则是践行。

在践行过程中体认良知,是领悟于内;在践行中推行良知,则是作用于外,后者蕴含着实现社会人伦理性化的要求。从前文一再引述的格物致知说中,我们不难看到这一点:"若鄙人所谓致知格物者,致吾心之良知于事事物物也。吾心之良知,即所谓天理也。致吾心良知之天理于事事物物,则事事物物皆得其理矣。致吾心良知者,致知也;事事物物皆得其理者,格物也。"①此所谓事事物物,主要指人伦秩序,在事亲从兄等道德实践中,一方面,主体对良知越来越获得一种亲切感与认同感,良知亦相应地不断由本然之知化为主体的自觉意识;另一方面,良知通过践行而逐渐外化(对象化)于人伦关系,道德秩序由此而趋于理性化并变得合乎道德理想(事事物物皆得其理)。道德理性的自觉与道德理想的实现统一于致知过程,而这一过程又展开为知与行的互动。

道德规范和理想作为一定时期的普遍理念,具有先于个体的特点,这种"先验性"决定了个体对普遍规范总是有一个理解与接受的过程,但个体的理解与接受往往并不是仅仅通过思辨的反省,它更现实地展开于身体力行的道德实践过程中:对道德理念的把握固然离不开辨析理解,但亦需要切己的磨炼。当然,这种实践最初也许带有"行仁义"的性质,但正是在实有其事的践行中,道德理念的意义才能真正为个体所领悟。而在实有诸己的行仁义过程中,道德理念也总是不同程度地取得现实的形态。王阳明把推行意义上的格物致知既理解为人伦的理性化(事情物物皆得其理)过程,又视为主体意识的

---

① 《传习录中》,《王阳明全集》,第45页。

自觉过程,似乎已有见于以上关系。

知行关系的以上这一面,内在地关联着心与理之辩。如前所述,在心与理的关系上,王阳明提出了心即理的命题。心与理的统一既表现为理内化为心体,亦表现为心体的外化,后者以社会人伦的理性化为其具体内涵。就心体的外化言,心与理的合一与知与行的合一无疑有其相通的一面:尽管侧重不同,①但在把日常世界的理性化与主体意识及主体的活动联系起来这一点上,二者却展示了相近的思路。事实上,王阳明亦曾明确地指出心与理的合一和知与行的合一在逻辑上的相关性:"外心以求理,此知行之所以二也;求理于吾心,此圣门知行合一之教。"②外心求理,往往导致人伦世界的理性秩序与心体的分离;求理于吾心,则意味着肯定事事物物皆得其理的践行过程与心体的联系。

在知(自在形态的良知)—行—知(明觉形态的良知)的进展中,侧重之点在于先天本体如何化而为主体的自觉意识。但在更广的意义上,致知的过程既涉及自我(理性的明觉),又指向对象(人伦的理性化),从而,知与行的统一不仅在于通过切己的践行而达到对知的内在明觉,而且表现为通过践行而使知推行于外(实现日常人伦的理性化)。在后一意义上,知与行关系又表现为知—行—知与知—行—理的互动。

三、销知入行与销行入知

王阳明以知行合一为解决知行关系的总论题。从知行之辩的如

---

① 前者强调人伦关系合理性的根据在心体,后者着重于指出这种合理性是通过主体自身的活动而实现的。

② 《传习录中》,《王阳明全集》,第43页。

上进展看,知与行的统一,主要被理解为一个知行互动的过程,然而,在王阳明那里,知行合一的涵义并不限于此。

王阳明曾从不同方面对知行范畴的内涵作了阐释。在谈到知行的合一并进时,王阳明亦同时论及了知与行的具体指谓:

> 知之真切笃实处,即是行;行之明觉精察处,即是知,知行工夫本不可离。只为后世学者分作两截用功,失却知行本体,故有合一并进之说。①

这里以知行互训的方式,从一个侧面对知与行作了界定。关于行的内涵,可留待后文详论,此处首先使我们感兴趣的是对知的规定。按王阳明在这里的解释,行之明觉精察,即构成了知的具体所指。明觉精察本来指精神或意识的一种活动,但在此处它却被用以表示行为的一种状态(行为的合理形式等),而以行之明觉精察来界定知,则相应地意味着将知规定为某种特定的行为方式(理性化的行为等);知作为行的状态,与行自然形成了合一的关系。

王阳明以行释知的以上思路,使人联想到行为主义的某些看法。狭义的行为主义是与华生、斯金纳等人的工作相联系的心理学流派,广义的行为主义则包括与之相关的一般哲学立场。就总的倾向而言,行为主义的特点主要在于将内在的精神、意识现象还原为主体的外部行为,当然,在早期的行为主义那里,这种还原较多地与刺激—反应的研究模式相联系,而广义的哲学行为主义则具有更为复杂的形态。这里值得予以注意的是分析哲学形式下的行为主义,它在赖尔那里取得了较为独特的形态。

---

① 《传习录中》,《王阳明全集》,第42页。

赖尔在其名著《心的概念》一书中,对心(mind)作了日常语言学意义上的分析,这种分析亦以行为主义为其立场。对此,赖尔并不讳言:"无疑可把、也不妨把本书的基本倾向说成'行为主义的'。"①按赖尔的看法,传统的理智主义往往把思考做某事与实际地做某事区分开来,其结果是知与行的割裂:"先做一件理论工作,再做一件实践工作。"②赖尔否定了这种观点,强调我们所做的只是一件事而非两件事,而这一件事即是行为。尽管赖尔声称并不否认存在着心理过程,但他所致力的,却是将意识现象与精神现象还原为人的行为。在解释智力性的形容词时,赖尔写道:"当我们用'精明的'、'笨拙的'、'谨慎的'、'粗心的'这些智力性形容词来形容一个人时,并不是指他是否认识这个或那个真理,而是指出他能否做某类事情。"③精明、谨慎等确乎并非仅仅是一种内在的心理过程,它同时需通过外在的行为来确证。但赖尔由此将它完全归入行为过程而否认其中所包含的认识内容,这种看法显然渗入了对认识之维的虚无主义态度。后者在赖尔的如下断论中表现得更为明显:"'在心中'这句话可以而且应该永远被废弃。"④这实际上从一个更为普遍的层面对内在思维过程真实性提出了怀疑。在后期维特根斯坦那里,这种行为主义倾向同样得到了体现。在他看来,"人的身体是人的心灵最好的图画"⑤,而这种身体首先表现为行为的主体,这里亦蕴含着意识向行为的还原。

对精神现象的行为主义解释无疑具有拒斥超验的精神实体、避免精神和意识现象的神秘化等意义,但把精神现象还原为行为,本身

---

① 赖尔:《心的概念》,上海:上海译文出版社,1988年,第342页。
② 赖尔:《心的概念》,第24页。
③ 赖尔:《心的概念》,第23页。
④ 赖尔:《心的概念》,第35页。
⑤ 维特根斯坦:《哲学研究》,第248页。

亦未免失之简单。从身心关系看,这种还原无疑将取消意识现象的相对独立性;就认识论而言,它则往往导致销知入行。后一倾向在实用主义那里表现得十分明显。杜威便明确指出:"知(knowing)就其本义而言就是做(doing)。"①"经验首先不是知识,而是动作和遭受的方式。"②这种看法以主体对环境的反应活动否定了主体的认知活动,而从知行关系上看,它亦意味着把知还原为行。如果说赖尔、后期维特根斯坦等主要从日常语言分析的角度认同了行为主义原则,那么,实用主义则着重从认识论上展开了同一原则。

王阳明的心学与分析的行为主义(赖尔、维特根斯坦等)及"实用"的行为主义(杜威等)当然不能作简单类比,但就其以行界定知,把知理解为行的特定状态(明觉之行)而言,则与行为主义又有相通之处。事实上,王阳明把"明觉精察"视为行的一种状态,并将知还原为这种特定状态的行,与赖尔把"精明的"、"谨慎的"等主要限定于"做"某事,确乎表现了相近的思路。从这方面看,知行合一无疑包含了销知入行这一面。当然,赖尔等分析的行为主义之以行为消解精神现象,较多地与拒斥思辨的形而上学相联系:通过以行为界定心的概念,赖尔等既试图超越身心的二元论,亦要求消除心的概念下对超验精神实体与超验心理过程的承诺。相形之下,王阳明之以行释知,则表现为道德实践向道德意识的扩展(为善去恶的践行涵盖知善知恶之知)。

王阳明不同于行为主义的更重要之点还在于,从知行合一导向以行释知,仅仅是王阳明知行学说的一个方面。以前文的引述而言,

---

① J. Dewey, *Essays in Experimental Logic*, Chicago: The University of Chicago Press, 1916, p.331.

② J. Dewey, *Creative Intelligence: Essays in the Pragmatic Attitude*, New York: Henry Holt and Company, 1917, p.7.

王阳明在以行界定知的同时,亦以知解说行,所谓"知之真切笃实处,即是行",便表现了这一点。"真切笃实"犹言"实有诸己",表示主体的认识状态,以此解释行,亦意味着将行纳入知之中。在解释学、问、思、辨与行的关系时,王阳明更明确地表述了这一点:"盖学之不能以无疑,则有问,问即学也,即行也;又不能无疑,则有思,思即学也,即行也;又不能无疑,则有辨,辨即学也,即行也。"①学、问、思、辨本属知,从广义上看,知作为一个过程,既包含学、问、思、辨等认知环节,又离不开行,但在王阳明的如上解释中,作为认知环节的学、问、思、辨本身又被理解为行的具体形态,换言之,行被纳入了知的范畴。

在谈到知行合一的立言宗旨时,王阳明曾作了如下解释:"今人学问,只因知行分作两件,故有一念发动,虽是不善,然却未曾行,便不去禁止。我今说个知行合一,正要人晓得一念发动处,便即是行了。发动处有不善,就将这不善的念克倒了。需要彻根彻底,不使那一念潜伏在胸中。此是我立言宗旨。"②此所谓念,是观念层面的动机;一念发动,亦即在观念层面形成某种动机,此时动机尚处于意识之域,而未向行为转化。王阳明强调一念发动处即是行,显然模糊了行为的动机与行为本身的区分。从逻辑上看,这里蕴含着概念内涵的混淆;就知行关系而言,则表现出以知为行的倾向。王阳明以念为行,无疑有其道德涵养上的考虑:把观念上的恶等同于实践上的恶,旨在根绝观念层面的不良动机,这也是王阳明在以知为行意义上讲知行合一的立言宗旨。

然而,正如不少论者已注意到的,王阳明对知与行的以上界定即使从道德涵养上看,也有自身的问题。道德本质上是实践的,不良动

---

① 《传习录中》,《王阳明全集》,第 45—46 页。
② 《传习录下》,《王阳明全集》,第 96 页。

机的消除固然有助于避免恶的动机外化为恶的结果,但善的动机却很难视为善的行为本身:如果善念即是善行,则一切道德实践便成为多余的了,这与以行释知(知应还原为行)的观念显然存在某种紧张。同时,将善念等同于善行本身,亦易使善恶的评判失去客观的标准。这种理论上的问题,王阳明在作如上解释时似乎未能注意。

就知行关系言,王阳明由强调消除不善之念,进而将行纳入知之中,无疑更集中地表现了销行入知的趋向。从这方面看,王夫之的以下批评并不是毫无根据的:"若夫陆子静、杨慈湖、王伯安之为言也,吾知之矣。彼非谓知之可后也,其所谓知者非知也,而行者非行也。知者非知,然而犹有其知也,亦惝然若有所见也。行者非行,则确乎其非行,而以其所知为行也。以知为行,则以不行为行,而人之伦、物之理,若或见之,不以身心尝试焉。"[①]王夫之将陆九渊、杨简的知行观与王阳明等量齐观是否确切,或可讨论;他用"以知为行"概括王阳明的整个知行学说,似亦有可议之处,但以上所论,确实触及了王阳明知行合一说的一个方面。在解释《大学》"如好好色,如恶恶臭"时,以知为行这一面得到了更明了的表述:"见好色属知,好好色属行。"[②]好好色是一种主体的意向,属广义的观念活动,以此为行,意味着模糊精神现象与践行的界限。

从逻辑上看,知行合一如果抽象地加以引申,往往蕴含着二重衍化方向,即知合一于行或行合一于知。王阳明在以行释知的同时,又常常以知涵盖行,从而表现出销知入行与销行入知的双重倾向。这种融行为主义与心理主义为一的现象,无疑有其值得注意之点。知行合一包含着知行的并重,而对合一的抽象理解则又逻辑地导向二

---

① 王夫之:《尚书引义·说命中二》,北京:中华书局,1976年,第76页。
② 《传习录上》,《王阳明全集》,第4页。

者界限的消融。当然,在王阳明那里,知行关系的这种种辨析,并不仅仅具有认识论或本体论的意义,它的内在关注之点更在于德性的培养及如何成圣。如果说,以行释知突出了德性的外在展现(德性在德行中的确证)这一面,那么,以知为行则强调了净化内在人格(拒不善之念)在成圣过程中的重要性。二者虽然存在着某种紧张,但又始终指向同一目标。

在知行之辩上,王阳明既把知行关系理解为一个过程,又以思辨的方式肯定了二者的合一。过程论的规定与思辨的推绎并存于同一体系,使其知行学说呈现颇为复杂的形式。过程论的规定包含着时间之维,并相应地表现为对形而上之超验进路的拒斥,思辨的推绎则关联着本体的先天预设,二者从不同侧面将良知(先天本体)与致良知(后天工夫)说进一步具体化了。

第八章
言说与存在

知行互动作为一个达到本体(获得明觉之知)的过程,自始便涉及名言问题。从更广的意义上看,存在的探寻总是关联着名言之域与超名言之域:无论是内在的心体,抑或普遍之道,其"得"(获得)和"达"(表达)都难以离开名言的作用。心体与道能否说以及如何说,"说"与"在"如何定位,等等,对这些问题的思考,同时也使心学在更深的层面得到了展开。

一、心体与言说

王阳明以成圣为终极的追求。从形而上的层面看,走向理想之境(成圣)与重建心体有其逻辑的联系:心体作为内在的本原而构成了成圣的根据。在王阳明的心学系统中,心体与良知往往处于同一序列,致良知与知行的互动同时亦意味着对心体的体认。从总体上看,致良知与知行的互动固然更多地侧重于历时性的过程,但这一过程同样亦涉及言说与体认、名言与对象等逻辑的关系。

按王阳明的理解,心体作为本原,表现为一个统一体:"心,一而已。以其全体恻怛而言谓之仁,以其得宜而言谓之义,以其条理而言谓之理。"① 致良知的终极目标,即在于达到心之全体。然而,名言则往往限于某一个侧面,因而执着于名言,常常难以把握心体。正是在此意义上,王阳明认为:"心之精微,口莫能述。"② 这里已涉及心体与言说的关系:心体主要不是言说的对象。

以名言去把握心体,主要表现为理性的辨析、理解过程。在王阳明看来,对心体固然要达到理性的明觉,但这种理性的明觉并非仅仅依赖于名言的辨析,它更多地与体认和心悟相联系。王阳明常常以哑子吃苦瓜为喻,来说明这种非名言所限的体悟:"哑子吃苦瓜,与你说不得。你要知此苦,还须你自吃。"③ "说"是以名言来表达,"说不得"意味着难以用名言来表达。作为一个"说不得"的过程,自悟具有超名言的性质,而所悟的对象(心体)则亦似乎被置于超名言之域。

名言之域(可以"说"之域)与非名言之域(说不得之域)的区分,当然并非始于王阳明,老子提出"道可道,非常道;名可名,非常名"④,其中已蕴含了对可说(可道之域)与不可说(不可道之域)的划界。在老子那里,可说之域与不可说之域的划界,逻辑地对应于为学与为道的过程:为学过程指向可说之域,为道过程则指向不可说之域。可说

---

① 《传习录中》,《王阳明全集》,第 43 页。
② 《答王天宇》,《王阳明全集》,第 164 页。
③ 《传习录上》,《王阳明全集》,第 37 页。
④ 《老子·第一章》。

之域主要与日常的知识经验界相联系,不可说之域则往往被理解为形而上之道。与老子不断地追问形而上之道有所不同,王阳明更多地将不可说的心体与个体的存在联系起来。

如前所述,心体的意义首先体现于成圣过程。从成圣的理想出发,王阳明上承了儒家区分为己之学与为人之学的思路。前文(第五章)已提及,为己以成己为目标。从人格培养的角度看,心体作为成圣的根据,总是具有普遍性的一面,成己即意味着使具有普遍性品格的心体与个体的存在合一,并通过对心体的自悟而成就人的内在德性。这种为己的过程,也就是使心体实有诸己的过程。与之相对,名言的辨析则往往以成就知识为特点,就其与心体的关系而言,它首先将心体视为理解的对象,从而使二者的关系呈现为能知与所知相互对待的格局。基于如上看法,王阳明一再强调要有为己之心:"今之学者须先有笃实为己之心,然后可以论学。不然,则纷纭口耳讲说,徒足以为为人之资而已。"[1]在心体的对象化形式下,对心体的言说往往引向了语义的解析,从而不免偏离成就德性的指归。王阳明曾对此提出如下批评:"吾契但著实就身心上体履,当下便自知得。今却只从言语文义上窥测,所以牵制支离,转说转糊涂。"[2]就身心上体履表现为一个为己的过程,言语文义上窥测,则执着于知识层面的理解,后者往往流于炫人以文辞,从而导向为人之学。

心体的设定在于为成己提供根据,言说则趋向为人;成己要求化心体为自我的人格,言说则导向化心体为对象。与如上对峙相联系的,是口耳之学与身心之学的分野。关于口耳之学,王阳明有如下评论:

---

[1] 《与汪节夫书》,《王阳明全集》,第 1001 页。
[2] 《答友人问》,《王阳明全集》,第 208—209 页。

> 今为吾所谓格物之学者,尚多流于口耳。况为口耳之学者,能反于此乎?天理人欲,其精微必时时用力省察克治,方日渐有见。如今一说话之间,虽只讲天理,不知心中倏忽之间已有多少私欲。盖有窃发而不知者,虽用力察之,尚不易见,况徒口讲而可得尽知乎?今只管讲天理来顿放着不循;讲人欲来顿放着不去;岂格物致知之学?后世之学,其极至,只做得个义袭而取的工夫。①

口引申为说,耳则借喻为听,言说作为交往过程总是包含"说"与"听",言说需要听者的回应,听则是进行对话的前提。在言说过程中,首先说与听都涉及话语意义的辨析,其目标在于达到知识层面的理解。此时,主体常常耳听而口说,所谓入乎耳而出乎口;其所说所听,并未化为内在的人格。唯其如此,故虽在语义的层面能明于理欲之辩,但仍不免有私欲。质言之,外在的言说尽管能达到关于对象的知,但却不能担保内在精神世界的完善;口讲与心悟有其逻辑上的距离。

与口耳之学相对的是身心之学。当王阳明将"身心上体履"与"文义上窥测"视为的格物致知的两种不同方式时,亦已表现了对身心之学的肯定。从内涵上看,所谓身心之学包含相互联系的两个方面。其一,与入乎耳出乎口不同,它以身体力行为自悟的前提,将心体之悟,理解为实践过程中的体认(表现为"体"与"履"的统一);其二,体与履的目标,是化本体(心体)为内在的人格,并使之与个体的存在合而为一。王阳明曾说:"世之讲学者有二:有讲之以身心者;有讲之以口耳者。讲之以口耳,揣摸测度,求之影响者也。讲之以身心,行著习察,实有诸己者也。"②所谓讲之身心而实有诸己,即意味着

---

① 《传习录上》,《王阳明全集》,第24—25页。
② 《传习录中》,《王阳明全集》,第75页。

具有普遍性向度的心体与个体相融合,成为主体的真实存在。

可以看到,按王阳明之见,言说并不引向心体与个体的沟通,相反,它往往导致心体与自我存在的分离。对王阳明来说,关于心体,主要的问题是如何使之实有诸己,而言说与辨析则趋向于对象化。在言说辨析的层面上,意义的表达和理解构成了关注的重心,心体作为对象始终处于言说者之外,说与所说呈现为二元对待的结构。这种辩说往往将意义本身归结为一个独立的论域,言说越详而越疏离心体,所谓"牵制缠绕于言语之间,愈失而愈远矣"①。从成圣的维度看,言说的作用主要不在于意义的辨析,而在于规定行为的方向:"盖古人之言,惟示人以所向往而已。若于所示之向往,尚有未明,只归在良知上体会方得。"②示人以向往,亦即示人以理想之境,这种所向最终又是通过主体自筹的体悟(体会)而达到明晰并获得认同。

名言与心体的关系,并不仅仅存在于德性与人格的形成过程。从"所向往"看,主体既要化心体为实有诸己的人格,又应实现从德性到德行的转化。名言的辨析,属广义的"知"的领域,它固然有助于理解心体的至善品格,但执着于此,却仍未超越知善知恶之知,对成圣的追求来说,重要的是在践行中使德性获得外部的确证。正是以此为前提,王阳明一再将身心上体履提到了更为突出的地位:"区区格致诚正之说,是就学者本心日用事为间,体究践履,实地用功,是多少次第、多少积累在。"③体究不同于思辨地说,而是实践中的悟;践履则是化所悟为实地工夫,在这里,言说的意义似乎已为践行所消解。

言说与德行的如上关系,与致良知说及知行之辩无疑有逻辑的

---

① 《与道通书》,《王阳明全集》,第1207页。
② 《传习录拾遗》,《王阳明全集》,第1176页。
③ 《传习录中》,《王阳明全集》,第41页。

联系。言说属广义的知,但这种知一旦离开了践行过程,就只具有口耳之学的意义。如前文所提及的,心体作为成圣的根据,与良知处于同一序列,心体的"得"(把握),与良知的致,亦有彼此相通的一面。良知之致,无论就达到抑或推行而言,都展开于践行过程。同样,对心体的体认及这种体认的确证,也始终离不开实地践履。在这种对应关系中,言意的逻辑辨析,多少让位于知行的现实工夫。①

在名言与心体的关系上,王阳明首先将心体理解为超乎名言之域(说不得)的本体。但是由心体的说不得,王阳明既未追随老子,走向带有神秘意味的玄观,亦没有像维特根斯坦那样,自限于和言说相对的沉默,而是将言意之辩与知行之辩联系起来。心体虽超乎名言(说不得),但却并非没有意义,不过,作为成圣的根据,这种意义主要不是借助言说与辨析来彰显,而是通过主体自身的存在来确证。这样,在王阳明的心学中,名言的辨析便从属于个体的自悟,言意之辩上的"说"则相应地转向了身心之学上的"行"。

二、名言与道

心体作为成圣的根据,较多地表现了其内在之维。在更一般的层面上,心体又被理解为存在的普遍根据。后一意义上的心体,往往

---

① 践行对言说的优先性,在某种意义上可以追溯到儒学的传统。汉森曾指出:"泰勒斯的兴趣在于解释,孔子的兴趣则在社会行为。"(参见 C. Hansen, *Language and Logics in Ancient China*, Ann Arbor: The University of Michgan Press, pp. 55, 77),解释与言说相关,社会行为则指向践行。尽管不能简单地把古希腊哲学归结为名言的辨析,亦不能认为儒家完全忽视名言,但二者在哲学发展的初期确乎已表现出不同的侧重,史华慈亦提出了类似的看法(参见 B. Schwartz, *The World of Thought in Ancient China*, Cambridge: The Belknap Press of Harvard University Press, 1985, pp. 90 - 99)。

又与道相通,而名言与心体的关系,亦逻辑地关联着言与道之辩。

道在心学的体系中具其双重品格:它既被理解为本体论意义上的存在根据,又表现为认识论意义上的真理,前者侧重于对存在的规定,后者则是对这种规定的把握,二者彼此交错,使道具有了统一性原理的意义。尽管心学始终以如何成圣为其哲学主题,但与历史上其他哲学系统一样,心学始终难以忘怀对统一性原理的追问,事实上,成圣与求道在心学中乃是一个统一的过程。

作为统一性原理的道,是否表现为名言之域的对象? 王阳明对此提出了如下看法:"道不可言也,强为之言而益晦;道无可见也,妄为之见而益远。夫有而未尝有,是真有也;无而未尝无,是真无也;见而未尝见,是真见也。"[①]此所谓"不可言",与前文的"说不得"涵义相近,均指超越名言。道首先不是言说的对象,如果勉强地以名言去说,则反而使道远离人。一般而言,名言具有敞开存在的作用,在认识之光尚未照射之前,对象往往处于自在形态,而认识的过程总包含着名言的规定与表达作用:在这一意义上,确乎可以说,名言将对象敞开于主体之前。但从另一角度看,名言往往又有遮蔽对象的一面。作为思维的形式,名言凝结了认识的成果,这种成果作为先见而影响着人们对对象的把握,它既构成了达到对象的必要条件,又在一定意义具有某种排他性。同时,在经验知识的领域,名言所达的,常常是对象的某一方面或某一层面,及于此往往蔽于彼。王阳明认为强为之言而益晦,妄为之见而益远,似乎主要就后一意义而言。

当然,道本身虽超越名言,但走向道的过程并非完全隔绝于名言;就儒学的系统而言,五经便常常被理解为达到道的中介,而五经即是由名言构成的意义系统。不过,名言(包括表现为名言系统的五

---

① 《见斋说》,《王阳明全集》,第 262 页。

经)虽然是达到道的中介,但却只具有工具的意义,因而不可执着:

> 得鱼而忘筌,醪尽而糟粕弃之。鱼醪之未得,而曰是筌与糟粕也,鱼与醪终不可得矣。五经,圣人之学具焉。然自其已闻者而言之,其于道也,亦筌与糟粕耳。①

五经只是得道的手段,一旦把握了道,便不必拘泥于五经的名言意义系。这种看法,对松弛传统经学的束缚、超越词章训诂之学,无疑有不可忽视的意义。

  从名言与道的关系上看,王阳明的如上观念与传统的言意之辩显然有其历史的联系。魏晋时期,王弼对言意关系曾作过如下规定:"言者所以明象,得象而忘言;象者所以存意,得意而忘象。"②这里的言具体指卦辞,象则指卦象(含有范畴之意),二者引申为名言;与之相对的意,则可泛指一般的原理。在此,言与象即(名言)即被理解为达到意(一般原理)的工具,而这种工具与所要达到的对象(意)的关系又完全是外在的:一旦得意,即可忘言与象。王阳明对五经所代表的名言系统与道的关系的理解,在理论上无疑上接了王弼玄学的言意之辩。当然,王弼在这方面似乎走得更远:由得象而忘言、得意而忘象,王弼进而引出"得意在忘象,得象在忘言"的结论③,亦即将放弃名言视为把握普遍原理的前提。相形之下,王阳明则并未放弃对名言之工具意义的承诺。

  与得鱼而弃筌、得道而弃五经相近的,是维特根斯坦的抛梯之

---

① 《五经臆说序》,《王阳明全集》,第 876 页。
② 王弼:《周易略例·明象》。
③ 王弼:《周易略例·明象》。

说。维特根斯坦在其《逻辑哲学论》的结尾处,曾写下了一段颇有意味的话:

> 我的命题可以这样来说明:理解我的人当他通过这些命题——根据这些命题——越过这些命题(他可以说是在爬上梯子之后把梯子抛掉了)时,终于会知道是没有意思的。[1]

按早期维特根斯坦的看法,形而上学的问题无法以命题来说,他的《逻辑哲学论》即在于展示这一事实,亦即"说"不可说(说形而上学之不可说),一旦理解了形而上学问题与有意义的命题之间的关系,则他所说的一切便都可以悬置。王阳明在强调道不可言的同时,又提出得道而弃五经,亦即把五经的名言系统视为达到"不可言"之道的工具,其思路与维特根斯坦的"抛梯"之说确乎有类似之处。事实上,王阳明亦常常把经典比作阶梯,认为"六经原只是阶梯"[2],阶梯是达到的目标的手段,而不同于目标本身,同样,经典的名言系统对道的言说尽管可以引向道,但这种言说也有别于道本身。

不过,与早期维特根斯坦由不可说走向沉默(以沉默为处理形而上学问题的最后立场)有所不同,王阳明在反对执着于名言的同时,又把注重之点转向与名言辨析相对的体悟,而从说到悟的转换之前提,则是道体与心体的沟通:"道无方体,不可执着。却拘滞于文义上求道,远矣。……若解向里寻求,见得自己心体,即无时无处不是此道。亘古亘今,无终无始,更有甚同异?心即道,道即天,知心即知

---

[1] 维特根斯坦:《逻辑哲学论》,北京:商务印书馆,1985年,第97页。
[2] 《林汝桓以二诗寄次韵为别》,《王阳明全集》,第786页。

道、知天。""诸君要实见此道,须从自己心上体认,不假外求始得。"①如前所述,心体与道体的合一,乃是心学的基本预设。这里值得注意的是王阳明将文义上(名言意义系统上)求道与心上体认区分开来,以自心体认作为把握道的更重要的形式。此所谓体认,亦以道体与心体的合一为其指归。不过,与本体论上的先天规定不同,由体认而达到的合一,更多地表现为个体对普遍道体的内在认同;前者(本体论意义上的合一)展示的是道与心之间的逻辑关系,后者(由体认而达到的合一)则是主体的一种境界。

名言的辨析首先指向对象的逻辑关系,心上的体认则落实于主体的境界;从文义上求道到心上体认,表现为由逻辑关系的把握,到化道体为境界。境界不同于一般名言所表达的知识,所谓"知来本无知,觉来本无觉"②,其所得,其所存,"在知道者默而识之,非可以言语穷也"③。默而识之既不同于消极意义上的沉默,也不同于外在的语义辨析,它从对象性的认识,转向内在的自悟,并由此而将对道体的体认,融入主体的意识结构,使之与人的存在合一。质言之,在王阳明的心学中,得道(悟道)主要不是对外在的超验本体的认识,而是表现为主体境界的形成与提升,这一思路可以看作是身心之学的逻辑展开。

从哲学史上看,在名言与道的关系上,传统哲学似乎表现出二重路向。自先秦以来,一些哲学家对名言能否把握道作了肯定的回答,并较多地考察了如何以名言把握道的问题。荀子认为,"辩说也者,不异实名以喻动静之道也"④,其中已蕴含名言的辨析能达到道之意。

---

① 《传习录上》,《王阳明全集》,第21页。
② 《传习录下》,《王阳明全集》,第94页。
③ 《传习录中》,《王阳明全集》,第64页。
④ 《荀子·正名》。

《易传》对名言在把握普遍之道上的作用也表现出乐观的确信："圣人立象以尽意,设卦以尽情伪,系辞焉以尽其言。""《易》与天地准,故能弥纶天地之道。"①即易的名言系统与天地之道具有同一对应关系,故能涵盖穷尽后者。宋明时期,张载大致上承了以上传统,并对此作了更明确的阐述:"形而上者,得辞斯得象矣,故变化之理须存乎辞。言,所以显变化也。""拟之而后言,议之而后动,不越求是而已。此皆著爻象之辞所以成变化之道,拟议以教之也。"②就是说,形而上之道并非超越于名言之域,主体能够以概念范畴言说、把握普遍之道。尔后王夫之肯定"言、象、意、道固合而无畛",③体现的是同一思路。

与以上传统有所不同,另一些哲学家则更多地将注重之点指向道的超名言这一面。在如何把握道的问题上,孟子曾提出自得之说:"君子深造之以道,欲其自得之也。自得之,则居之安;居之安,则资之深;资之深,则取之左右逢其原。"④此所谓深造,并不是名言文义上的辨析,而是个体的体悟,其具体形式表现为尽心:"尽其心者,知其性也;知其性者,则知天矣。"⑤作为尽心与自得的统一,深造以道所追求的是道与个体存在的融合。⑥ 老子把道规定为"无名之朴"⑦,更明确地突出了道之超名言性质;与之相联系的则是"为道日损"说,日损意味着悬置已有的名言系统,以日损为把握道的前提,彰显的便是道

---

① 《易传·系辞上》。
② 《易说·系辞上》。
③ 《周易外传·系辞下》。
④ 《孟子·离娄下》。
⑤ 《孟子·尽心上》。
⑥ 当然,这并不是说孟子完全未注意名言的辨析(事实上,他在战国时即有好辩之名,这种"辩"便包括名言的辨析),但就对道的态度而言,孟子所重更在自得而居之。
⑦ 《老子·三十七章》。

与日常名言的逻辑距离。庄子对可言与不可言作了区分:"可以言论者,物之粗也;可以意致者,物之精也。言之所不能论,意之所不能察致者,不期精粗焉。"①所谓不可以言论,不能以意致者,也就是形而上之道。在庄子看来,道是无界限的整体,言则有所分,"道未始有封,言未始有常",②因而一般名言难以达到道。儒道之外,佛家亦涉及第一因与名言的关系。较之印度佛教之注重名相的辨析,中国的禅宗更多地倾向于对名言的消解。自慧能以后,禅宗往以顿悟为成佛的主要途径,并由此主张"不立文字",其机锋、棒喝都表现了一种非名言的悟道方式。

以上二重路向当然是一种分析的说法,每一哲学家或哲学流派本身亦有多重性,但在主要倾向上确乎呈现出各自的特点。从总的思维趋向看,王阳明在名言与道的关系上,无疑明显地认同了对道的非名言把握方式。当然,王阳明以心立说,道体的规定逻辑地关联着心体。作为心学系统的展开,道的体认更多地指向成就德性,得道、悟道则具体表现为化道体为境界。在此,道的超名言维度取得了道与个体存在为一的形式。

通过自悟而化道体为境界,最终总是落实于主体的在世过程。以名言论析道,可以在思辨的层面展开,亦即以言说为其方式,但道与个体存在的合一,则须通过存在过程本身来确证。道作为统一性原理,同时也构成了一种超越的理念,所谓万物与我为一,便可视为道的理念内化于主体意识而达到的境界。这种境界使人超越了个体的小我,形成为天地立心、为生民立命的浩然胸怀。作为一种真实的境界,与道合一并不仅仅表现为精神上的受用,它要求通过身体力行

---

① 《庄子·秋水》。
② 《庄子·齐物论》。

而展现于外。正是在此意义上,王阳明一再强调:"人须在事上磨炼做功夫,乃有益。"①所谓知行合一,同时也意味着内在的境界与外在的践行之统一。总之,主体与道的关系,既非体现为思辨的论析,也非停留于消极的沉默,同样亦非限于精神的受用。化道为境界与境界外化为践行是一个统一的过程。

一般而言,对道(统一性原理及发展原理)的认识往往具有世界观的意义,作为世界观,它并不仅仅以名言辨析的方式存在,也非单纯地表现为一种对象意识。对世界的一般看法总是同时融合于主体意识之中,并在这一过程中逐渐凝结为智慧之境。智慧之境不同于以一般名言所表达的知识,它蕴含着其自身多方面的内容。首先是以道观之。在经验领域中,认识往往注重分别,并相应地容易执着于一偏之见。智慧之境则以无对扬弃了对待,以道的观点(全面的观点)超越了经验领域的分别。在此,境界已具体化为主体认识世界的一种立场和态度,而这种立场与态度又构成了克服一偏之见,达到辩证综合的内在条件。在善的追求中,智慧之境以自觉、自愿、自然的统一为其表现形式;它使主体超越人为努力而达到了从容中道的境界。在这种精神境界中,人的行为不再出于勉强或强制,而是以不思而得、不勉而中为其特征,后者也就是道德领域中的自由之境。人的境界当然不限于向善,它同时指向审美之域。就后一领域而言,智慧之境展开为一种合目的性与合规律性相统一的意境。合目的性的内在意蕴是化自在之物为为我之物,合规律性则意味着自然的人化不能隔绝于人的自然化。人的本质力量与天地之美相互交融,内化为主体的审美境界,后者又为美的创造和美的观照提供了内在之源。可以看到,作为与人的存在合一的境界,智慧之境并不是一种抽象的

---

① 《传习录下》,《王阳明全集》,第 92 页。

精神形态,也没有任何神秘之处,它之与人同在,即"在"主体以道观之的求真过程之中,"在"自觉、自愿、自然统一的向善过程之中,"在"合目的性与合规律性彼此交融的审美过程之中。总之,主体的存在融合了其境界,境界本身又在主体现实地、历史地"在"中得到确证。王阳明关于道与境界的看法无疑包含了不少心学的思辨,但他肯定对道的体认不同于一般的名言知识,要求将道的体认与个体存在加以融合,并把化道体为境界与化境界为践行联系起来,则似乎并非毫无所见。

三、"说"与"在"

语言与存在的关系是哲学家很早就开始关注的问题,在现代哲学中,语言进一步成为哲学的中心问题之一。尽管对语言的考察有分析哲学、现象学、解释学等不同的路向,但在注重语言这一点上,现代哲学无疑有趋同的一面。

早期维特根斯坦与逻辑实证论对可说与不可说作了严格区分,可说的是分析命题与综合命题,超越于此,则被归入不可说之域。分析命题属重言式,它所断定的主要是概念之间的逻辑关系,综合命题则是对经验事实的陈述,在逻辑与经验事实之外,则是超越于名言的界域。这样,在早期维特根斯坦与逻辑实证论中,所谓存在主要便被理解为先天的逻辑与后天的经验事实,对这种存在能否以语言加以把握的问题,他们作了相当肯定的回答。后期维特根斯坦与日常语言哲学的兴趣之点诚然由语言的理想形态转向语言的既成形态,并开始注意到语言的多重形式,但在消解形而上的本体这一基本点上,分析哲学的前(早期维特根斯坦与逻辑实证论等)后(后期维特根斯坦及日常语言哲学)形态却表现了相近的立场。

分析哲学通过划界而否定了超验的本体,但它本身却并未放弃对本体的承诺。事实上,在拒斥形而上的本体的同时,它又在相当程度上将语言提升为本体。它所理解的唯一存在,便是语言中的存在,世界往往相应地被分解为某种语言的结构。与这一基本格局相一致,存在的问题似乎在某种意义上被转换为言说的问题。在与人的存在相关联的价值领域,化存在为言说的倾向表现得尤为明显。以人在道德关系中的存在而言,分析的道德哲学(所谓元伦理学)已完全悬置了对现实的道德关系与道德行为等的研究,而转向了道德范畴的语义分析,换言之,"在"已让位于"说"。①

相对于分析哲学,王阳明的心学似乎表现了不同的思路:较之前者之注重"说",后者更多地强调"在"。马克思曾将人们把握世界的方式概括四种,其中既包括理论思维的方式,亦包括实践精神的方式。② 作为把握世界的方式,实践精神不同于对世界的外在观照,也有别于对语言中的存在的逻辑分析,它在本质上乃是以人自身的"在"来把握存在。在实践精神的形式中,对世界的领悟已化为人的精神境界,并与主体自身的在世过程融合为一。如果说,"说"是以说与所说相互对待的方式来把握世界,那么,"在"则将世界对人所呈现的意义与人自身的存在沟通起来:对存在意义的把握,通过人自身的"在"的状态(包括行为)而得到确证。王阳明把对道的体认理解为一个由自悟而提升内在的境界,并进而化境界为践行的过程,这种以"在"来把握世界的进路,似乎接近于实践精神的方式。

---

① 后期维特根斯坦虽然将语言游戏与生活形式联系起来,但生活形式的引入,仍指向语言意义的把握,就此而言,以生活形式为语言游戏的背景,并未离开广义的"说"。

② 马克思:《经济学手稿(1857—1859)》,《马克思恩格斯全集》第46卷上,北京:人民出版社,1979年,第39页。

分析哲学的"说",主要指向语言中的存在,王阳明所注重的"在",则首先关联着本体世界。在"说"与"在"的不同侧重之后,是对存在的不同方面的关注。分析哲学将哲学的终极思考限定于语言中的存在,固然不同于传统的形而上学,但并没有完全告别形而上学:在拒斥了思辨的形而上学之后,它本身又走向了分析的形而上学或 P. F. 斯特劳森所谓"描述的形而上学"(descriptive metaphysics)。这种形而上学在关注语言本体的同时,往往忽视了以实践精神的方式把握世界,并在某种意义上遗忘人自身的存在。相对而言,以现象学为理论源头之一的存在主义,则较多地将存在的考察与人自身的存在联系起来。海德格尔把存在规定为此在,此在不同于超验的对象,也有别于语言中的存在,它所表示的,乃是人在时间中展开的存在形式。存在主义对"在"的这种注重,与王阳明心学无疑有相通之处:二者都要求超越对人的存在的遗忘。

不过,海德格尔在追寻"在"的同时,并没有放弃"说"。在他看来,"语言是存在的家,人即居住于这个家"[1]。这里包含多重涵义,从言说的角度看,其内在的意蕴即是存在可以进入语言之中,换言之,语言可以把握存在。事实上,海德格尔一再肯定,语言具有敞开存在的作用:"唯有语言才第一次将作为存在的存在敞开。"[2]以语言敞开存在,蕴含着以理论地"说"来把握存在之意,在此,"在"并不排斥"说"。当然,在现代哲学中,对存在的言说不仅所说(言说的对象)各有不同,而且言说的形式也往往彼此相异,如果说,分析哲学的言说可以视为"逻辑地说",那么,海德格尔的言说则带有"思辨地说"的特点。但是,不管是"逻辑地说",还是"思辨地说",在广义上都表现为

---

[1] M. Heidegger, "Letter of Humanism", in *Basic Writing*, p.217.

[2] M. Heidegger, "The Origin of The Work of Art", in *Basic Writing*, p.198.

以理论思维的方式把握世界。相形之下,王阳明在注重以实践精神的方式把握世界的同时,又强调本体"说不得"、"不可言",未免忽视了理论思维这种把握存在的方式。

哲学总是要追问终极的存在,这种追问往往引向对统一性原理和发展原理(所谓道)的探求,引向智慧之境。道与智慧之境确乎有超越一般名言的一面,但又并非完全隔绝于名言。存在的追寻固然不能离开人自身的存在及其历史实践,并相应地不能仅仅停留于言说的层面,但存在又须以名言来敞开、以概念系统来把握。逻辑地说与思辨说无疑都有自身的片面性,单纯地以此为进路显然难以真正达到存在,然而,由此而拒绝名言的辨析,则将导致存在与名言的分离。事实上,以名言为工具的理解,与主体本身的存在并非彼此隔绝。伽达默尔已注意到此:"理解不仅是主体的各种可能的行为,而且是此在本身的存在方式。"①"说"与"在"、理论思维的方式与实践精神的方式之间,应当由对峙走向统一。存在与名言关系的以上维度,似乎基本上在王阳明的视野之外。

"说"不仅仅涉及主体,它总是逻辑地指向主体之间;对"说"的肯定,同时亦蕴含了对主体间讨论、对话的关注。后期维特根斯坦提出语言游戏说,认为语言的意义唯有在共同体的运用中才敞开,而语言在共同体中的运用,便离不开主体间的交往、讨论。科学哲学强调科学认识(包括观察陈述)应当具有主体间的可传递性。新的理论的提出,必须接受科学家共同体的评判,回应不同意见的诘难,这种批评与回应的过程,也就是科学家共同体的讨论过程。在哲学解释学中,对话与讨论同样被提到突出的地位。伽达默尔指出:"我赞成的真理

---

① Hans-Georg Gadamer, *Truth and Method*, London: Continuum, 1979, p.xviii.

第八章 言说与存在　　239

是这样的,这种真理只有通过你才对我成为可见的,而且只有靠着我让自己被告诉些什么才成为可见的。"①质言之,真理唯有通过主体间的讨论才能达到。按伽达默尔的看法,即使解读本文,也并不仅仅表现为个体的独语,而是展开为读者与作者不断"对话"的过程。

在哈贝马斯的交往理论中,主体间的讨论、对话得到了更多的考察。哈贝马斯将主体与对象的关系与主体与主体的关系区分开来,认为主体之间应当通过讨论、对话,达到相互理解和沟通。这种讨论、对话展开于不同的领域,并相应地有不同的方式。在科学研究中,它表现为科学家共同体中的相互批评与争论,②在道德领域,它表现为以对话伦理取代康德的绝对命令。哈贝马斯特别从形式的角度对合理的道德决定的程序作了规定,强调每一个有理性的社会成员都有权利参与道德讨论,每一参与者都有权利发表自己的意见,只有通过这种讨论和对话,才能达到道德上的一致和共识。尽管哈贝马斯的交往理论包含了不少理想化的色彩,他的伦理学所关注的,亦主要是形式的层面(即为道德决定规定一种形式的程序);③而且,在突出主体间关系的内在性的同时,他对主体间关系的外在性也未免有所忽视,④但哈贝马斯从普遍语用学的层面,考察了主体间讨论、对话在交往过程中的意义,无疑注意到了名言与存在、名言与主体关系的一个重要方面。

较之现代哲学由语言的重视而关注主体间对话、讨论,王阳明的

---

① Hans-Georg Gadamer, *Truth and Method*, p.xxiii.

② 参见 M. Welbbourne, *The Communnity of knowledge*, Abereen: Abereen University Press, 1986。

③ 参见 J. Habermas, *Moral Consciousness and Communicative Action*, Cambridge: Polity Press, 1990, p. 221。

④ 参阅杨国荣:《主体间关系论纲》,载《学术月刊》1995 年第 11 期。

心学显然表现了不同的趋向。从成圣的理想出发,王阳明更为感兴趣的是如何成就自我的德性,所谓化道体为境界,其逻辑指向同样是成己与成圣。与这一终极的追求相联系,王阳明强调本体"不可言"、"说不得",亦多少以主体的自悟压倒了主体间的辨析。事实上,王阳明要求由"说"走向"在",确乎表现出对主体间的讨论、对话的某种漠视。这种致思倾向当然可以溯源于儒学注重内省的传统,但同时亦与心学融理于心的逻辑进路相联系。

从逻辑上看,语言的运用往往表现为二重形式,即独语(独白)与对话(包括讨论)。当然,这是一种分析的说法,在语言的现实运用过程中,这二者常常又是相互交错的。在主体的思维过程中,主体对语言的运用更多地取得了独语的形式,但其中同样亦已渗入了对话:在对不同的思路、观点的选择、评判中,往往亦交织着两个"我"的无声对话;在主体间不同意见的争论中,对话无疑成为主要形式,但其中亦包含了主体的沉思和独语。就道德领域而言,道德决定首先以自律的形式表现了主体的独语,然而,这种决定同时又不仅在主体之中蕴含着 G. H. 米德所谓自我(I)与客我(me)之间的对话,而且在主体间关联着不同观点的讨论。消解主体的独语,往往容易将主体引向为他的存在,并使之趋于对象化;忽视主体间的讨论和对话,则蕴含着二重逻辑路向:就认识论的维度而言,拒绝不同意见的讨论,总是难以避免独断论的归宿;从道德领域看,悬置讨论和对话,则易于导致过分强化自我的内省和体验,并使道德意识趋于神秘化。王阳明在肯定主体自悟(独语)的同时,对主体间的讨论和对话无疑有所弱化,后者亦折射于他对道德境界的理解:由强调境界与主体存在的不可分离,王阳明多少忽视了境界可以用名言来表达和辨析的一面。从这方面看,对"说"的消解,确乎使王阳明在本体与境界的规定上都未能完全摆脱玄秘之维。

第九章
心学的内在张力

王阳明晚年以四句教为心学宗旨。四句教即:"无善无恶是心之体,有善有恶是意之动,知善知恶是良知,为善去恶是格物。"① 在嘉靖六年(1527)征思、田前夕的天泉证道②中,王阳明又再一次向他的二位高足(王畿与钱德洪)重申了这一宗旨。天泉证道是王阳明一生中最后的哲学论辩之一,它使四句教具有了晚年定论的性质。从心学的逻辑脉络看,四句教既带有

---

① 参见《传习录下》,《王阳明全集》,第 117 页;《年谱三》,《王阳明全集》,第 1307 页。

② 嘉靖六年(1527),王阳明受命出征广西思恩、田州。是年九月八日起程前夕,王阳明会门人王畿、钱德洪于越城天泉桥,并应二人之请,对四句教的宗旨作了具体阐释。这次论学,在王门后学中称"天泉证道"。

总结的意义,又蕴含了理论上的内在紧张;后者同时潜下了心学分化的契机。

一、无善无恶与可能的存在

四句教的首句涉及心体,所谓"无善无恶是心之体",可以看作是对心体的一种界定。如前所述,王阳明以心立说,心体的重建构成了心学的逻辑出发点。关于心体,王阳明在居越以前便已作过规定。正德十三年(1518),王阳明作《大学古本序》,其中对心体作了如下界定:"是故至善也者,心之本体也。"① 在晚年定稿的《大学问》②中,王阳明又重申了这一点:"既知至善之在吾心,而不假于外求,则志有定向。""心之本体,本无不正也。"③ 前文已一再指出,在王阳明那里,心性之辩始终关联着如何成圣的问题,以至善规定心体,同样没有离开这一主题。按王阳明的理解,成圣(走向理想的人格之境)并不是一个外在强加的过程,它的根据内在于主体的先天善端之中;正是心体之中善的秉赋,构成了人走向理想之境的前提:"人皆可以为尧舜者,以此也。"④

心体之中这种善的规定,与理有着逻辑的联系。王阳明以心即理阐释心与理的关系,这一命题的涵义之一,便是理内化于心而构成

---

① 《王阳明全集》,第 243 页。
② 钱德洪在《大学问》的卷首曾作了如下说明:"师征思、田将发,先授《大学问》,德洪受而录之。"(《王阳明全集》,第 967 页)出征思、田后一年多,王阳明便离开了人世,由此亦可见此篇乃王阳明晚年之作。
③ 《王阳明全集》,第 970、971 页。
④ 《书魏师孟卷》,《王阳明全集》,第 280 页。在本体与工夫之辩中,王阳明所着重的,亦主要为心体的至善义。

心的内容。正是内化之理,决定了心体的至善之维。在王阳明的如下断论中,心体与理的这一关系便得到了进一步的阐明:"心之体,性也;性即理也。"①"这心之本体,原只是个天理。"②就心体以理为内容而言,心与性无疑有彼此重合的一面:二者均表现为一种善的秉赋。要而言之,心与理的联系,赋予心体以至善的规定,后者又为成圣提供了内在的根据。

然而,心体的至善之维尽管为达到理想之境提供了根据,但毕竟又不同于现实的善。作为根据,心体所规定的是一种可能的向度,而并不表现为主体发展的现成形态:从逻辑上说,可以成圣并不意味着必定成圣。就先天的或逻辑的向度而言,心体的至善之维为主体的成圣提供了可能;就后天或现实的形态而言,主体的发展方向又具有不确定性。将二者结合起来,则似乎亦可以说,主体的现实发展,是一个可善可恶的过程。从可善可恶这一方面加以反观,则作为内在前提的心体,亦很难仅仅以至善加以规定。当王阳明在四句教中以无善无恶界定心体时,无疑已注意到如上关系:无善无恶在逻辑上意味着可善可恶。

从另一方面看,心体固然在以理为内容上与性体有一致之处,但又非性体所能范围。性体的特点在于与理完全重合,所谓性即理,强调的首先是性体与理的这种重合关系。与性体不同,心体并非仅仅限于理这种普遍规定。在融理于内的同时,心体又包含情、意等多方面的内容。理体现的主要是人普遍本质,情、意等非理性的侧面,则更多地关联着人的具体的存在;普遍之理诚然规定了人发展的方向,但这种发展方向在化为现实以前只是一种可能,它的实现方式始终

---

① 《传习录中》,《王阳明全集》,第 42 页。
② 《传习录上》,《王阳明全集》,第 36 页。

受到情、意等非理性因素的制约。进而言之,心体的多重规定不仅制约着普遍之理所决定的可能,而且本身蕴含了多样的发展方向。当王阳明强调"尔身各各自天真"①时,便内含着对个体差异的某种确认:所谓"各各",即兼含个体发展可能上的区分。也正是在相近的意义上,王阳明一再肯定"人要随才成就",而所谓才,则不外乎与不同资质相联系的不同可能:"人要随才成就。才是其所能为,如夔之乐,稷之种,是他资性合下便如此。"②相对于普遍之理,才具有个体的特征,其中蕴含了多样的发展可能。

总之,就其包含内化之理言,心体具有至善的性质;就其不限于理而具有多重规定,并相应地内含多重发展可能言,心体又表现出无善无恶的特点。从至善这一维度看,心体为成圣提供了根据;从无善无恶这一维度看,成圣又并非个体发展的唯一定向。不难看到,以无善无恶规定心体,着重的是主体作为可能的存在这一向度。也正是这一规定,使王阳明所重建的心体进一步区别于正统理学的性体。③

无善无恶是心之体的提法固然较明确地出现于四句教,但从心体的无善无恶说存在的多重可能,却并非仅见于四句教。如前所述,就心体内含普遍之理言,人皆可以为尧舜。但可以成圣并不意味着将人都纳入单一固定的模式。正是在此意义上,王阳明反对将实现成圣的可能理解为拘于死格:"圣人何能拘得死格?大要出于良知同,便各为说何害?且如一园竹,只要同此枝节,便是大同。若拘定枝枝节节,都要高下大小一样,便非造化妙手矣。汝辈只要去培养良

---

① 《示诸生三首》,《王阳明全集》,第790页。
② 《传习录上》,《王阳明全集》,第21页。
③ 朱熹从提升性体的立场出发,强调心有善有恶:"心是动底物事,自然有善恶。"(《朱子语类》,卷五)这似乎更多地是就已发和现存形态而言心,较之王阳明以心为未发之体,其意味颇有不同。

知。良知同,更不妨有异。"①心体的至善之维固然为成圣提供了根据,但成圣的方式、理想人格的具体形象则并非一一先定,它们总是随个体的差异而表现为多重可能的样态。换言之,心体之中的普遍之理尽管内含了成圣的定向,但这种定向的实现又包含了多重可能的方式。

心体所规定的发展可能不仅仅表现为成圣方式的多样性之中,在更广的意义上,它亦体现于一般的人格培养过程之中。从心体无善无恶这一前提出发,便应承认人格具有多样发展的可能,所谓随才成就,亦意味着人格的培养并不只具有一种预定的模式。正是有见于此,王阳明认为:"圣人教人,不是个束缚他通做一般:只如狂者便从狂处成就他;狷者便从狷处成就他。人之才气如何同得?"②通做一般,是仅仅以至善之维律人;才气的不同,则对应于心体的多重规定,正是后者,构成了狂、狷等不同衍化方向的根据。

概而言之,在"无善无恶心之体"的命题下,存在的可能之维被提到了突出的地位:就狭义言,心体的无善无恶意味着在人的后天存在中可以为善,亦可为恶;就广义言,无善无恶则泛指人格的发展可以如此,亦可如彼。按照这种理解,人的本质最初并不是以现成的形态存在,人格的模式也并非凝固地预定;质言之,它所强调的,是人的可塑及存在向未来敞开这一面。人的这种可塑性及未来向度,与致知的过程性及工夫的历史展开有其逻辑的一致性:二者都涉及时间之维,而不同于形而上的(超然于时间之维)的预设。

以无善无恶突出可能的向度,同时亦意味着扬弃本体的超验性。从逻辑上说,心体无善无恶即表明本体并不具有既成的、绝对的性

---

① 《传习录下》,《王阳明全集》,第112页。
② 《传习录下》,《王阳明全集》,第104页。

质。心体的这一特点,决定了不可着意滞执:"心体上着不得一念留滞,就如眼着不得些子尘沙。些子能得几多?满眼便昏天黑地了。""这一念不但是私念,便好的念头,亦着不得些子。如眼中放些金玉屑,眼亦开不得了。"①不滞于心体,亦即不着意于好善恶恶:"然不知心之本体原无一物,一向着意去好善恶恶,便又多了这分意思,便不是廓然大公。"②所谓着意于好善恶恶,也就是执着善的本体,并以此支配范围自我。

从本体与自我的关系看,本体总是具有普遍性的一面,这种普遍的品格常常呈现为善的规范,如果将本体的普遍之维加以形而上化,以善的品格为宰制自我的规范,那么,道德本体便往往会成为压抑个体的"超我"。正统理学以性体为道德本体,并以此为前提,要求化心为性。在性体的形式下,普遍的道德规范构成了涵摄个体的超验原则,本体被理解为决定个体存在的先天本质,自我的在世成为一个不断接受形而上原则的规范、塑造、支配的过程。由此导致的,往往是先验的超我对自我的压抑。王阳明以无善无恶规定心体,其理论的旨趣之一便在于化解本体与自我之间的紧张。如前文所述,无善无恶,意味着心体并不是既成的、超然于自我的本体,心体作为成圣的根据,也并非以强制的方式塑造自我。王阳明曾对其门人说:"你们拿一个圣人去与人讲学,人见圣人来,都怕走了,如何讲得行。"③拿一个圣人与人讲学,象征着以超验的规范(圣人模式)去塑造人,这种外在强制的结果则是普遍原则与个体存在之间的紧张:所谓"怕走",便形象地点出了这一层关系。可以看到,心体的无善无恶,在某种意义

---

① 《传习录下》,《王阳明全集》,第124页。
② 《传习录上》,《王阳明全集》,第34页。
③ 《传习录下》,《王阳明全集》,第116页。

上构成了避免以超我压抑个体的本体论前提。

本体的超验化体现于道德行为,往往赋予行为以人为(artificial)的性质,所谓着意为善去恶,便常常表现为执着本体而有意为之。有意为之趋于极端,总是不免走向外在的矫饰和虚伪化:本体的标榜常流于为人(追求外在的赞誉)。正统理学以超验的规范律人,要求化人心为道心,但如此刻意挺立性体,却往往沦为伪道学。王阳明从心体无善无恶的前提出发,反对滞留执着于本体,其中亦包含着拒斥虚伪化之意。有意为之,行为往往缺乏自然之美;不执着善恶,则常常从容而中道。在王阳明看来,善恶之执,往往来自习气:"无善无恶者理之静,有善有恶者气之动。不动于气,即无善无恶。"①为善去恶本属合乎理之行为,但执着于此,则善恶之分便成为习气中事,这无疑是本体的异化。王阳明的以上看法,与其注重德行的自然之维(参阅本书第四章)显然有着理论上的联系。

王阳明以至善与无善无恶对心体作了双重规定,至善是就其为成圣提供了根据而言,无善无恶则强调了个体存在的可能向度;在晚年的四句教中,王阳明将着重之点主要放到了后一方面。在至善这一侧面,心体与性体有相近之处,无善无恶则更多地表现了心体不同于性体的品格。从本体与自我的关系看,以无善无恶说心体,意味着扬弃本体的超验性和先天预定:本体的无善无恶决定了个体的存在虽有向善的根据,但其发展并非完全由超验的本体所绝对预定。与这一事实相应,普遍本质对个体的强制亦失去了本体论的根据。王阳明的以上看法,无疑表现了对理学本质主义立场的某种偏离。就本体与工夫的关系而言,无善无恶所突出的可能向度,又使后天的工夫成为自我实现的题中之义:从可能的善到现实的圣,乃是以后天工夫为其中介。

---

① 《传习录上》,《王阳明全集》,第29页。

二、可能的展开

心体的无善无恶逻辑地蕴含着可善可恶。当心体随着人的在世过程而显现于外时,以可善可恶的形式表现出来的可能,便取得了有善有恶的现实形态,王阳明以"有善有恶是意之动"表述了以上关系,这一命题同时构成了四句教中的第二教。

从文义结构上看,四句教的前两句首先涉及心与意的关系。按王阳明的理解,心作为本体,具有未发的特点。在天泉证道中,王阳明便对心体作了如下解说:"人心本体原是明莹无滞的,原是个未发之中。"①这里的未发既含有先天性之意,又指心体尚未呈现于现实的存在过程。未发之体呈现于个体的具体存在过程,首先以"意"为其表现形式:"心之所发便是意。"②心体作为本体带有某种类的普遍规定之义,意则是与个体存在相联系的现实观念。个体在世,总是不免应物起念,意即形成于这一过程:"凡应物起念处,皆谓之意。"③受所处环境等多方面因素的影响,意念往往有善恶之分。恶念便源于习染:"夫恶念者,习气也。"④

关于心与意的关系,王阳明的二位高足(钱德洪与王畿)在理解时曾发生了分歧。王畿认为心体既然无善无恶,则意亦当无善无恶。钱德洪的看法则是:心体虽无善无恶,但人有习心,故"意念上见有善恶在"。⑤ 王畿似乎更偏向于强调先天的心体与后天的意念之间的一

---

① 《传习录下》,《王阳明全集》,第 117 页。
② 《传习录上》,《王阳明全集》,第 6 页。
③ 《答魏师说》,《王阳明全集》,第 217 页。
④ 《与克彰太叔》,《王阳明全集》,第 983 页。
⑤ 《传习录下》,《王阳明全集》,第 117 页。

致,由此加以逻辑地推绎,则包含着如下趋向,即以先天的形态为现实形态。相形之下,钱德洪在此似乎更注意先天的可能形式与现实的存在形态之间的距离:后天的习染使无善无恶的心体在个体的现实存在中取得了有善有恶的具体形式。在这方面,钱德洪无疑更接近王阳明的思路:他已较自觉地注意到,心体的"无"(无善无恶)与意念的"有"(有善有恶)之分的背后,是先天本体所蕴含的多重可能与个体存在的具体现实之间的差异。

以应物起念界定意,此"意"乃系泛指。作为心体在个体存在过程中的具体表现形式,意常常与行为相联系:"夫人必有欲食之心然后知食,欲食之心即是意。""必有欲行之心然后知路,欲行之心即是意。"[①]此所谓意,即是行为的意向和动机。行为是个体在世的具体方式,个体存在的现实性,总是通过行为(从生活世界中的日用常行到生活世界之外的广义实践)获得确证。在这里,由心体而发之意,便具体表现为行为过程中的动机与意向。正如个体在世过程中所参与其间的行为总是具有多样的形式一样,行为的动机、意向也往往非预定而不变;如果以伦理的规范加以衡量,它常常呈现出善恶的差异。

无善无恶的心体发而为有善有恶的意念,构成了个体在世的一种本体论状态。按照心学的理路,就应然而言,个体的存在应当是一种向善而在,而向善在逻辑上则以分别善恶(知善知恶)为前提。如何在现实的日用常行中分别善恶? 四句教的第三教便涉及了这一问题:"知善知恶是良知。"王阳明曾对良知与意念作了明确区分:

> 意与良知当分别明白。凡应物起念处,皆谓之意。意则有

---

① 《传习录中》,《王阳明全集》,第41—42页。

是有非,能知得意之是与非者,则谓之良知。依得良知,即无有不是矣。①

良知既是内在的准则,又是评判的主体;良知对意念的评判,亦相应地表现为一个自知善恶的过程:"凡意念之发,吾心之良知无有不自知者。其善欤,惟吾心之良知自知之;其不善欤,亦惟吾心之良知自知之;是皆无所与于他人者也。"②

在王阳明的心学系统中,良知往往因侧重不同而呈现出不同的涵义。作为心与理的统一,良知与心体处于同一序列,事实上,这一意义上的良知常常与心之本体彼此相通。在本体这一层面上,良知主要表现出先天性的品格。由无善无恶的本体转换为知善知恶的主体,良知的内涵亦相应地有所变化:相对于无善无恶所表示的先天可能,知善知恶更多地呈现为一种现实的道德意识。个体的存在总是展开为一个过程,先天的本体正是在这一过程中具体化为现实的道德意识。尽管王阳明并没有对先天的本体如何转换为现实的道德意识作出具体的说明(这种说明对心学来说是一个理论上的难题),但对有善有恶的意念作出评判的良知,确实表现出现实性的品格。从心、意、知的关系看,无善无恶的心体在个体的在世过程中发而为有善有恶的意;相对于先天的心体,意已体现于个体的后天存在之中,并作为已发而取得了现实的形态。良知虽非形成于后天的存在过程,但作为已发之意的评判主体,其呈现却离不开知善知恶的过程;而意的已发性质,则在逻辑上赋予良知以现实的品格。

知善知恶本身当然并不是终极的目的。知善知恶之后,必须继

---

① 《答魏师说》,《王阳明全集》,第 217 页。
② 《大学问》,《王阳明全集》,第 971 页。

之以为善去恶的工夫,后者即构成了四句教中第四教的内容:"为善去恶是格物。"心体发而为意,意味着先天的可能开始在个体存在过程中向现实的形态转换,而意之有善有恶,则决定了要实现成圣的可能,不能不经过一个为善去恶的过程。诚然,在天泉证道中,王阳明曾预设了所谓利根之人,以为"利根之人一悟本体,即是功夫,人己内外,一齐俱透了。"①从逻辑上看,以悟本体为工夫,似乎有消解工夫的意味。不过,王阳明紧接着便强调:"利根之人,世亦难遇,本体功夫,一悟尽透。此颜子、明道所不敢承当,岂可轻易望人!"②不难看到,从本体悟入的利根之人,在此主要表现为一种逻辑上的可能(从逻辑上说,可能存在着这类人),在现实的存在中,它并不具有实在性:所谓"世亦难遇"、"颜子、明道所不敢承当",便表明了此点。

与悬想本体相对的,是实地的工夫:"人有习心,不教他在良知上实用为善去恶功夫,只去悬空想个本体,一切事为俱不着实,不过养成一个虚寂。"③习心导致了无善无恶向有善有恶的衍化,意之有善有恶又使后天的工夫不可或缺。心体所包含的向善(成圣)的可能,最终唯有在为善去恶的工夫中才能化为现实。无善无恶(可善可恶)的可能趋向,在个体的存在过程中展开为有善有恶之意,经过良知的自我评判(知善知恶),逻辑地要求诉诸为善去恶的切己工夫。由良知而引发工夫,本质上表现为一个知行统一的过程:从知善知恶到为善去恶,乃是以知与行的互动为其内容。

无善无恶的心体在个体的存在过程中,发而为有善有恶之意,作为已发,意超越了可能而展示为一种现实的意识现象。与意相近,良

---

① 《传习录下》,《王阳明全集》,第117页。
② 《传习录下》,《王阳明全集》,第118页。
③ 《传习录下》,《王阳明全集》,第118页。

知作为评判的主体也表现出现实的品格,不过,与意主要呈现为一般的意念不同,良知的现实性品格首先与道德意识相联系:它所挺立的,乃是现实的道德意识。无善无恶蕴含着可能的向度,从无善无恶之心,到有善有恶之意,可能的展开在某种意义上具有自发的特点。相形之下,由知善知恶而为善去恶,则以知行互动为形式,展开为一个化善的可能为善的现实(成圣)的自觉过程。四句教的这一内在结构,概要地表现了心学的基本思路。

三、二重趋向与内在的紧张

从文义和结构上看,四句教似乎并不复杂,以上的分析亦已表明了这一点。然而,就其内涵而言,四句教却包含着值得注意的多重理论意蕴,它在一个较深的层面体现了王阳明对本体与工夫、存在与本质、个体性与普遍性等关系的思考,其中亦蕴含了心学在理论上的某种紧张。

四句教首句为:"无善无恶是心之体。"如前所述,无善无恶在逻辑上意味着可善可恶,它所标立的,是存在的可能向度。从无善无恶心之体这一前提出发,可以逻辑地引出:个体首先是一种可能的存在。不难看出,这里多少蕴含着对先天本质的扬弃:作为可能的存在,个体并非由某种先天的本质所决定。这种看法与正统理学显然有所不同。正统理学以性为体,要求化心为性,其致思的趋向在于挺立人的理性本质。朱熹主张"粹然以醇儒之道自律"[1],实质上也就是要求以先天的普遍本质来塑造自我。这种看法的特点在于从普遍的性体出发来规定人的存在,其中渗入了明显的本质主义立场。王阳

---

[1] 《答陈同甫书》,《朱文公文集》,卷三十六。

明以无善无恶界定心体,在某种意义上表现了对本质主义的偏离。

不过,扬弃超验的本体,并不表明完全放弃对本质的承诺。事实上,在同为晚年之作的《大学问》中,王阳明便同时确认了心体内含的至善之维。四句教以无善无恶为心之体,但在无善无恶所蕴含的多重可能中,亦包含着善的向度。更为重要的是,知善知恶与为善去恶作为向善的过程,本身亦渗入了对理性本质的确认:为善意味着认同并追求体现普遍本质的道德理想。这样,一方面,心体的无善无恶蕴含着人是一种可能的存在,而并非仅仅是先天本质的化身;另一方面,知(知善知恶)与行(为善去恶)的互动,又以自觉实现善的可能(成圣)这种方式,表现了对理性本质的承诺。四句教的以上论点,无疑包含着沟通存在与本质的意向。

与存在和本质之辩相联系的,是个体性与普遍性的关系。无善无恶之心体所包含的多重可能,首先体现于个体发展过程之中:它意味着个体具有不同的发展向度,而并非仅仅为类的单一模式所决定。就此而言,以无善无恶规定心体,亦内含着对个体性原则的肯定。从心学的逻辑演进看,王阳明在心即理的命题下重建心体,已表现出对个体性原则的认同;心体不同于性体的重要之点,亦体现于此。四句教通过对个体发展不同可能的肯定,在更深的层面上确认了个体性的原则。

然而,正如以心即理界定心体同时亦内在地肯定了心体的普遍性向度一样,在可能形式下呈现的个体性,并不排斥普遍之维。事实上,当王阳明将"知善知恶是良知"纳入四句教时,已表现了对普遍性原则的肯定。如前所述,良知作为评判的准则与主体固然具有个体的形式,但这种个体的形式并未消解其普遍的内容。在王阳明那里,良知的普遍性品格往往被赋予"同"或"公"的形式:"良知之在人心,无间于圣愚,天下古今之所同也。世之君子惟务致其良知,则自能公

第九章 心学的内在张力　　255

是非,同好恶。"①天下古今之所同,意味着良知具有超越于特殊时空的一面,正是这种普遍性的品格,决定了以良知为评判的准则与主体,可以达到公是非、同好恶。要而言之,心体的无善无恶为个体的多向度发展提供了本体论的前提,但这种发展,同时又受到具有普遍性品格的良知之制约,个体性的规定与普遍性的认同在此受到了双重关注。

四句教所内含的另一重要问题是本体与工夫之辩。事实上,个体性与普遍性的关系,已涉及本体之域:二者在理论上表现为本体的二重规定。在天泉证道中,钱德洪与王畿的分歧,首先便表现在对本体与工夫关系的理解上。王畿所重,在于由本体而悟入,钱德洪则更强调工夫的作用。从四句教的内在结构看,无善无恶之心体,主要为个体规定可能的发展方向,在这种多重的方向中,亦包括善的向度;良知之知善知恶,在某种意义上则蕴含了对善的可能的认同与选择。从这方面看,心体与良知实际上以不同的方式表现了本体作为存在根据的作用。

不过,本体尽管规定了个体发展的多重可能,但并不担保某种可能必然成为现实;要实现其中所蕴含的善的可能,便离不开后天的工夫。王阳明虽然设定了由本体悟入的所谓"利根之人",但如前所述,这种世亦难遇的利根之人在相当程度上具有虚悬一格的性质,真正具有现实意义的,是在知善知恶之后,"实用为善去恶工夫"。可以看到,本体包含多重可能与通过工夫实现善的可能具有逻辑上的统一性,这种统一实质上从一个方面体现了扬弃本体与工夫之对立的趋向。

四句教蕴含的如上看法,以集中的形式表现了心学试图统一本

---

① 《传习录中》,《王阳明全集》,第79页。

体与工夫、存在与本质、个体性与普遍性等理论意向。这种理论意向与王阳明重建心体、以良知转换天理等总体构架一致,反映了心学与正统理学在哲学路向上的差异。然而,如果对四句教作进一步的分析,便不难看到,尽管王阳明在实现如上的统一上似乎表现出某种理论的自觉,但对他来说,如何真正达到这种统一却依然是一个历史的难题。

如前所述,心体的无善无恶,蕴含了人首先是一种可能的存在,而并非一开始便与本质完全合一,有善有恶则从现实的形态上表现了存在对本质的某种优先:人的现实的存在并不是由本质所规定的绝对的善。然而,四句教的后半部分所展示的思路,则有所不同。从逻辑上看,良知的知善知恶,是以对善的确认及理性本质的预设为前提的,其中蕴含着向善的维度,当良知的知善知恶进一步引向为善去恶的格物工夫时,这种向善之维便得到了明确的呈现。从知善知恶到为善去恶,人所具有的多重发展可能似乎被化约为一种,即走向至善之境。知善与为善体现的主要是对人的理性本质的追求,在知善与为善的形式下,人的存在多少表现为向理性本质的某种复归。在这里,对存在的多重可能的设定与返归善的本质呈现相互对峙的形式:无善无恶的前提如果贯彻到底,则个体的存在便应向不同的可能敞开,而不能单纯以知善和为善的方式去实现和完成理性的本质;反之,如果存在仅仅是通过知善为善而反归善的本质,那么,以无善无恶预设存在的多重可能便缺乏理论上的合法性。在四句教的如上结构中,内在地蕴含着存在与本质的某种紧张。

这种紧张同样体现于个体性与普遍性之辩。如前文所论及的,无善无恶所规定的多重可能,往往具体表现为个体发展的多样形式,就此而言,以无善无恶说心体,亦意味着从一个方面肯定了个体性的原则。在群己关系上,王阳明要求成己(成就自我),并强调在成己过程中应当"随才成就",四句教的以上立场,可以看作是这一思路的逻辑引申。然而,当个体的存在被理解为通过知善知恶与为善去恶而向本质复归时,个体发展的多样形式则亦似乎被架空。作为一个完成本质的过程,个体的自我成就主要便表现为自觉地纳入善的普遍模式。这种致思趋向上接了群己关系论中的无我说,其中明显地蕴含着对普遍性原则的抽象强化。概言之,以"无善无恶心之体"为前提,可以逻辑地引出个体性原则;个体存在向本质的复归,则意味着以普遍性原则消解个体性原则,二者并存于四句教之中,呈现出某种二重化的理论格局。①

在本体与工夫的关系上,我们亦可看到类似的二重趋向。本体与工夫之辩是王阳明心学的重要论题,作为心学宗旨之一的致良知说,便以本体与工夫关系的辨析为其主题。王阳明强调"功夫不离本体,本体原无内外"②,其理论意向亦在统一二者。然而,本体的先天性与工夫的过程性之间,同时又内含着理论的紧张:工夫是一个在时间中展开的过程,本体则表现为超时间的先天预设。这种紧张亦体现于致良知说之中:"良知"作为先天本体,具有超过程的一面(其形成并非通过后天工夫),"致"则突出了工夫的过程性。在四句教中,这种二重性同样得到了折射。如前所述,王畿与钱德洪曾对四句教作出了不同的解释。依王畿,心体既无善无恶,则意、知、物皆应无善无恶,而由此引申的结论便是知善知恶与为善去恶之工夫皆可消解。与王畿不同,钱德洪更侧重对工夫的维护:"心体是天命之性,原是无善无恶的。但人有习心,意念上见有善恶在,格致诚正,修此正是复

---

① 就这方面而言,王阳明的心学似乎又蕴含着与陆九渊的心学类似的问题,参见本书第二章。

② 《传习录下》,《王阳明全集》,第92页。

那性体工夫。若原无善恶,功夫亦不消说矣。"①在天泉证道中,为了帮助王、钱更完整地理解其思想,王阳明对四句教立言宗旨作了如下解说:

> 我这里接人原有此二种。利根之人直从本源上悟入。人心本体原是明莹无滞的,原是个未发之中。利根之人一悟本体,即是功夫,人己内外,一齐俱透了。其次不免有习心在,本体受蔽,故且教在意念上实落为善去恶。功夫熟后,渣滓去得尽时,本体亦明尽了。汝中(王畿)之见,是我这里接利根人的;德洪之见,是我这里为其次立法的。②

利根之人与其次之人的划界,在此与本体和工夫之分似乎具有了某种对应关系。利根之人由本体而悟入,其方式近于王畿的悬置工夫;其次之人则从工夫入手,其方式近于钱德洪的以工夫复本体:王阳明认为王、钱之见分别适用于利根之人与其次之人,即表明了此点。尽管王阳明所谓利根之人带有虚悬一格的意味,"世亦难遇"等已点出此义,但"利根"与"其次"的划界,毕竟在逻辑上潜下了本体与工夫分离的契机。

从早年开始,王阳明即以如何成圣为第一等事,晚年的四句教并未离开这一主题。以心体的重建为逻辑起点,王阳明试图将成圣与成己结合起来:成圣是个体追求的普遍目标,而成圣的过程又离不开个体的随才成就。就内容而言,走向内圣之境表现为一个成就本质、

---

① 《传习录下》,《王阳明全集》,第117页。
② 《传习录下》,《王阳明全集》,第117页。

完成本质的过程;成己作为实现自我的过程,则始终关联着个体的存在。按其本然形态,内圣之境并非对个体的外在强加,而是以本体为其内在根据,但本体作为根据仅仅为成圣提供了可能,这种可能的实现以后天的工夫为其条件。从如上的总体思路出发,王阳明力图在理论上达到个体性与普遍性、存在与本质、本体与工夫等统一,相对于正统理学的本质主义立场,王阳明的心学确乎展示了不同的哲学视域。然而,如心即理、致良知这些基本命题所蕴含的那样,心学的思考一开始便呈现出二重品格:心所内含的个体性规定、存在之维与理所表征的普遍规定及本质之维、先天本体(良知)与后天的工夫(致良知),等等,这些关系应当如何定位,始终是一个理论的难题。在四句教中,王阳明试图提升个体性原则并确认个体存在的多重向度,但又难以放弃普遍本质对人的预设;试图走向心无本体,工夫所至即是本体(无善无恶已多少暗示了此点),但又无法拒斥对本体先天性的承诺(利根之人的设定即表明了此倾向)。这种理论上的紧张,亦表现了心学在哲学上的转换特征,而从心学的历史演进看,以二重性为表现形式的内在紧张,又进一步引发了王门后学的分化。

第十章
心学的分化与演变

王阳明心学所蕴含的二重性及内在紧张,为王门后学的衍化提供了多重可能。以晚明社会、文化的历史变迁为背景,心学衍化的多重性可能逐渐成为王门后学演进的现实向度。黄宗羲在《明儒学案》中,曾根据王阳明弟子的不同分布,将王门后学区分为浙中王门、江右王门、南中王门、楚中王门、北方王门、粤闽王门等系统。不过,这种划分更多地着眼于王门的地域流播,而并非以思想的分野为准则。从心学发展的内在脉络看,应当注意的首先是王门后学对心与理、心体与性体、本体与工夫的不同理解和发挥,以及由此产生的分化演变。

一、心体的展开与性体的回归

王阳明以良知立说。良知既不同于普遍之理,又有别于个体之心,其内在特点表现为心与理的融合,所谓"心即理",便可以看作是这一内涵的概述。从逻辑上看,心与理的合一蕴含着二重衍化方向:其一,普遍之理还原为个体之心,或以心说理;其二,个体之心还原为普遍之理,或以理说心。前一衍化方向在泰州学派及李贽那里得到了较为具体的展现。泰州学派提出意为心之主宰,将个体之意视为第一原理,李贽则化良知为童心,童心不同于良知的主要之点,即在于它完全呈现为自我的本然之心(初心),而不再以义理"主其(童心)内",它在某种意义上可以看作是以心为理。心与理的关系逻辑地关联着心性之辩,理作为内在本体,往往取得了性体的形式。泰州学派以意主宰心,李贽以童心转换良知,同时亦意味着展开并强化心体内含的个体之维。与晚明王学的以上演进方向不同,在心与理的合一中,刘宗周更多地注重于普遍之理这一维度,其论学之旨表现为向性体的某种回归。

(一)泰州学派:意为心之主宰

泰州学派是王门后学中较有影响的一个学派,其思想趋向颇异于正统儒学,也许正是有鉴于此,黄宗羲在《明儒学案》中将泰州移出王门,另立学案。不过,尽管泰州学派已非正统儒学所能范围,但无论从师承关系看,抑或就思想的逻辑脉络而言,它无疑都应列入王门后学。泰州学派的创始人为王艮。王艮初名银,早年做过灶丁,三十八岁始从学于王阳明,并更名艮。王艮的及门弟子有其族弟王栋,其子王襞等,而罗汝芳、周汝登等则是泰州后学中较为重要的人物。

王艮为人很有个性,其入门经过,便颇具象征性:以古服古冠见王阳明,并往返辩难,虽略有矫饰之嫌,但亦表现了独立特行的行为取向。这种个性背景使王艮在入王阳明之门后,十分自然地深契于心学的个体性原则,而泰州的后学亦大致循沿了这一思路。

王阳明曾提出成己之说,对成就自我予以相当的关注。以此为前提,王艮进而提出保身论:"知保身者,则必爱身如宝。能爱身则不敢不爱人,能爱人则人必爱我,人爱我则吾身保矣。"①从宽泛的意义上看,保身表现的是对自我的认同和肯定。值得注意的是,王艮在此将自我的认同与肯定与身联系起来。按其实质,"身"与普遍的类的本质相对,而更多地表征着人的个体存在,在保身的意义上讲自我的认同,意味着对个体存在的注重。王艮从身的角度讲自我,显然不同于以普遍本质规定"我"。对个体存在的这种关注,同时又与肯定自我的作用相联系。保身在狭义上是对自我存在的维护,按王艮之见,自我的存在是否得到维护,与他人是否爱我相关,而他人之爱我与否,则取决于我是否以仁道的原则对待他人:"知保身而不知爱人,必至于适己自便,利己害人,人将报我,则吾身不能保矣。"②这样,个体存在是否得到维护,归根到底便由自我本身所决定。正是基于这一观点,王艮主张求诸己而不怨天尤人:"故君子反求诸其身,上不怨天,下不尤人。"③此处之天与人,泛指自我之外的对象,不怨天尤人而求诸己,意味着个体的命运并不是由外在的力量所主宰,而完全受制于自我本身。一般而论,自主性或自我的选择功能往往与意志的品格相联系,王艮从自我与对象(他人及广义的外部对象)的关系上肯

---

① 《明哲保身论》,《王心斋先生遗集》,卷一。
② 《明哲保身论》,《王心斋先生遗集》,卷一。
③ 《勉仁方书壁示诸生》,《王心斋先生遗集》,卷一。

定个体的作用,并赋予个体以自主功能,亦相应地突出了自我之中的意志之维。

求诸己主要指向维护个体存在,由此,王艮又将自我视为万物之本:"是故身也者,天地万物之本也,天地万物末也。"①依此,则自我不仅是自身的主宰,而且构成了天地万物所以存在的根据。我既为天下之本,则万物皆依于我:"知修身是天下国家之本,则以天地万物依于己,不以己依于天地万物。"②王阳明曾提出了"天地无人的良知,亦不可以为天地"之说,王艮的万物依于己论与之颇有类似之处。不过,王阳明主要着眼于意义世界的构成,同时,这种意义关系又展开为天人之间的一体无对,就后者而言,"我的灵明离却天地鬼神万物,亦没有我的灵明"。③ 相形之下,王艮则在肯定天地万物依于己的同时,又强调"不以己依于天地万物",从而将天人之间的无对,理解为自我对非我(天地万物)的单向决定。

从某些方面看,王艮对自我作用的如上强化,与费希特以自我为第一原理的思路似乎有相近之处。不过,在从自我出发又复归于自我的前提下,费希特又认为自我具有理论理性与实践理性二重品格,并相应地对自我与非我的关系作了双重规定:就理论活动而言,非我作用于自我,而自我则受制于非我;就实践关系而言,自我又通过行动而主动地克服非我对自我的限制。质言之,在费希特看来,在自我与非我的实践关系中,自我的意志是自由的。与费希特不同,王艮将认识关系(理论关系)与实践关系融而为一,以"天地万物依于己"为唯一的原则。在著名的淮南格物说中,王艮对此作了进一步的发挥:

---

① 《答问补遗》,《王心斋先生遗集》,卷一。
② 《语录》,《王心斋先生遗集》,卷一。
③ 《传习录下》,《王阳明全集》,第124页。

> 吾身是个矩,天下国家是个方,絜矩,则知方之不正,由矩之不正也。是以只去正矩,却不在方上求,矩正则方正矣,方正则成格矣。……修身立本也,立本安身也,安身以安家而家齐,安身以安国而国治,安身以安天下而天下平。①

吾身即自我,以吾身为矩而正天下国家,意味着将自我视为决定天下兴衰治乱的终极力量。在此,王艮实际上以实践关系中自我对非我的主宰,排斥了理论关系中非我对自我的限制,或者说,通过以实践关系消解理论关系而强化了自我的决定作用。值得注意的是,王艮在这里仍以身说自我,从而使自我不同于抽象的理性主体。作为自主的决定者,吾身在某种意义上表现为行动中的意志或意志的化身。

与提升自我的作用相应,王艮对自我与命的关系作了新的界定:"我命虽在天,造命却由我。"②命在中国哲学中是一个较为复杂的观念,如果剔除其宗教色彩,它则含有必然性的意义。不过在命的形式下,必然性带有某种神秘的意味。从狭义上看,我命在天源于孔子死生有命之说,意谓个体的生死均有定数;在广义上,命在天则意味着表现为必然性的命外在于自我而存在。与之相联系,所谓"由我",意味着必然之命虽然外在于我,但最终又为自我所主宰和支配。王艮的后学罗汝芳进而从吾身与道的关系上,对此作了发挥:"此身才立,而天下之道即现;此身才动,而天下之道即运。"③相对于命,道具有普遍规律之意:身立则道运,意味着普遍规律受制于自我。从造命由我到运道由我,自我的决定作用展开于自我与非我关系的各个方面。

---

① 《答问补遗》,《王心斋先生遗集》,卷一。
② 《再与徐子直》,《王心斋先生遗集》,卷二。
③ 罗汝芳:《罗近溪先生语要》。

如果说，王艮主要由提升个体存在出发，进而从外部必然性的关系上强调造命由我，那么，泰州学派的另一代表人物王栋则更多地从心与意的关系上，突出了个体存在的非理性之维。王栋首先赋予意以定向的功能："意有定向而中涵。"①定向表现为一种专一的趋向，这种具有定向功能的意，不同于泛然之意："且予所谓意，犹主意，非是泛然各立一意。"②与泛然相对的"主"，含有自主之意，在"意"之前冠以"主"，旨在强调意具有自主的品格。综合起来，意在王栋那里表现为专一（定向）与自主的统一，它的内涵大致与王阳明所说的"志"相当。事实上，王栋本人便已对二者作了沟通："志有定向，亦是说主宰定也。志与意岂相远哉？"③不难看出，这种与定向之志相通的意，已接近于意志的范畴。

作为专一（定向）与自主之统一的意，又称独："独即意之别名。……以其寂然不动之处，单单有个不虑而知之灵体，自作主张，自裁自化，故举而名之曰独。"④自作主张，自裁自化，亦即意的自我选择、自我决定。它可以视为意之自主品格的具体化。王栋在此将自作主张与"独"联系起来，显然颇可玩味。"独"既有空所依傍，自我决定（独立决定）之意，又有隔绝于其他意识现象之意。从逻辑上说，把意规定为独，即意味着否定意志之外的因素（如理性）对意志的制约。王栋对此并不讳言："少间，搀以见闻才识之能，情感利害之便，则是有所商量倚靠，不得谓之独矣。"⑤见闻才识泛指感性知觉与理性思维，情感利害则与价值评价相联系。从作用方式看，意志的选择与决

---

① 《王一庵先生遗集》，卷一。
② 《王一庵先生遗集》，卷一。
③ 《王一庵先生遗集》，卷一。
④ 《王一庵先生遗集》，卷一。
⑤ 《王一庵先生遗集》，卷一。

定往往并不直接表现为理性推论或功利考虑的结果,其中确实包含着某些非理性的因素,王栋认为意不倚见闻才识,无疑有见于此。不过,意志的活动非见闻才识与功利评判的直接产物,并不意味着二者毫无联系。就现实的过程而言,意志的选择与决定,总是以不同的形式关联着对必然之理(真)的认识与价值关系(善)的评价。王栋强调意志活动不能搀以任何见闻才识之知,情感利害之便,不免以意志的自主,排斥了事实认识与价值评价对意志的调节。意志一旦摆脱了理性的制约,便往往衍化为独立不倚、绝对自由的精神力量。这里已表现出某种唯意志论的倾向。

独是对意的内在规定。就意与心的关系言,王栋更为注重的是意的主宰义:

> 盖自身之主宰而言谓之心,自心之主宰而言谓之意。……大抵心之精神无时不动,故其生机不息,妙应无方,然必有所以主宰乎其中而寂然不动者,所谓意也,犹俗言主意之意。盖意字从心从立,中间象形太极圈中一点,以主宰乎其间,不著四边,不赖倚靠。人心所以能应万变而不失者,只缘立得这主宰于心上。①

这里涉及二重关系,即身与心、心与意。与身相对的心,泛指主体的意识或精神;与心相对的意,则指作为专一与自主相统一的意志。就身与心的关系言,身(body)为心(mind)所支配;就心与意的关系而言,意志主宰着主体的意识(包括理性)。王栋将意比作太极,意味着赋予意以超越的性质。在太极的形式下,主意之"主"获得了新的涵

---

① 《王一庵先生遗集》,卷一。

义：它开始由自作主张进而主宰主体精神。

从王艮的造命由我论到王栋的意为心之主宰论,泰州学派将自我视为第一原理,并以个体之意的统摄,消解了普遍的理性对意志活动的制约。这一理论展开过程以王阳明心学为出发点,同时又对其中内含的个体性原则作了单向的引申和强化,从而表现出某种唯意志论的倾向。黄宗羲曾对泰州学派有过如下评价：

> 泰州①之后,其人多能以赤手搏龙蛇,传至颜山农、何心隐一派,遂复非名教之所能羁络矣。……诸公掀翻天地,前不见有古人,后不见有来者。释氏一棒一喝,当机横行,放下拄杖,便如愚人一般。诸公赤身担当,无有放下时节,故其害如是。②

这里所说的名教,泛指普遍的理性规范,不为名教所羁络,意味着超乎理性规范的约束,从王艮的再传弟子赵贞吉的如下议论中,便不难看到此点："夫天然之则,在此物者,不能以该于彼物；当可之处,在此事者,不能以通于他事。若执一,则无异于刻舟之愚。"③天然之则亦即必然之理,当可之处则指向当然之则。所谓在此物不能在彼物,在此事不能通于他事,意在强调必然之理与当然之则均无普遍制约作用。离开对必然之理与当然之则的把握而突出个体之意的作用,往往很难避免盲目的意志冲动,所谓掀翻天地、赤身担当,确乎表现了某种非理性的意志力量。

泰州学派对个体之意的注重,在某些方面似乎近于突出自心的

---

① 王艮——引者。
② 《明儒学案》,卷三十二。
③ 《明儒学案》,卷三十三。

禅宗,二者在形式上的这种相近,使泰州学派常常受"狂禅"之讥。不过,稍作分析便不难看到,尽管二者存在某些相近之处,但其深层的理论走向却呈现不同特点。禅宗将自心与顿悟联系起来,以为一旦自悟本心,即可达到"触类是道而任心"①,它所追求的,是通过直觉而由迷到悟,以实现即世而出世,其中既表现出直觉主义的倾向,又包含着对既成秩序的变相认同。与之相异,泰州学派把意志的力量与主体对天地万物的作用联系起来,要求"合下便在裁成天地、辅相万物上用功"②。罗汝芳曾对此作了如下阐发:"惟幸天命流行之中,忽然生出汝我这个人来,却便心虑意妙,头圆足方,耳聪目明,手恭口止,生性虽亦同乎山水禽兽草木,而能铺张显设,平成乎山川,调用乎禽兽,裁制乎草木……而弘乎无为之道体。"③心虑泛指一般的意识活动,意妙则突出了意志的能动性。在泰州学派看来,主体不同于草木禽兽之处,即在于具有以意为主宰的能动意识,正是这种能动力量,决定了主体能制山川草木禽兽而用之。这种观点强调的不是"触类是道",而是"弘乎无为之道体",它在某种意义上以意志主义的形式高扬了主体的能动作用。

泰州学派由强调个体之意而将心学引向意志主义,无疑有其理论上的问题。黑格尔曾对意志的作用作过分析,他把离开理性制约的抽象意志称为否定的意志,并认为:"当它转向现实应用时,它在政治和宗教方面的形态就会变为破坏一切社会秩序的狂热……这种否定的意志只有在破坏某种东西的时候,才感觉到它自己的定在。"④在必然之理之外片面地强化个体之意的作用,确乎容易使之衍化为一

---

① 《圆觉经大疏钞》,卷三下。
② 《王一庵先生遗集》,卷一。
③ 罗汝芳:《会语》,《近溪子明道录》,卷八。
④ 黑格尔:《法哲学原理》,北京:商务印书馆,1982年,第14页。

种破坏的力量。尽管泰州学派并没有与现实的政治或宗教力量结合起来,从而亦未对社会秩序形成实际的冲击,但从逻辑上看,它强调造命由我、意为主宰进而主张"纵横任我"(罗汝芳),无疑包含着掀翻天地的破坏趋向。

不过,历史地看,泰州学派以弘乎无为之道取代禅宗的触类是道,同时又具有另一种意义。自汉以后,儒家思想逐渐成为中国文化的主流。虽然儒家并不否定主体在成己等方面的作用,但尊天命、畏天命始终是其主导的观念,后者随着儒学的衍化而渐渐取得了宿命论的形式。在正统理学中,这种宿命论倾向得到了进一步的发展。正统理学将当然之则形而上化为必然之理,以天理的宰制勾销了自我的选择和决定,使主体的行为带上了命定的性质。在这种理论背景下,泰州学派肯定主体并不是消极地顺从天命,而是具有铺张显设、弘乎道体的能力,无疑表现了对传统宿命论的某种挑战。王阳明曾提出"从心所欲不逾矩,只是志到熟处"[1],并由此肯定行为应当是循当然与求自慊的统一。对个体意愿的这种注重,已从道德实践的角度,超越了正统理学以天理为定命的视域。泰州学派在某种意义上沿着如上思路,以更极端的方式,对天命至上、天理至尊的正统观念作了进一步的冲击。从这方面看,泰州学派之"非复名教所能羁络",又自有其独特的历史意蕴。

(二) 童心说:普遍之理的消解

泰州学派对心学之个体向度的强化,在李贽那里得到了某种折射。不过,较之泰州学派由肯定个体存在(保身),进而着重转向存在的非理性之维(意),李贽的关注重心,始终不离个体存在本身。

---

[1] 《传习录上》,《王阳明全集》,第19页。

李贽(1527—1602),原姓林,名载贽,中举人后改姓李,后又因避明穆宗之讳而易名贽,号卓吾,又号宏甫、温陵居士、思斋居士等,泉州人。其祖先曾出洋经商,父为塾师。他为嘉靖三十一年(1552)举人,曾任南京国子监博士、南京刑部员外郎、云南姚安知府。五十四岁后,辞官隐居湖北麻城,专意于著述讲学。万历三十年(1602)明神宗以"敢倡乱道,惑世诬民"的罪名,下诏将其收监。在狱中,以剃刀自刎而死。

李贽曾师事王艮之子王襞,并数次问学于王艮的再传弟子罗汝芳。在师承关系上,与王阳明的心学存在难以割断的联系。李贽对泰州王学尤为推崇,曾评曰:"当时阳明先生门徒遍天下,独有心斋①为最英灵。"②与泰州学派相近,李贽着重发挥的,是心学内含的个体性原则。当然,二者的理论走向又各有特点。

王阳明以心立说,对心体的这种注重,明显地影响了李贽。在李贽的童心说中,便不难看到此点:"夫童心者,真心也。若以童心为不可,是以真心为不可也。夫童心者,绝假纯真,最初一念之本心也。"③最初一念,既有本然之意,又有先天之意。在以先天之心为体系的逻辑出发点上,李贽与王阳明无疑有相通之处。不过,如前所述,王阳明辨析心性,旨在解决内圣之境如何可能的问题,他所重建的心体,同时亦被视为成圣的内在根据。与之相联系,在王阳明那里,心体既包含个体性的规定,又以普遍之理为其内容。较之王阳明,李贽表现的是另一种思路,对李贽来说,第一等事并不是个体如何成圣,而是个体如何存在;童心首先不是成圣的根据,而是存在的根据。在李贽

---

① 王艮——引者。
② 《为黄安二上人》,《焚书》,卷二。
③ 《童心说》,《焚书》,卷三。

第十章 心学的分化与演变

对童心的进一步规定中,便不难看出这种差异:

> 童心者,心之初也。夫心之初曷可失也!然童心胡然而遽失也?盖方其始也,有闻见从耳目而入,而以为主于其内而童心失;其长也,有道理从闻见而入,而以为主于其内而童心失。……夫道理闻见,皆自多读书识义理而来也。①

与童心相对的见闻道理,主要不是认识论意义上的感性之知和理性之知,它首先以义理为本(皆自义理来)。义理作为普遍的规范,更多地表征着人的本质。以义理"主其内",强调的是普遍本质对个体的一种外在决定。在李贽看来,童心是个体本真存在的根据,童心的失落,意味着失却本真的存在:"若夫失却童心,便失却真心,失却真心,便失却真人。"②所谓初心、真心,强调的是个体的本真存在对超验本质的优先性。不难看出,在以童心拒斥义理的背后,是对个体本真存在的维护。

注重个体的本真存在,逻辑地蕴含着肯定个体存在的价值。从童心说出发,李贽提出了一人自有一人之用论:"夫天生一人,自有一人之用,不待取给于孔子而后足也。若必待取足于孔子,则千古以前无孔子,终不得为人乎?"③"用"在广义上属价值论的范畴,孔子作为理想的人格模式,可以视为普遍义理的化身。取足于孔子,意味着以普遍的道德理念来塑造自我,在此形式下,个体的价值仅仅表现为对抽象义理的认同;一人自有一人之用,则肯定了每一个体都有自身的

---

① 《童心说》,《焚书》,卷三。
② 《童心说》,《焚书》,卷三。
③ 《答耿中丞》,《焚书》,卷一。

内在价值。正是由此出发,李贽进而提出了自立自安的要求:"既无以自立,则无以自安,无以自安……吾又不知何以度日,何以面于人也。"①这里表现的,是对个体尊严的高度重视:自我若不能挺立,则无以面对个体存在于其间的世界。雅各布·布克哈特曾指出,在中世纪,"人类只是作为一个种族、民族、党派、家族或社团中的一员——只是通过某些一般的范畴,而意识到自己",而到了文艺复兴时期,"人成了精神的个体,并且也这样来认识自己"。② 李贽生活的晚明,固然还没有达到文艺复兴这样的时期,但他突出"一人",强调自立,却显然有别于通过"天理"等一般范畴来规定个体的正统观念,它由注重存在而强调个体之维,在一定意义上似乎预示了某种近代的观念。

与主张自立相联系,李贽提出了不庇于人的要求。他对当时庇于人的普遍现状深为不满:"今之人皆受庇于人者也,初不知有庇人事也。居家则求庇荫于父母,居官则求庇荫于官长,立朝则求庇荫于宰臣,为边帅则求庇荫于中官,为圣贤则求庇荫于孔孟。"③从历史的层面看,与自然经济相应的往往是人对人的依赖性,而这种依赖性又常常以宗法等级关系的形式而展开;所谓庇于人,即表现了宗法等级关系对个体的限制。就形而上的意义而言,宗法等级与自我的关系呈现为类与个体的关系,在其背后,则是类的本质与个体存在的对峙,这一意义上的庇于人,同时即意味着类的本质对个体存在的消解。在李贽看来,个体一旦沦于异己的关系而失去其独立性,则势必

---

① 《答周西岩》,《焚书》,卷一。
② 布克哈特:《意大利文艺复兴时期的文化》,北京:商务印书馆,1981年,第125页。
③ 《别刘肖川书》,《焚书》,卷二。

导致自身价值的贬落:"若徒庇于人,则终其身无有见识力量之日矣。"①从肯定个体(一人)之用,到要求不庇于人,存在的个体之维既获得了较为具体的历史内容,又进一步在形而上的层面得到定位。

稍作分析,便不难看到李贽的以上看法与王阳明的心学之间的理论联系。如前所述,王阳明的心体与良知不同于正统理学的性体与天理之处,即在于它内在地包含着个体性的规定。以此为逻辑前提,王阳明提出了成己的主张,把德性培养理解为一个自我确认、自我肯定的过程。与成己相联系的是"无所待而兴":王阳明一再将其视为豪杰之士的品格而加以推崇,并在四句教中把无善无恶规定为心之体。王阳明心学的如上向度,既在个体间关系上肯定了自我(主体)的价值,又在存在与本质的关系上注意到了个体作为可能的存在这一面。李贽强调一人自有一人之用,无疑上承了心学的以上观念。不过,与心体与良知同时包含对普遍之理的承诺相应,在王阳明那里,成己往往被引向成圣,而存在的理想之境,则常常被理解为向本质的复归。相对于此,李贽则似乎表现出不同的思路。事实上,当李贽以童心转换心体(良知)时,已潜下了他与王阳明不同的思维路向:童心不同于王阳明之心体(良知)的主要之点,便在于它已剔除了普遍之义理。由此出发,李贽对个体的存在予了更多的关注:从内在的精神本体,到外在的人己关系,存在的个体之维都被提到了至上的地位。

个体的存在并不仅仅是观念领域的事实,它总是展开于现实的人我关系中。与肯定一人之用相应,李贽主张为己自适:"士贵为己,务自适。如不自适而适人之适,虽伯夷、叔齐同为淫僻;不知为己,惟务为人,虽尧、舜同为尘垢秕糠。"②此所谓为己,主要不是道德上的自

---

① 《别刘肖川书》,《焚书》,卷二。
② 《答周二鲁》,《李温陵集》,卷四。

我实现,而是表现为处理人与人之间关系的一般原则。在贵为己、务自适的形式下,自我似乎已被提升为第一原理。对自我的这种强化,与泰州学派无疑有相通之处。不过,泰州学派主要在必然之道与个体之意的关系上突出自我之维,李贽则着重从个体之间关系上强调了自我的至上性。在历史还处于专制主义时代这一特定条件下,李贽的"为己"要求,无疑具有否定漠视个体权利的意义,不过,从个体与群体的关系来看,过分强调为己,亦包含着忽视群体之利的趋向。在李贽的如下论述中,便不难看到这一点:"我以自私自利之心,为自私自利之学,直取自己快当。"①如前所述,王阳明曾试图在万物一体的形式下打通人我,从个体走向人我之间,尽管其"无我"的立场,最终使个体难以真正获得适当的定位,但其中确乎表现出协调个体之间关系的某种自觉。相对于此,李贽将"为己""自利"视为唯一原则,则似乎从人我之间回到了个体,或者说,以个体性压倒了个体间的关联,它在理论上以另一种形式将个体原则与群体原则引向了内在的紧张。

个体的原则体现于内在的性情之域,即具体化为不矫情逆性:"不必矫情,不必逆性,不必昧心,不必抑志。"②展开来看,即自我在世,应当让情感自然流露而不虚伪地加以掩饰(不矫情),按性之所近加以发展而拒斥外在强加(不逆性),不障蔽自我之童心(不昧心),并在行为中不违逆主体的内在意愿(不抑志)。在李贽看来,如果情积于胸,则可不拘形式,随情渲露:"一旦见景生情,触目兴叹,夺他人之酒杯,浇自己之垒块,诉心中之不平,感数奇于千载。既已喷玉唾珠,

---

① 《寄答留都》,《李温陵集》,卷四。
② 《失言三首》,《焚书》,卷二。

昭回云汉,为章于天矣,遂亦自负,发狂大叫,流涕恸哭,不能自止。"① 值得注意的是,李贽在此将内在意愿与情感的表露,与"自负"联系起来,这就使不矫情逆性具有了主体的自我肯定、自我确认的意义。个体在性情之域的差异,决定了不可以划一的模式去加以裁剪:"莫不有情,莫不有性,而可以一律求之哉。"②正如为己、自利、自适主要从人我关系上凸出了个体性原则一样,性情不可以一律求通过肯定内在精神世界发展的多样性而展开了同一原则。

相对于正统理学所谓"性其情"及以醇儒之道自律的要求,李贽的以上看法无疑更多地上承了王阳明"随才成就"的主张。当然,在李贽那里,情、志等非理性的方面被提到了更高的地位,个性的自由伸张已开始取代内圣之境的单一追求。李贽对情感世界及多样人格的注重,亦以某种方式影响了晚明文学。与李贽同时代的著名戏剧家汤显祖对李贽即颇为推崇,曾说:"听以李百泉(李贽)之杰,寻其吐属,如获美剑。"③与李贽一样,汤显祖也将情感之维视为主体存在至关重要的方面:"世总为情,情生诗歌,而行于神。天下之声音笑貌,大小生死,不出乎是。"④这种观点与李贽不矫情逆性之说彼此呼应,构成了汤显祖戏剧创作的基本原则。稍晚于汤显祖的冯梦龙,同样深契于李贽的性情论,并将其运用于文学创作之中。对个体之情的这种肯定与颂扬,当然不仅仅是思辨推绎的产物,它同时折射了市民初起等晚明社会的历史变迁。如果说,"性情不可以一律求"主要从哲学的层面反映了市民阶层对个性自由的向往,那么,汤显祖、冯梦

---

① 《杂说》,《焚书》,卷三。
② 《读律肤说》,《焚书》,卷三。
③ 《答管东溟》,《汤显祖文集》,卷四十四。
④ 《耳伯麻姑游序》,《汤显祖文集》,卷三十一。

龙对它的认同,则从文学创作的角度,表达了同样的愿望。从这一意义上看,李贽将心学的个体性原则展开于性情领域,显然又以晚明社会的衍化为其背景。

总起来看,以童心说为本体论前提,李贽将心学的关注重心由成圣转向存在。通过突出心体与良知之中的个体性规定并剔除其中的普遍之理,个体的存在开始获得了对普遍本质的优先性,而在"天生一人,自有一人之用"、"贵为己,务自适"、"性情不可以一律求"等命题中,个体之维进一步展开于存在的各个向度。这种理论走向既以王阳明的心学为逻辑起点,又非心学所能完全范围,它在提升与强化个体性原则的同时,亦表现出无条件地拒斥普遍之理和普遍本质的倾向。如果说,王阳明重建心体已蕴含了对本质主义的某种偏离,那么,李贽的童心说则更直接地表现为对本质主义的反叛,后者也决定了其思想的异端性质。李贽对存在的关注与个性的呼唤无疑有其历史的合理性,但从理论上看,在如何定位存在与本质、个体性原则与普遍性原则的问题上,其思路又有自身的局限。

(三)性体的回归

泰州学派及李贽之后,对心性及与之相关的存在与本质、个体与普遍、意与知等关系作进一步考察的是刘宗周。刘宗周(1578—1645),山阴(今浙江绍兴)人,字起东,号念台,因讲学蕺山,学者称蕺山先生。万历辛丑(1601)进士,官至南京左都御史,南明覆亡后,绝食二十日而卒。

刘宗周曾师从许浮远(敬庵),许虽对泰州王学有所批评,但对王阳明的心学却甚为推重,这种师承关系,使刘宗周一开始便与心学形成了理论上的联系。当然,就思想的形成过程而言,刘宗周对心学的态度也有过几番变化。《年谱》曾对此作了如下记述:

先生于阳明之学凡三变：始疑之,中信之,终而辩难不遗余力。①

所谓辩难,即可视为对心学的引申、纠偏与重释。刘宗周一生关注的重心,大致不离心性之域。诚如全祖望所说,"蕺山之学,专言心性"②。而从心学的衍化看,其思想中值得注意之处,首先亦在心性之学。如果说,泰州学派与李贽从不同侧面对心体内含的个体之维作了引申,那么,刘宗周则更多地注目于心体的普遍性向度,并由此表现出某种回归性体的趋向。

1. 心性之辩

刘宗周对心性的考察,以心的辨析为逻辑前提。心作为一个哲学范畴,其涵义较为复杂,刘宗周对心的界说也相应地涉及多重方面。从经验的层面看,心首先与身相联系："夫心,囿于形者也。"③而囿于形也就意味着"不能不囿于气血之中"④。气血是感性存在的表征,与之关联的心,亦不离感性之域。当然,心虽囿于形与血气,但并不限于感性存在。除了不离气血之外,心还具有"觉"的品格："心也者,觉而已矣。觉故能照,照心常寂而常感,感之以可喜而喜,感之以可怒而怒,其大端也。"⑤觉亦即灵明觉知,它既是一种理性的能力,更是一种理性的活动。所谓"感",便是一种动态的活动过程。就气血言,心表现为饥欲食,寒欲衣之类的感性意念;就觉言,心则表现为灵明知觉。

---

① 《年谱下》,《刘子全书》,卷四十。
② 全祖望：《梨洲先生神道碑文》,《鲒埼亭集》,卷十一。
③ 《原旨·原性》,《刘子全书》,卷七。
④ 《原旨·原学》,《刘子全书》,卷七。
⑤ 《易衍》,《刘子全书》,卷二。

心作为气血与灵明觉知的统一,具有本然的性质,这种本然形态的心并不具有本体的意义。相反,若停留于气血之心,则"其为几希之著察,有时而薄蚀焉"①。除了本然形态之外,心还具有当然义,而当然意义上的心则离不开性。刘宗周反复强调,性为心之所以然者:

> 盈天地间皆道也,而统之者不外乎人心。人之所以为心者,性而已矣。以其出于固有而无假于外铄也,故表之为天命。②

此所谓心,是就当然而言(作为本然的气血之心不能统道),而心之当然形态,则以性为其根据。性何以成为心的决定者?刘宗周从气与理的关系作了论证:"性者心之理也。心以气言,而性其条理也。"③理气关系本属于本体论及宇宙论的问题,刘宗周在此将其与心性之辩加以沟通,旨在为性体的内容作一本体论的规定。心就其本然形态言,与气处于同一序列,性则与理为一。作为性的内容,理具有普遍而超时空的品格:

> 一元生生之理,亘万古常存,先天地而无始,后天地而无终。浑沌者,元之复;开辟者,元之通。推之至于一荣一瘁、一往一来、一昼一夜、一呼一吸,莫非此理。天得之以为命,人得之以为性。④

理超然于万物之上,既构成了外在的必然之势(天得之以为命),又构

---

① 《原旨·原学》,《刘子全书》,卷七。
② 《中庸首章说》,《刘子全书》,卷八。
③ 《复沈石臣进士》,《刘子全书》,卷十九。
④ 《学言上》,《刘子全书》,卷十。

成了内在之性;理的超验性,决定了性体的形而上性质。正是在此意义上,刘宗周又以形而上下言心性:"形而上者谓之性,形而下者谓之心。"①刘宗周对心性的这种辨析,与王阳明的心学显然有着理论上的联系。在王阳明的心学系统中,心体既有知觉、情意等义,又以理为内容而具有先天性及普遍必然性,刘宗周对心体内涵的理解,与之大致相近。不过,二者又有不同侧重:王阳明强调心与理、先天的未发与后天的已发、理性与非理性的合一,刘宗周则更突出理及其内化形式(性)对心的主宰(理入主于心),这里已蕴含了心性之辩上相异的理路。如后文所论,这种差异随着刘宗周心性之学的展开而逐渐趋于明朗。

作为心之为心者,性又可说无性:"夫性,无性也,况可以善恶言?"②初看,此语似乎颇为费解,但略作分析便不难把握其中意蕴。在"性无性"一句中,前一"性"与后一"性"所指并不相同:前者与理为一,是作为心之本体的性,后者则是个体之性或作为特殊规定的性;所谓性无性,乃是强调作为心之本体的性体,不同于个体的特殊规定。从紧接上文的另一段话中,便不难看到这一点:"心之所同然者,理也。生而有此理之谓性,非性为心之理也。"③所同然者,言其普遍性与超越性,与之相对的心,则就个体言,性是作为心之所同然的性,而非某一特定个体的规定。这种辨析,进一步凸出了性体的形而上品格。

心与性之辩以形而上与形而下区分了心体(本然形态之心)与性体。在形与气血之域,心处于感性的层面;作为灵明觉知,心虽不同

---

① 《学言上》,《刘子全书》,卷十。
② 《原旨·原性》,《刘子全书》,卷七。
③ 《原旨·原性》,《刘子全书》,卷七。

于感性经验,但却空灵而缺乏具体的理性内容。欲超越心的本然形态,便必须化心为性:

> 向之妄意以为性者,孰知即此心是,而其共指以为心者,非心也,气血之属也。向也以气血为心,几至仇视其心而不可迩;今也以性为心,又以非心者分之为血气之属,而心之体乃见其至尊而无以尚,且如是其洁净精微,纯粹至善,而一物莫之或撄也。①

王弼曾有性其情之说②,程颐对此作了发挥③,朱熹则进而提出化人心为道心:"以道心为主,则人心亦化而为道心矣。"④刘宗周的以上思路,似近于王弼与程朱。程朱主张性其情及化人心为道心,旨在确立性体(理性本体)的主导地位,刘宗周反对以气血为心,要求以性为心,同样意味着超越本然的感性之域,提升普遍的理性本体。在此,刘宗周虽然未拒斥心体,但却对其内容作了重要的转换:它已不再是经验层面的气血之心,而是"洁净精微"、"纯粹至善"的超然之体。经此转换,心与性似乎已重合为一,从而刘宗周既可以说"盈天地间一性也"⑤,亦可说"盈天地间皆心也"⑥。

与性为一之心,不仅超越了感性的气血,而且亦不同于单纯的灵明知觉。刘宗周对此作了言简意赅的阐释:

---

① 《原旨·原学》,《刘子全书》,卷七。
② 参见王弼:《周易·乾卦》注。
③ 参见程颐:《颜子所好何学论》。
④ 《答黄子耕》,《朱文公文集》,卷五十一。
⑤ 《原旨·原学》,《刘子全书》,卷七。
⑥ 《读易图说》,《刘子全书》,卷二。

> 心一也，合性而言，则曰仁；离性而言，则曰觉。①

如前所述，觉是一种理性的能力与活动，它并不涉及具体的内容；仁则泛指一般的伦理意识，亦即普遍道德规范的内化。性作为理性本体，并不是无内容的空灵之物，它既有其形式义，又有其实质义。实质地说，性总是折射着一定的道德关系，并具体表现为当然之则的内在化。按刘宗周之见，心若抽去性的规定，便只是空灵的能觉，唯有与性合一，心才能获得具体的道德内容，并进而被提升为实质的伦理本体。可以看到，合性而言之心，已超越本然而成为当然的具体形态，这一意义上的心体，实际上无非是性体的另一种表述，而以性说心，则意味着进一步挺立理性本体。

心包含情感，心性之辩亦相应地涉及情感的定位。刘宗周对情作了区分：

> 《中庸》言喜、怒、哀、乐，专指四德言，非以七情言也。喜，仁之德也；怒，义之德也；乐，礼之德也；哀，智之德也。……一心耳，而气机流行之际，自其盎然而起也，谓之喜，于所性为仁，于心为恻隐之心，于天道则元者善之长也，而于时为春。自其油然而畅也，谓之乐，于所性为礼，于心为辞让之心，于天道则为亨者嘉之会也，而于时为夏。自其肃然而敛也，谓之怒，于所性为义，于心为羞恶之心，于天道则利者义之和也，而于时为秋。自其寂然而止也，谓之哀，于所性为智，于心为是非之心，于天道则贞者事之干，而于时为冬。②

---

① 《学言上》，《刘子全书》，卷十。
② 《学言中》，《刘子全书》，卷十一。

此处以情配四时之类的比附,可撇开不议,值得注意的是对情的定性。喜怒哀乐本属广义的心,但刘宗周却将其归之于性,并由此将四情提升为四德。这里所体现的,是一种情的理性化趋向:本然意义上的喜怒哀乐,已被规定为基于仁义礼智的伦理情感。

刘宗周的以上思路可以看作是化心为性的进一步展开:从以性说心到以性说情,有其内在逻辑关联。在刘宗周对四德的具体阐释中,我们不难看到这一点:"恻隐,心动貌,即性之生机,故属喜,非哀伤也。辞让,心秩貌,即性之长机,故属乐,非严肃也。羞恶,心克貌,即性之收机,故属怒,非奋发也。是非,心湛貌,即性之藏机,故属哀,非分辨也。又四德相为表里,生中有克,克中有生;发中有藏,藏中有发。"①这里涉及性、心、情(喜怒哀乐),心与情皆处于现象的层面("貌"即外在显现),性则是决定心、情显现的内在根据。情作为心的具体形式,完全以性为体。

四德是与性为一的情,与之相对的是七情。前面所引之文已提到四德与七情之分,在另一处,刘宗周对二者的区别作了更具体的说明:

> 喜、怒、哀、乐,虽错综其文,实以气序而言。至赜为七情,曰喜、怒、哀、惧、爱、恶、欲,是性情之变,离乎天而出乎人者,故纷然错出而不齐,所谓感于物而动,性之欲也。七者合而言之,皆欲也。君子存理遏欲之功,正用之于此。若喜、怒、哀、乐四者,其发与未发,更无人力可施也。②

此所谓七情,是尚未理性化的本然之情,其特点在于出乎欲。喜怒等

---

① 《学言中》,《刘子全书》,卷十一。
② 《学言上》,《刘子全书》,卷十。

情出乎性,则为四德,出乎欲,则为七情。欲与自觉的理性规范相对,属于自发的心理倾向;性则以理为内容,具有自觉的品格。在这里,四德与七情之分,与理欲之辩具有了某种对应关系,而从七情到四德,则意味着由欲趋理。作为欲的七情,构成了功夫作用的对象(君子存理遏欲之功,正用于此),以理为内容的四德,则是功夫所要达到的理想目标。与化气血之心为合性之心相应,化七情为四德所追求的是以理性净化情感之域。

刘宗周对心性的以上种种辨析,所重均为性。而就性本身言,则又有气质之性与义理之性的区分。刘宗周关于气质之性与义理之性的说法,前期与后期似有所不同。前期刘宗周较重气质与义理之分,并主张变化气质。在作于万历四十五年(刘宗周时年三十九)的《论语学案》中,刘宗周便反复指出:"学莫先于变化气质。气质甚害事,才气拘便物蔽。学者须先从躯壳上极力消融,至于渣滓浑化,天理周流,便是究竟工夫。"[1]气质之性与义理之性(天地之性)的分别,是宋明理学的重要论题,从张载到程朱,都对此作了种种的解说。气质之性常被视为气禀的产物,从属于人的感性存在。张载曾对气质之性作了界定:"形而后有气质之性,善反之则天地之性存焉。故气质之性,君子有弗性者焉。"[2]形即身,是人的感性存在,气质之性因形而生,非人之为人的本质规定,在此意义上,亦可说它不属性(君子有弗性焉)。刘宗周早期对气质之性的看法颇近于张载。在他看来,气质之所以须变化,是因为它非本来意义上的性:"愚谓气质还他是气质,如何扯着性?性是就气质中指点义理者,非气质即为性也。"[3]这种看

---

[1] 《论语学案三》,《刘子全书》,卷三十。
[2] 《正蒙·诚明》,《张载集》,北京:中华书局,1978年,第23页。
[3] 《论语学案四》,《刘子全书》,卷三十一。

法显然上承了张载"君子有弗性焉"之说。

至晚年,刘宗周的观点似乎有了一些变化。与前期严于气质和义理之分不同,刘宗周在晚年更倾向于合义理与气质而言。在崇祯十年(刘宗周时年五十九)致王右仲的信中,刘宗周写道:"要而论之,气质之性即义理之性,义理之性即天命之性,善则俱善。"①外在地看,"非气质即为性"与"气质之性即义理之性"无疑是两个颇难并立的命题,但内在地看,则二者又有其一以贯之的致思倾向。气质非性,侧重于剔除感性气质以挺立理性本体(义理之性);气质即义理,则要求于气质之中实现义理的主导性。前者追求的是纯而又纯的理性本体,具有更多的理想化色彩,后者则试图在现实的生命存在中确立理性的本体,尽管言说的方式不同,但在注重理性本体这一点上,二者却前后一致。为了更具体地了解此内在向度,我们不妨看一下刘宗周的解释:

性只有气质之性,而义理之性者,气质之所以为性也。②

气质之为性,决定于义理,义理之性构成了气质所以为性的根据。这种由义理决定的气质之性,与义理之性确实已无不同。当刘宗周说气质之性即义理之性或性只是气质之性时,此气质并不是本然的感性趋向,而是以义理为本体的理性化之性,它之异于本然之气质,犹四德之异于七情,气血之心之异于合性之心。当然,既言气质,则此种性又有体现于人的生命存在这一面。

气质是性之本然,义理不能在气质之外另成一性。然而,本然的

---

① 《答王右仲州刺》,《刘子全书》,卷十九。
② 《会录》,《刘子全书》,卷十三。

气质诚然为成就当然之性提供了可能,但又不同于性的现实形态,从可能到现实的转换,离不开为学过程:

> 人生而有气质之性,故理义载焉,此心之所为同然者也。然必学焉而后有以验其实。学者,理义之矩也。①

理义以气质为质料,其作用不能撇开生命存在,由此亦可说理义载于气质,但唯有通过为学过程,气质所蕴含的潜能才能展开与实现。"必学焉",即强调了为学是成性之不可或缺的条件。基于如上观点,刘宗周晚年对变化气质之说略有微词:"学者开口说变化气质,却从何处讨主脑来?"②从理论上看,变化气质与荀子所说的化性起伪颇有相近之处,其侧重之点在于超越、否定已有的本然之性,而上文所说为学过程则更多地关注已有潜能的展开和实现,其思维趋向近于孟子由四端展开为四德。当然,尽管致思侧重有所不同,但在肯定和提升理性本体这一点上,并无二致:对刘宗周来说,为学本质上是一个以理义为矩的理性化的过程,而这种理性化的过程转过来又进一步赋予人性以普遍的理性特征。

可以看到,刘宗周前后虽有离气质而言性与即气质而言性之别,但作为当然的性体,始终以理性本体为其内涵。与治气血之心、化七情为四德等相应,合气质与义理的内在意蕴,是融气质于义理。事实上,刘宗周亦一再强调:"性以理言。"③"义理之性即气质之本性。"④

---

① 《证学杂解》,《刘子全书》,卷六。
② 《气质说》,《刘子全书》,卷八。
③ 《论语学案四》,《刘子全书》,卷三十一。
④ 《学言上》,《刘子全书》,卷十。

"义理者,气质之本然,乃所以为性也。"①如此等等,气质之后总是蕴含着更为根本的义理。

对应于即气质言性与融气质于性,刘宗周对性情与心的关系亦作了二重规定:

> 性情之德,有即心而见者,有离心而见者。即心而见,则寂然不动,感而遂通,当喜而喜,当怒而怒,当哀而哀,当乐而乐。由中导和,有前后际,而实非判然分为二时。离心而言,则维天于穆,一气流行,自喜而乐,自乐而怒,自怒而哀,自哀而复喜,由中导和,有显微际,而亦非截然分为二在。然即心离心,总见此心之妙,而心之与性,不可以分合言也。②

所谓即心而言,主要是经验地说。从现实的形态看,性体总是在心的喜怒哀乐等经验活动中体现出来,刘宗周曾更明确地概述了此意:"夫性,本天者也。……天非人不尽,性非心不体也。"③离心而言,则可看作是逻辑地说,亦即撇开具体的经验活动,把握其维天于穆的普遍本质。但不管是经验地说抑或逻辑地说,立论的基点始终是维护与挺立理性本体。即心而言虽是经验地说,但心的经验活动又同时受到性体的制约,所谓"当喜则喜,当怒则怒"之"当",即意味着合乎理性的规范(当然之则);离心而言则更以逻辑地说的方式,突出了性体之尊。

从化气血之心为合性之心,到即心言性与离心言性,刘宗周以心

---

① 《中庸首章说》,《刘子全书》,卷八。
② 《学言中》,《刘子全书》,卷十一。
③ 《易衍》,《刘子全书》,卷二。

性之辩为逻辑起点而最后又终结于心性之辩,其整个思维行程表现为性体的层层提升:化本然之气血为当然之心,无非是化心为性;由七情到四德,意味着性其情;合气质与义理,内在地指向融气质于义理;最后,"即心而言"通过强调性体向经验活动的渗入而表现了性体的普遍制约,"离心而言"则通过逻辑地说而强化了性体的超验品格。性体所体现的,主要是人的理性本质,而以性说心或以心著性则相应地意味着彰显人的理性本体。

刘宗周的哲学建构以王学为逻辑起点。如前所述,王阳明以良知立说,又以心即理规定良知。心即理内在地蕴含着不同的解释向度,后者具体地体现于晚明王学的衍化过程之中。泰州学派较多地从个体意志的角度展开了"心即理"中个体之心这一维度,李贽的童心说以拒斥义理的方式表现了相近的趋向。理性的过度强化,往往容易导向理性专制主义及本质主义,程朱一系的正统理学在突出超验之理的同时,便不免表现出如上倾向。在天理人欲、人心道心之类的论辩中,即不难看到此点。就此前提言,个体之心这一维度的展开,无疑具有限制理性专制及本质主义的意义,而从理论上看,它亦有助于引导人们注意主体意识的多样性及个体存在的价值。然而,王门的一些后学在反叛理性专制主义与本质主义的同时,往往对普遍之理与一般的理性规范未能作出适当的定位。王阳明的及门弟子王畿曾提出现成良知说,现成良知以四无说(即心、意、知、物皆无善无恶)为其理论基石。善在理学中有实践理性之意,无善即意味着抽去理性的内容,由此即易导向以本然之情、意为良知。在泰州学派那里,以本然之知为现成之知与注重情、意相融合,逐渐导致了理性规范的架空。李贽更以本然之童心排拒理义,并由此引出了是非无定质,"此是彼非而不相害"的相对主义结论,从而进一步消解了理性本体。前文已提及,黄宗羲曾对此有过如下评论:"泰州之后,其人多能以赤手搏龙蛇,传至颜山农、何心隐一派,遂复非名教所能羁络矣。"①这里的名教,便包括广义的理性规范,在非名教所能羁络的背后,是个体的情意对理性本体的蔑视。这种趋向从理论上看,似乎走向了与理性专制主义相对的另一极端,刘宗周无疑注意到了晚明王学的这种流变,他曾提出了批评:

> 今天下争言良知矣,及其弊也,猖狂者参之以情识,而一是皆良;超洁者荡之以玄虚,而夷良于贼。②

情识泛指个体之情及意念,它更多地关联着个体意识中非理性的方面,以情识为良知,是四无说及现成良知说的逻辑引申,与之伴随的是理性本体的失落与非理性的膨胀。刘宗周以性说心,挺立性体,可以看作是对晚明学界如上状况的某种理论回应,其内在的意向则是重建理性本体,恢复理性的尊严。在个体情识压倒理性良知的背景下,刘宗周的这种努力显然具有纠偏的意义:他以相当的历史自觉,将时代的理论注意重心引向了人之为人的普遍本质,表现了对理性与人道的庄严维护。刘宗周曾作《人谱》立人极,其主题同样指向理性本体及工夫的提升。作为晚明最后一个理学家,刘宗周首先正是以回归理性的呼唤奠立了其历史地位。

然而,刘宗周的以上思路在理论上亦有自身问题。与泰州王学及李贽不同,以性为心着重展开的是"心即理"中普遍之理这一维度。通过挺立性体,刘宗周固然抑制了非理性的僭越,但化心为性的要求,亦表现出将心还原为理的趋向。在以性为心与化心为性的形式

---

① 《泰州学案一》,《明儒学案》,卷三十二。
② 《证学杂解》,《刘子全书》,卷六。

下,主体意识中的非理性的方面,似乎将消融于理性之中,而理性的主导,则将流于理性的独断。理性表征着人的普遍本质,情、意、欲等非理性的方面则更多地关联着个体存在,当人成为理性的抽象化身时,人的存在便难以获得合理的定位。刘宗周的这一思维走向,在某种意义上似乎由王学向程朱回归,事实上,在心性之辩上,刘宗周晚年对王阳明确有所批评,以为阳明"于性犹未辨也"①,联系前文所论便不难看到,这种批评在相当程度上乃是站在程朱立场上所发。如果说,泰州王门通过标立情、意等而冷落了性体,那么,刘宗周以性为心、化心为性则在彰明性体的同时,又多少置心体于虚位。如何圆融地定位理性与非理性、存在与本质的关系,对刘宗周而言依然是一个理论难上的困惑问题。在意知之辩中,刘宗周对此作了更具体的思考。

2. 意知之辩

心性之辩的进一步展开,便涉及意。朱熹在《大学章句》中曾对意作了如下界定:"意者,心之所发也。"朱熹以后的理学家往往沿袭了这一界说。与朱熹不同,刘宗周认为:"意者,心之所存,非所发也,朱子以所发训意,非是。"②发与存虽一字之差,但涵义却颇不同。意若为心之所发,则它乃是心的外在表现;意若为心之所存,则它便内在于心,而非存在于外。作为心之所存,意同时获得了本体之义:"心之本在意。"③通过以心之所存规定意,刘宗周无疑提升了意之地位。

发与存是就关系上说,从内涵上看,意究竟指什么?刘宗周首先从意的功能上对此作了解说:

---

① 《原旨·原学》,《刘子全书》,卷七。
② 《学言上》,《刘子全书》,卷十。
③ 《学言上》,《刘子全书》,卷十。

> 心所向曰意,正如盘针之必向南也。……凡言向者,皆指定向而言,离定字,便无向字可下。①

意作为心之本,规定着心的活动方向,这种具有定向功能的意,大体相当于意向。在此意义上,刘宗周将意与心的关系比作舟与舵:"心如舟,意如舵。"②意的另一重涵义与好恶相联系:"好善恶恶者意之动。"③所谓好善恶恶,亦即趋善而弃恶,它在本质上表现为主体的自主选择:在好(喜好)恶(憎恨)的形式下,对善的肯定与追求和对恶的否定与拒斥,已不是外在强制的结果,而完全是出于主体的内在意愿。把以上两个方面综合起来,则"意"即获得了定向与选择双重涵义,这二者大致与志相通。事实上,刘宗周亦常以"志"训"意":"意,志也。心所之曰志。"④具有定向与选择双重品格而又与志相通的这种意,显然接近于意志的范畴。

与意相较,心的涵义更为宽泛。前文曾提到,刘宗周所说心包括感性层面的气血与理性层面的灵明觉知。就心与意的关系而言,心还有另一重涵义,从刘宗周的如下论述中,我们可略见其大概:"夫求心之过,未有不流为猖狂而贼道也。"⑤"任心之学,则小人而无忌惮矣。"⑥这种过度追求则将导致猖狂而无忌惮的"心",大体指自发的个体意用欲。欲诚然是个体之自然,但这种自发的意欲若不加约束,往往将导致过与恶:"生机之自然而不容已者,欲也;欲而纵,过也;甚

---

① 《商疑十则·答史子复即翻董生前案》,《刘子全书》,卷九。
② 《会录》,《刘子全书》,卷十三。
③ 《商疑十则·答史子复即翻董生前案》,《刘子全书》,卷九。
④ 《商疑十则·答史子复即翻董生前案》,《刘子全书》,卷九。
⑤ 《张慎甫四书解序》,《刘子全书遗编》,卷六。
⑥ 《学言中》,《刘子全书》,卷十一。

焉,恶也。"①所谓猖狂、无忌惮,正是非理性之欲的过度膨胀。

与心的多重涵义相应,意对心的制约也展开于不同方面。它首先表现为意对欲的规范。就广义而言,欲也可以看作是一种意向活动(意欲),正因如此,故若一味任欲,则容易导向意志主义。诚如黑格尔所说:"欲望是任性或形式的自由,以冲动为内容。"②这种冲动,乃是意欲的盲目冲动。刘宗周认为任心(任欲)的结果必然引向猖狂而无忌惮,无疑亦注意到了这一点。前文曾引刘宗周"今天下争言良知矣,及其蔽也,猖狂者参之以情识",此所谓情识,便包括个体之意欲。紧接上文,刘宗周即写道:"司世教者又起而言诚意之学。"③诚意即端正自我之意,以诚意救猖狂者之任欲,也就是以合理的意向遏制与规范盲目的意欲冲动。

心对意的另一重制约,具体表现在意与觉的关系上。刘宗周曾对意与觉的关系作了如下考察:

> 人心径寸耳,而空中四达,有太虚之象。虚故生灵,灵生觉,觉有主,是曰意。④

如前所述,觉即理性的灵明知觉,意则指意向,所谓意为觉之主,首先是就意对理性活动(灵明知觉)的定向而言。心的觉以理解为内容,理解若无对象,便不免流于空洞,而心与对象的联系,即是通过意的定向而实现的:"止言心,则心只是径寸虚体耳,著个意字,方见下了

---

① 《原心》,《刘子全书》,卷七。
② 黑格尔:《哲学史讲演录》第一卷,北京:商务印书馆,1981年,第99页。
③ 《证学杂解》,《刘子全书》,卷六。
④ 《学言中》,《刘子全书》,卷十一。

定盘针,有子午可指。"①就其现实的形态而言,理性思维并不是一种孤立的现象,它总是受到理性之外的因素,包括意志的影响。从对象的选择,思路的确定,到思维的专注一致,意志的作用都渗入其间。刘宗周从意对心的定向谈意为觉之主,显然已有见于此。

相对于心性关系上之着力提升性体,刘宗周对意的如上考察,所重似乎有所不同。作为自我选择与定向的统一,意无疑有其不同于一般性体的个体品格。就此言,刘宗周肯定意为心之所存,意为觉之主,对过分强调化心为性所表现出来的理性主义及本质主义倾向,亦可说有所限制。从某些方面看,刘宗周对意的如上注重,很自然地使人联想到泰州学派。如前所述,泰州学派的奠基者王艮着重发挥了王阳明良知说中个体性规定这一面,以自我为第一原理。在著名的淮南格物说中,王艮即以身为矩,以天下国家为方,认为矩(身)正则方(天下国家)正,并由此进而提出宇宙在我、造命由我之说。② 泰州学派的另一重要人物王栋(一庵)进一步对自我之意作了考察。王栋首先赋予意以定向的功能,并将这种意理解为主意:"且吾所谓意,犹主意,非是泛然各立一意。"③与泛然相对的"主",含有自主之义,在意之前冠以"主",旨在点出意具有自主的品格。这样,在王栋那里,意便表现为专一(定向)与自主的统一,而这种意对心又具有主宰作用:"自心之主宰而言谓之意。"④王栋对意的理解,与刘宗周确乎有其相近之处。⑤

---

① 《答董生心意十问》,《刘子全书》,卷九。
② 参见本节有关泰州学派的论述。
③ 《王一庵先生遗集》,卷一。
④ 《王一庵先生遗集》,卷一。
⑤ 事实上,刘宗周亦曾说:"意为心之主宰。"(《答董生心意十问》,《刘子全书》,卷九)

然而,在相近的形式之后又蕴含着深刻的差异。前文已论及,对王栋来说,作为主宰的意同时具有"独"的品格,它"自作主张,自裁自化"而无所制约。正是由此出发,王栋认为"意"的活动不能搀以见闻才识、情感利害,亦即以意志的自主(自裁)排斥了事实认知与价值评价对意志的调节;而意志一旦摆脱了后者的制约,即表现为一种独立不倚、绝对自由的精神力量。这种看法带有明显的唯意志论倾向。

与王栋不同,刘宗周认为,意对心固然有定向等作用,但它本身又以知为其内在精神:"意之精神曰知。"①知泛指理智(理性思维),精神在此则含有主导之意,以知为意之精神,所肯定的乃是理智对意向活动的范导。在诚意说中,刘宗周对此作了阐释。前文已提及,刘宗周试图以诚意救猖狂任欲之蔽,而诚意则离不开知:"诚意之好恶,又却从格物致知来。"②质言之,要使好恶等意向活动归于端正,首先必须对善恶获得理性的认识:无知善知恶之知,则无好善恶恶的合理意向。在此意义上,刘宗周认为,意与知乃是一不可分的合相:

> 好即是知好,恶即是知恶,非谓既知了善,方去好善,既知了恶,方去恶恶。审如此,亦安见其所谓良者?乃知知之与意,只是一合相,分不得精粗动静。③

好善之中,已渗入知善;恶恶之中,已渗入知恶。作为诚意之具体形式的好恶,与理性之知完全融为一体。

刘宗周对意的如上规定,与王栋(泰州学派)显然存在原则的分

---

① 《会录》,《刘子全书》,卷十三。
② 《曾子章句》,《刘子全书》,卷三十五。
③ 《学言下》,《刘子全书》,卷十二。

歧,这种分歧首先表现在对意与知关系的不同理解。依王栋,意与理性(才识)相对而自作主张,自裁自化;意之于心,犹太极之于万物,换言之,意隔绝于理性而又主宰着主体意识(包括理性);依刘宗周,理性之知乃是意所固有,正是内在的理性之知,赋予意以好善恶恶的趋向。王栋着力于意与理性的划界,并由此表现出非理性主义的倾向,刘宗周则对意作了理性主义的规定,并力图打通和融合理性之知与非理性之意,所谓"知蕴于意"①、"心中有意,意中有知"②等,都表现了这一倾向。

在援知入意之后,意的内涵亦相应地发生了重要变化。如前所述,把意界定为定向与自主选择的统一,是刘宗周与王栋的共同点,但在王栋那里,意始终作为非理性之维而与理性对峙,刘宗周则对以上关系作了引人瞩目的转换,并由此将非理性之意提升到理性之域:以知为内在精神的意,在相当程度上已是一种理性化之意。刘宗周对意的如上解说,使人很自然地联想到康德。康德的第二批判以实践理性为主题,而这一领域中的实践理性,则更多地关联着指向道德行为的意志;事实上,康德正是在实践理性这一总范畴下讨论善良意志,而二者在内涵上亦往往相通。刘宗周所注重的诚意之意,似乎颇近于康德的善良意志。与康德将善良意志理性化一样,刘宗周也把意纳入了理性(知)之域,从而多少使意取得了实践理性的形式。

与理性化的意相对的是念。刘宗周对意与念作了严格的辨析。关于念,刘宗周有如下解说:

> 人生而静,天之性也。感于物而动,性之欲也。欲动情炽而

---

① 《学言上》,《刘子全书》,卷十。
② 《学言中》,《刘子全书》,卷十一。

念结焉。感有去来,念有起灭,起灭相寻复自起灭。人心出入存亡之机,实系于此。甚矣!念之为心崇也,如苗有莠。①

此所谓念,是一种自发的意念,它因欲与情而生,有起有灭而缺乏恒定性。与意出于知不同,念所依据的情,往往是一种昧于理的盲动:"情动而流或罔于理也。"②源于此类情的念,亦不免表现为非理性的意欲。如果说,意是在理性之知规范下的自觉意向,那么念则游离于理智而表现为感物而动的偶然意欲。从刘宗周的进一步解释中,我们不难看到此点:"意之好恶,与起念之好恶不同。意之好恶,一机而互见;起念之好恶,两在而异情。以念为意,何啻千里?"③意欲与意向在形式上都可以表现为好恶,但好恶的具体内容却往往各不相同。一机互见是在理性之知制约下的稳定意向,两在异情,则是随物而迁的偶发意欲。二者固然都有好恶的形式,但前者所好是善,所恶为恶,其好恶出于理性的思考;后者所好所恶则基于个体的情与欲,其好恶不免纠缠非理性的情炽。

意念的如上区分,决定了不可以念为意。以意念之分为前提,刘宗周主张限制念以端正意:"一念不起时,意恰在正当处也。念有起灭,意无起灭也。今人鲜不以念为意者,呜呼!道之所以常不明也。"④意在正当处,即意之好恶皆合乎理性的规范,而要达到此境界,则须避免念的渗入,一旦混同意念,则将偏离正道。当然,限制念并不是绝对泯灭念。在刘宗周看来,更为合理的思路是治念,他在晚年特作《治念说》,对此加以阐发:

---

① 《学言中》,《刘子全书》,卷十一。
② 《曾子章句》,《刘子全书》,卷三十五。
③ 《学言中》,《刘子全书》,卷十一。
④ 《答董生心意十问》,《刘子全书》,卷九。

夫学所以治念也,与思以权,而不干之以浮气,则化念归思矣。①

就其本然形态言,念更多地关涉情识,并以非理性的意欲等为形式,与之相联系,治念的基本之点,即在于理性对情识之域的渗入及净化,所谓不干之以浮气,便旨在剔除感物而动的偶发意欲,而化念为思则意味着将非理性的念转换为理性的意识。经过如上转换,念开始靠向了实践理性之境。

从意的理性化到念的理性化,刘宗周一步一步摄意念入理,将理性之域扩展到了非理性之域。这一思路可以看作是化心为性的逻辑引申。如前所述,心性之辩上的挺立性体,主要指向理性本体的重建;意中有知与化念为思,则是进而在意念之域确立理性的主导地位。逻辑地看,通过意念的理性化,刘宗周对泰州学派的唯意志论倾向作了理论上的回应,而以理性本体规定意念,也确实具有抑制意志主义的意义。在"任情纵欲"(史玉池语)之说浸浸然渐盛的晚明,化念为思的理性主义要求也确实展示了一种较为清醒的理论视野。

然而,刘宗周将意念完全收摄于理性,亦表现出某种泛理性化的倾向。当意与知被视为一合相,而念又为思所净化时,理性本体的重建便导向了理性本体的普遍辐射,而主体则似乎成为单一的理性化身。从理论的内在逻辑系统看,对意的注重本应化解过强的理性主义思维定势,但以知说意、化念为思的理论运演路向,却以理性之知(思)消融了非理性的意念,从而在更深的层面上强化了理性主义立场。

---

① 《治念说》,《刘子全书》,卷八。

理性原则被一再泛化与强化后,性体的主导便容易引向理性的专制,对类的本质的注重亦易导致本质压倒存在。从刘宗周对德性与德行的规定中,我们已多少可以看到这一点。刘宗周标立诚意之说,诚意与化心为性结合,首先指向德性的完善;同时,所诚之意作为实践理性,又具有实践的品格:它最终将落实于德行。这里无疑体现了本体与工夫相统一的思想,然而,与理性之知对意念的净化相应,刘宗周所理解的德性与德行亦常偏于一面。他曾作《人谱》,对人的品格与行为作了近乎苛细的规定。就人格言,刘宗周主张由妄返真,这本不失为一合理的要求,但这种真或诚往往又被解释为"从无过中看出过来"①、"惩忿窒欲"②等等。就德行言,则以自讼、自责、自惩等为重要内容,《人谱》之中,即有《纪过格》、《讼过法》、《改过说》等篇,对这一类道德实践规定了繁密的细则;从事亲事兄等社会人伦,到饮食起居等日用常行,一无例外都被纳入了苛严的理性规范。在这种道德王国中,理想的人格已化为纯乎天理的醇儒,而德行则似乎近于苦行。当德性的丰富的内涵为这种干枯的律令和教条所取代时,道德也就开始失去内在的生命力。而与之相应的,则是理性的当然之则成为外在的强制,类的本质压倒了个体存在。

　　心学演变至晚明,心即理往往流而为以心说性,个体的情意以不同的方式冲击着普遍的理性原则。刘宗周以化心为性而挺立性体,表现了重建理性原则的历史意向。这种理论努力对恢复理性的尊严、抑制情意的僭越、抗衡意志主义等无疑具有不可忽视的意义,但它同时亦潜含着过强的理性主义及本质主义倾向,后者在某种意义上可以视为心学向程朱的回归。刘宗周在心性之辩上

---

① 《人谱·纪过格》,《刘子全书》,卷一。
② 《人谱·证人要旨》,《刘子全书》,卷一。

以历史地回归为进路而未能开出新的思维方向,这一现象表明,在心学的论域之中,已很难超越心体与性体、理性与非理性、存在与本质等紧张与对峙。思想发展的内在逻辑,已蕴含了走出心学的历史要求。

二、致良知说的衍化

在王阳明的心学中,与心体的二重内涵相应的,是先天良知(本体)与致知过程(工夫)之辩,后者蕴含了致良知说衍化的不同向度。王门后学中,王畿、泰州学派对先天本体作了多方面的分疏,但由此又将本体等同于现成之知,聂豹、罗洪先等反对以本体为见在,但同时却试图返归寂然未发之体。二者从不同方面展开了良知的先天性之维。与之相异,钱德洪、欧阳德等及明末的东林学者则以后天工夫为关注的重心,从各个侧面对致知过程作了考察。

(一) 现成良知说:工夫的消解

在天泉证道中,王阳明曾提出了利根之人的预设,并以直指本体为其特点。尽管王阳明同时强调这只是一逻辑上的可能,但这种逻辑的设定与良知的先天规定相结合,却潜下了从先天本体到现成良知的衍化路向。在王畿那里,便不难看到这种理论的转换。

王畿(1498—1583),字汝中,别号龙溪。嘉靖二年(1523)始亲炙王阳明,是王阳明门人中悟性较高者。是时,四方前来问学、受教的人甚多,常常先由王畿及钱德洪疏通王阳明心学的大旨,故有教授师之称。讲学于江、浙等地,年近九十,尚论学不倦。

作为王门的后学,王畿亦以良知立论。关于良知,他曾作过这样的界说:"良知原是无中生有。……虚寂原是良知之体,明觉原是良知之用。体用一源,原无先后之分。"①此所谓虚寂是就先天性而言,明觉则指自觉的意识,王畿认为二者无先后之分,意在强调先天即明觉。先天与明觉的这种合一,决定了自我能够在现实的道德实践中触机而发:

> 不学不虑,乃天所为,自然之良知也。惟其自然之良,不待学虑,故爱亲敬兄,触机而发,神感神应;惟其触机而发,神感神应,然后为不学不虑,自然之良也。②

触机而发,神感神应,是基于对良知的了悟而作出的当下反应,它本身亦可视为明觉的表现。在此,先天性(天之所为)构成了主体明觉的根源,而主体的明觉反过来又证实了良知的天赋性。换言之,主体的明觉完全消融于良知的先天性之中。

王畿的以上看法与王阳明显然有所不同。王阳明致良知说的前提之一,是本然之知(先天良知)与明觉之知(对良知的自觉意识)的区分:先天良知最初并未为主体所自觉把握,唯有通过后天的致知过程,才能转化为自觉之知。与之相异,在王畿那里,先天与明觉的合一,开始取代了本然与自觉的区分。作为明觉与本然合一的良知,也就是所谓现成良知:"至谓世间无有现成良知,良知非万死工夫断不能生,以此校勘世间虚见附和之辈,未必非对症之药,若必以现在良知与尧舜不同,必待工夫修整而后可得,则未免于矫枉之过。"③

王阳明肯定心与理、本体与工夫的统一,已表现出扬弃本体超验

---

① 《滁阳会语》,《王龙溪先生全集》,卷二。
② 《致知议辩》,《王龙溪先生全集》,卷六。
③ 《松原晤语》,《王龙溪先生全集》,卷二。

性的趋向,王畿强调先天与明觉的合一,使良知进一步由超越之域走向现实之境。就此而言,王畿以现成说良知,又并没有完全离开王阳明的思路。良知一旦取得现成形态,则其作用方式也相应地向现实靠拢。王畿指出:

> 若果信得良知及时,不论在此在彼,在好在病,在顺在逆,只从一念灵明自作主宰,自去自来,不从境上生心,时时彻头彻尾,便是无包裹;从一念生生不息,直达流行,常见天则,便是真为性命。①

彼此、顺逆等,表现为一种外在的"境",而灵明自作主宰,则是指良知的审察裁决。在主体与外在之"境"的关系中,主体并不是消极地接受环境作用,而是处于主宰的地位,而这种主宰性的前提则是良知的见在明觉:"惟此良知精明,时时作得主宰,才动便觉,才觉便化。"②正是以一念灵明为内在根据,才使主体能够对外在之"境"的行为自觉地加以省察,并据此作出判断与抉择,以避免消极地随"境"而转。在此,良知的现成性,构成了自我作为主体而在世的现实前提。

良知作为内在的主体意识,也就是本体。与肯定良知的见在作用相应,在本体与工夫的关系上,王畿反对离本体谈工夫:"外本体而论工夫,谓之二法,二则支矣。"③在本体之外论工夫,既意味着忽视德性培养的内在根据,又将导致偏离本体对成性过程的规范。由此展开工夫,往往繁琐而枝蔓。唯有以良知为主,才能有其定向:"此一点

---

① 《答周居安》,《王龙溪先生全集》,卷十二。
② 《答季彭山龙镜书》,《王龙溪先生全集》,卷九。
③ 《答季彭山龙镜书》,《王龙溪先生全集》,卷九。

灵明做得主,方是归根真消息。……予夺纵横,种种无碍。才为达才,不为才使。识为真识,不为识转。"①所谓归根,即是将工夫置于良知的范导之下,并使主体意识的各个方面凝聚、转化为统一的内在结构,从而避免为偶然的意念所左右(不为才使、不为识转)。总起来,本体(良知)与工夫的关系表现为两个方面:其一,本体(良知)作为内在的明觉而直接赋予工夫以自觉的品格;其二,本体(良知)作为见在的意识结构而保证了主体意识的统一性(在不同境遇中始终保持善的向度),后者同时又使主体行为的一致性成为可能。相对于王阳明将良知(本体)的作用与过程联系起来而言,王畿更注重本体与工夫的既成关系。

自我在世,总是处于和社会(环境)的交互作用之中,就道德领域而言,这种作用乃是以主体自觉的道德意识结构为其中介:社会(环境)的诸种因素,只有通过主体在一定阶段所形成的意识结构,才能制约主体的价值评价、道德情感及具体行为,而主体对外部规范的取舍、认同,也总是以现阶段达到的道德意识为根据;正是现实的(既成的)意识结构,从一个方面担保了主体在道德判断与行为上保持恒同。如果忽视了主体意识结构的中介作用,则往往将在理论上导致二重结果:或者如极端的行为主义那样,走向环境宿命论;或者使人格的内在统一难以落实。从这方面看,王畿强调以见在的一念灵明为主宰,反对随境而转及离本体而论工夫,显然不无所见。不妨说,在现成良知的形式下,王畿试图进一步扬弃先天性所蕴含的超验趋向,将良知引向已发的经验之域,并由此突出既成道德意识结构在主体在世过程中的作用。

在王畿那里,与现成良知说相联系的是四无说。如前所述,王畿

---

① 《留都会纪》,《王龙溪先生全集》,卷四。

曾将王阳明的四句教引申为四无说,《天泉证道纪》载录了他关于四无的如下论述：

> 若悟得心是无善无恶之心，意即是无善无恶之意，知即是无善无恶之知，物即是无善无恶之物。盖无心之心则藏密，无意之意则应圆，无知之知则体寂，无物之物则用神。天命之性，粹然至善，神感神应，其机自不容已。①

心、意、知、物皆无善无恶，意味着作为本体的良知与已发之意念均处于同一序列，无实质的差异。从逻辑上看，由此可以引出二重结论：本体与意念既无差别，则意念亦可视为本体；本体与意念皆无善无恶，则为善去恶的工夫便失去了必要性。合本体与意念为一，固然避免了本体与已发的经验之域的分离，但同时亦弱化了本体的超越性（道德意识的普遍性与崇高性）这一面，从而导致认当下的意念为本体，亦即本体在实质上的消解。同时，本体与已发之意念的界限既被模糊，则对本体的自觉意识亦成为多余，它从另一个侧面抽去了为善去恶的工夫。正是有见于此，东林学者顾宪成后来批评道："是故无善无恶之说伸，则为善去恶说必屈；为善去恶说屈，则其以亲义序别信为土苴，以学、问、思、辨、行为桎梏，一切貌而不事者必伸。"②

作为四无说的逻辑展开，现成良知说同样表现出如上趋向。在强调良知的当下性、见在性、既成性的同时，王畿似乎未能完全将良知与日常意识区分开来，而道德本体的普遍性、超越性这一面亦因此而难以得到适当的定位。当良知被赋予现成形式，并被等同于其见

---

① 《王龙溪先生全集》，卷一。
② 《东林会约》，《顾端文公遗书》，第五册。

在作用时,本体亦相应地多少被消融于日常意识。这种理路在某种意义上已接近于禅宗的"以作用为性",而王畿确实也常常受到"近禅"的批评。同时,本体的现成性,也使后天的工夫无从落实。王阳明的另一后学罗洪先(念庵)曾尖锐地指出了这一点:"终日谈本体,不说工夫,才拈工夫,便指为外道,此等处恐使阳明先生复生,亦当攒眉也。"①这种批评,显然并非毫无根据。从理论的内在脉络看,良知的现成性与四无的设定相结合,确实引向了本体对工夫的消解。

现成良知说的以上发展路向在泰州学派那里得到了更具体的展现。与注重个体之意相应,泰州学派亦突出了良知的见在性。王栋便认为:"良知无时而昧,不必加致;即明德无时而昏,不必加明也。"②所谓良知无时而昧,即指良知始终以现成的形态存在于主体之中,不必加致,则意味着本体与工夫的分离。泰州学派首先将良知的见在性与日用常行联系起来:"良知天性,往古来今,人人具足,人伦日用之间举而措之耳。"③"吾人日用间,只据见在良知,爽然应答,不作滞泥,不生迟疑,乃是健动而谓之易。"④见在良知向日用常行的渗入,意味着良知并不是一种超验的本体,而是体现并展开于日常的道德实践。道德意识总是通过主体的行为而展现于外,正是这一点,使主体对道德理想的追求具有此岸的性质,并赋予内在的德性以现实的品格。泰州学派要求举措(运用)良知于日用人伦,无疑有见于此。当然,良知与日用的沟通,亦蕴含了本体向日常意识的回归。在这方面,泰州学派与王畿的思路无疑有相近之处。

由举措良知于日用,泰州学派提出了率良知之说:"故道也者,性

---

① 《寄王龙溪》,《念庵罗先生文集》,卷三。
② 《王一庵先生遗集》,卷一。
③ 《答朱思斋明府》,《王心斋先生遗集》,卷二。
④ 《王一庵先生遗集》,卷一。

也,天德良知也,不可须臾离也。率此良知乐与人同,便是充拓得开。"①所谓率良知,首先是指在德性培养的过程中顺导内在的良知。按泰州学派之见,良知同时也就是天赋的见在德性,而德性的培养(道德涵养)无非是顺导这种内在德性:"宁知本性具足,率性而众善出。"②德性的培养并不仅仅是一个外在强加的过程,社会的规范、理想、要求对个体的影响,与个体潜能的展开往往表现为同一过程的两个方面,忽视对自我内在意识的引发,常常容易人性的扭曲。泰州学派将"众善"的形成与顺导良知联系起来,显然有见于此。

除顺导内在良知外,率良知还具有另一重涵义。从王襞的如下论述中,便不难见其大概:"性之灵明曰良知。良知自能应感,自能约心思而酬酢万变,……一毫不劳勉强扭捏。""将议论讲说之间,规矩戒严之际工焉,而心劳勤也,而动日拙。忍欲饰名而夸好善,持念藏机而谓改过,正是颜子所谓己而必克之者,而学者据此为学,何其汗漫也哉。必率性而后心安,心安而后气顺。"③所谓工于规矩戒严,是指为了获得外部的赞誉或避免社会的谴责而勉强地履行某种社会规范。由此导致的,往往是人为的矫饰和虚伪化(忍欲饰名、持念藏机),后者显然不能视为真正的道德行为。与之相对的是顺乎自然并遵从良知的内在呼唤,它构成了率良知的另一内涵。道德行为既非对外在强制的屈从,亦并非出于邀誉避毁而履行某种道德规范。如果仅仅考虑外在的毁誉,那么即使严格地服从了某种规范,其所作所为也势必具有异己的性质,而很难视为完善的道德行为。王阳明曾对"着意去好善恶恶"提出批评,认为完善的行为应

---

① 《答刘鹿泉》,《王心斋先生遗集》,卷二。
② 《王东厓先生遗集》,卷一。
③ 《王东厓先生遗集》,卷一。

当出乎自然而非有所为而为之:"出乎心体,非有所为而为之者,自然之谓也。"①这种看法已有见于道德行为的自然向度。② 泰州学派反对忍欲夸善、持念藏机,无疑上承了王阳明注重自然之维的伦理立场,所谓率性则而心安,则在率见在之知的形式下,对此作了发挥。

然而,在拒斥工于戒严的同时,泰州学派往往亦拒斥了理性的工夫。在泰州学派看来。率良知意味着"不假丝毫人力于其间",它与"学"难以相容:

> 才提一个学字,却要起几层意思。不知原无一物,原自见成,顺明觉自然之应而已。自朝至暮,动作施为,何者非道?更要如何,便是与蛇添足。③

在王阳明的心学中,自然是指理性的自觉化为人的第二天性,这一意义上的自然,已超越了单纯的自觉,达到了更高的道德之境。不过,尽管它已超乎自觉,但这种超越本身又以理性的自觉为前提。然而,当顺自然与理性的自觉努力(学)相对时,自然便开始接近于自发的形态,在泰州后学周汝澄的如下议论中,可更具体地看到此点:"汝且坐饮,切莫计较,其起计较,便落知识。但忘知识,莫问真体。"④在但忘知识、莫问真体的形式下,对自觉的理性本体之承诺似乎已被放弃,主体的行为亦相应地被赋予自发的性质。顺乎自然之导向崇尚自发,从理论上看乃是良知向日常的现成意识还原的逻辑结果:良知的超越性与普遍性之维在被弱化之后,它往往便易被混同于自发的

---

① 《答舒国用》,《王阳明全集》,第190—191页。
② 参见本书第四章。
③ 《王东厓先生遗集》,卷一。
④ 周汝登:《剡中会录》,《东越证学录》,卷五。

意识。而在泰州学派那里,这种衍化路向又与心意关系上突出主体意识的非理性维度相一致。

(二)致知过程论的展开

与王畿及泰州学派由先天本体走向现成良知不同,王门的另一些后学更多地将注重之点指向了致知工夫。其中,聂豹(双江)与罗洪先(念庵)在反对将良知视为现成(见在)之知的同时,又由强调良知与现成意识的差异而把本体形而上化,并以归寂为致知的工夫,从而或多或少将心学引向了超验的进路。从更广的视域对王阳明的致知过程作发挥的,是以欧阳德(南野)、钱德洪(绪山)、邹守益(东廓)、陈九川(明水)等为代表的工夫派以及晚明的东林学者。

按工夫派的看法,良知虽是先天的本体,但其呈现却离不开后天的活动。欧阳德对此作了如下阐释:

> 夫人所以为天地之心、万物之灵者,以其良知也。故随其位分日履,大之而观天察地,通神明,育万物;小之而用天因地,制节谨度,以养父母,莫非良知之用。离却天地人物,则无所谓视听思虑感应酬酢之日履,亦无所谓良知矣。①

此所谓日履,泛指主体与外部对象相互作用(感应)的过程,以及这一过程中产生的感知思虑等活动。在主体践履活动的展开过程中(随其位分日履),内在的良知逐渐现呈露于外,离开了日履过程,良知即无从表现:所谓无日履,则亦无良知,即点出了此意。

就其肯定良知与日常践履及经验活动的联系而言,工夫派的如

---

① 《答罗整庵先生困知记》,《欧阳南野先生文集》,卷一。

上看法与现成良知说无疑有相近之处。事实上,在拒斥良知的超验性这一方面,工夫派与现成良知说确乎有某些共同的语言。然而,与现成良知说由强调良知的见在性而消融道德本体于自发的经验意识不同,工夫派始终没有放弃对良知的普遍之维与自觉之维的承诺。对工夫派来说,良知呈露于日履,主要表明良知并不是寂然未发的超验本体,它并不意味着可以将良知等同于日常的偶发意念。正是本着这一立场,工夫派批评现成良知说:"使初学之士,骤窥影响者,皆欲言下了当,自立无过之境,乃徒安其偏质,便其故习而自以为率性从心。故使良知之精微紧切,知是知非所藉以明而诚之者,反蔑视不足轻重,而逐非长过,荡然忘返,其流弊岂但如旧时支离之习哉!"[1]所谓安其偏质,便其故习,也就是认既成的自发意识为本体,自限于偏狭的日用常行而拒斥理性的升华。与之相对,工夫所注重的是"知是知非、明而诚之"的自觉过程。

当然,良知非自发的经验意识,便不意味着良知具有超验性质。在反对认"故习"为本体的同时,工夫派亦对归寂说提出了批评。归寂说虽然否定了良知的见在性,但却由此将其归结为一种超然于感应(现实作用)过程的寂然未发之:"夫本原之境,要不外乎不睹不闻之寂体也。"[2]对这种看法,工夫派明确提出了异议。较之归寂说将本体超验化,工夫派力图沟通形而上与形而下。从钱德洪的如下论述中,即不难看到此趋向:"未发寂然之体,未尝离家国天下之感而别有一物在其中也,即家国天下之感之中,而未发寂然者在焉耳。"[3]家国天下之感,是指事亲敬兄、仁民爱物之类的践履活动;寂

---

[1] 陈九川:《与王龙溪》,《明儒学案》,卷十九。
[2] 聂豹:《答欧阳南野》,《双江聂先生文集》,卷八。
[3] 《复周罗山》,《明儒学案》,卷十一。

在感中,意味着良知虽是先天的本体,但并非隔绝于主体在后天的作用(感)过程。在工夫派看来,分离寂然之体与后天感应,往往导致本体的超验化;本体的超验化,则总是引向在已发之外去追求寂然之体。当主体沉溺于回归寂然之体时,其自身的活力也将不复存在:

> 离已发而求未发,必不可得,久之,则养成一种枯寂之病。[1]

此所谓枯寂,即主体存在失去内在的生命力。离开了现实的实践过程,道德往往将变得抽象化、苍白化,道德主体也容易变成无生命的存在。工夫派要求扬弃本体的超验性,即试图通过道德本体向实际践履的过渡,展示道德的现实力量。

从本体呈露于日履说出发,工夫派提出了于感应变化中致其知的主张:"故致知者,致其感应变化之知。致其感应变化之知,则必于其感应变化而致之。犹之曰:达其流之水,则必于其水之流而达之。"[2]感应变化之知,亦即展开于道德实践过程中的良知。这里的逻辑前提是:良知尽管是先天的,但唯有在日履过程中才能取得现实的形态;作为致知对象的良知,并非如归寂说所设定的那样,是先天的寂然之体,而是在日履中获得现实形态的良知。要达到这种现实形态的良知,便必须从感应变化(现实作用)的过程入手。在此,工夫派似乎对良知的先天形式与现实形态作了区分,并更多地将良知的现实形态与践履过程联系起来:正是践履过程,赋予良知以现实的形态。这种看法,在某种意义上构成了黄宗羲"心无本体,工夫所至即

---

[1] 钱德洪:《复何吉阳》,《明儒学案》,卷十一。
[2] 欧阳德:《答聂双江》,《欧阳南野先生文集》,卷三。

是本体"说的理论前导。

致知之"致"有达到与推行双重含义。就达到而言,致知过程总是涉及视听思虑。工夫派认为,良知虽然并非形成于主体的认知活动,但在其后天的展开中,又离不开感知与思虑。欧阳德指出:"良知者,见闻之良知;见闻者,良知之见闻。"①陈九川进而认为无知觉则无良知:"故见闻废,良知或几乎息矣。"②以日履为良知的存在方式,已意味着良知并非隔绝于日常的经验意识;无见闻则良知亦成虚幻,可以视为这一观点的逻辑引申。从德性培养的角度看,道德意识的形成,总是离不开实践过程中积累的经验和感受,这种直接的经验与感受使自我在耳濡目染之下,逐渐形成对道德原则与道德理想的向心力和认同感,并进而将其化为内在的德性。工夫派将良知与感性层面的见闻联系起来,似乎亦有见于此。

当然,单纯的见一善行,闻一善言,往往很难超越自发的领域。要达到对本体的自觉意识,离不开缜密的思虑:"思也者,戒慎密察之谓,精之功也,故能得其本心。"③经验层面的见闻感受固然能使主体扬弃道德原则的抽象性,并对其有亲切感,但唯有通过理性的反思,才能在更深入的层面理解并接受这种原则。从理论本身看,工夫派的以上看法当然很难说提供了多少新的见解,但就心学的演变而言,它又自有其不可忽视的意义。如前所述,泰州王学在扬弃本体超验性的同时,又表现出认自发的日常意识为良知的趋向,并由此消解了学问思辨的理性工夫;聂豹、罗洪先则以良知为寂然之体,并把归寂视为致知的方式,从而在某种意义上走向了神秘的体悟。二者尽管

---

① 《答冯州守》,《欧阳南野先生文集》,卷三。
② 《与王龙溪》,《明儒学案》,卷十九。
③ 《答王禹斋》,《欧阳南野先生文集》,卷三。

衍化的方向不同,但在偏离理性之维上,却又有相通之处。在此背景下,工夫派强调缜密的思虑工夫,无疑表现了对理性的维护。

肯定致知工夫是达到本体的前提,主要从一个侧面表现了工夫与本体的关系。从另一方面看,致知工夫本身又必须以本体为根据:"不知良知之本体,则致知之功未有靠实可据者。"①以本体为据,也就是以良知规范致知工夫。就本体与工夫的这一方面而言,本体无疑构成了出发点,其思维趋向表现为由本体说工夫。后者在形式上与现成良知说似乎有相近之处。不过,在形式的相似之后,却蕴含着内在理论旨趣的深刻差异。在现成良知说那里,本体作为既定的、现成的形式而构成了日用常行的起点。与之相对,工夫派之肯定本体对工夫的制约,则以过程论为其理论前提。从动态的角度看,本体与工夫的关系总是展开为一个不断互动的过程,这一互动过程的具体内容表现为:通过致知工夫而达到对良知的明觉,又以对本体的明觉进一步范导工夫。邹守益曾对此作了简要的概括:"做不得工夫,不合本体;合不得本体,不是工夫。"②从正面看,做不得工夫,不合本体,也就是由工夫而得本体;合不得本体,不是工夫,则是循本体而更进于知。按工夫派之见,本体与工夫的这种动态统一过程,具有无止境的性质:"然学问之道,岂有止法哉?因其所已能,而日进其所未能。"③"知无穷尽,格致之功亦无穷。日积月累,日将月就,而自有弗能已者。"④对本体与工夫关系的这种理解,可以看作是王阳明致知过程论的进一步展开。

心学所谓本体,在某种意义上表现为先验化了的主体意识系统

---

① 《答陈明水》,《欧阳南野先生文集》,卷一。
② 《再答聂双江》,《东廓邹先生文集》,卷六。
③ 《又答田文学》,《张阳和文选》,卷一。
④ 《答罗整庵先生寄困知记》,《欧阳南野先生文集》,卷一。

与认识结构(包括道德认识),致知工夫则涉及德性培养及道德认识的过程。从现实的形态看,主体已有的意识结构与德性培养及道德认识本质上展开为一个交互作用的过程:德性培养及道德认识总是以已有的意识结构与认识条件为内在的根据,而并非从虚无出发;另一方面,意识结构本身亦并非凝固不变,它总是随着后天工夫的展开而获得新的内容并不断深化。工夫派将致良知理解为由工夫而悟本体,循本体而更进于知的过程,无疑多少有见于内在的意识结构与道德认识、德性培养的交互作用。当然,工夫派在肯定本体与工夫动态统一的同时,始终没有放弃本体先天性的预设,从而未能在理论上超越心学的思辨。

三、心无本体,工夫所至即是本体

王门后学在心性、本体与工夫等问题上的辨析、衍化,为走出心学提供了逻辑与历史的双重前提。在明清之际的黄宗羲那里,已可以看到心学演进的这一趋向。

黄宗羲(1610—1695),字太冲,号南雷,别号梨州老人,浙江余姚人。早年师事刘宗周。清兵入关南下后,曾举兵抵抗。明亡,隐居不仕,专意著述。晚年恢复刘宗周的证人书院,并聚徒讲学于该书院。博通天文、历算、乐律、经史、诸子之学。史学上造诣尤深,为清代浙东史学的开创者。章学诚曾指出黄宗羲"上宗王(阳明)刘(宗周),下开二万(斯同、斯大)"。这一看法并非毫无根据。黄宗羲在从学于刘宗周的同时,也接受了王阳明心学的影响,其思想多方面地上承心学。当然,黄宗羲在入乎心学的同时,又一再地出乎其外,其思想已非心学所能范围。

在心性关系上,黄宗羲提出了性因心而见之说:"性不可见,见之于心。"①因心而见性,意味着普遍的本体总是体现于个体之心。以此为前提,黄宗羲对正统理学的性情说颇有异议:"先儒之言性情者,大略性是体,情是用;性是静,情是动;性是未发,情是已发。程子曰:'人生而静以上不容说,才说性时,他已不是性也。'则性是一件悬空之物。其实孟子之言,明白显易,因恻隐、羞恶、恭敬、是非之发,而名之为仁义礼智。离情无以见性,仁义礼智是后起之名。故曰仁义礼智根于心。若恻隐、羞恶、恭敬、是非之先另有源头为仁义礼智,则当云心根于仁义礼智矣。是故性情二字分析不得,此理气合一之说也。"②情属广义的心的范畴,性情关系可以视为心性关系的具体化。正统理学以性为体,离情(心)言性,由此引向了本体的超验化,所谓"悬空之物",便是这样一种超验的本体。黄宗羲认为性情不可分析,强调的便是普遍之性与个体之心(情)的统一。心性关系上的这种立场似乎不同于刘宗周之向性体的回归,而更接近于王阳明合心与理的思路。不过,在这方面,黄宗羲并没有作更多的发挥。

从心学的演进看,黄宗羲思想中更值得注意的方面,是对工夫与本体关系的阐释和规定。在黄宗羲那里,心性关系和本体与工夫的关系并非互不相关。由心性关系上肯定性因心而见,黄宗羲进而指出:"心不可见,见之于事。"③此所谓心,泛指道德本体(心体);"事"则指事亲事兄之事,亦即道德领域的践履工夫。因事而见心,其内在的意蕴便是本体离不开工夫。黄宗羲对真本体与想象的本体作了区分,以为工夫之外的本体只具有想象的意义:

---

① 《孟子师说》,卷二。
② 《孟子师说》,卷六。
③ 《孟子师说》,卷二。

> 无工夫而言本体，只是想像卜度而已，非真本体也。①

类似的论述尚有："学、问、思、辨、行，正是虚灵用处；舍学、问、思、辨、行，亦无以为虚灵矣。"②王阳明曾以先天本体与后天工夫之分为致良知说的前提，不过，在王阳明那里，致知工夫只是达到本体的手段，而并非本体形成与存在的条件；相形之下，黄宗羲强调无工夫即无真本体，则把工夫理解为本体所以可能的必要前提。这里已表现出逸出心学的趋向。

无工夫则无真本体，着重于将真实的本体与工夫联系起来。由此出发，黄宗羲进而从更普遍的意义上，对本体与工夫的关系作了规定：

> 心无本体，工夫所至即其本体。③

心之本体，是心学的先验预设；心无本体，意味着悬置这种先天的本体。如前所述，从内容上看，与工夫相对的本体首先是就主体的精神而言，它在广义上泛指主体意识的综合统一体，其具体的内涵则在不同的关系中展开为德性培养的根据、道德认识的内在结构、道德实践的内在规范，等等。在黄宗羲看来，精神本体并不是先天的预定，它在本质上形成于后天践履与致知过程，并以这一过程为其存在的方式。在黄宗羲以前，从王阳明到王门的后学，心学在其演进过程中始终没有放弃对本体的先天预设；归寂说将良知理解为寂然未发之体，

---

① 《明儒学案》，卷六十。
② 《明儒学案》，卷五十二。
③ 《明儒学案·序》。

更表现出本体神秘化的趋向。黄宗羲对心之本体的如上消解,则在扬弃本体先天性的同时,亦避免了本体的凝固化与神秘化。

就其本质而言,精神的本体总是处于不断生成的过程之中,并且唯有在精神活动与实践活动的过程中才具有现实性,离开精神活动与实践活动的过程谈本体,总是很难避免先天的虚构或超验的设定,休谟认为离开了知觉活动即无自我,从一个方面注意到了这一点,黄宗羲肯定心无本体,工夫所至即是本体,同样有见于此。黄宗羲的这一看法可以视为本体与工夫之辩演进的逻辑结果。强调本体与工夫的统一,是心学的基本立场。王阳明提出致良知,肯定本体原无内外,已从不同方面确认了这一原则,王门后学的工夫派认为,做不得工夫,不是本体,合不得本体,不是工夫,则对此作了具体的发挥,后者为黄宗羲提供了更直接的理论先导。不过,无论是王阳明,抑或其后学,在肯定由工夫而得本体的同时,都始终没有放弃对本体的先天预设,与此相应的是工夫的历史性与本体的非历史性之间的紧张。相形之下,黄宗羲将精神活动规定为精神本体的形成条件与存在方式,无疑超越了以上紧张。后者在悬置先天本体的同时,亦开始突破心学之域。

心无本体的观点体现于道德意识与道德实践的关系,便具体化为仁义是虚,事亲从兄是实:"盖仁义是虚,事亲从兄是实;仁义不可见,事亲从兄始可见。"[1]仁义在广义上既是普遍的规范,又指作为这种规范内化的道德意识及内在德性,这里主要是就后者而言;事亲从兄则是道德实践。这里的虚实之辩,首先涉及道德意识的形成问题,黄宗羲对此有如下的具体解释:

---

[1] 《孟子师说》,卷四。

仁、义、礼、智、乐，俱是虚名。人生坠地，只有父母兄弟，此一段不可解之情，与生俱来，此之谓实，于是而始有仁义之名。"知斯二者而弗去"，所谓知及仁守实有诸己，于是而始有智之名。当其事亲从兄之际，自有条理委曲，见之行事之实，于是而始有礼之名。不待于勉强作为，如此而安，不如此则不安，于是而始有乐之名。到得生之之后，无非是孝弟之洋溢，而乾父坤母，总不离此不可解之一念也。先儒多以性中曷尝有孝弟来，于是先有仁义而后有孝弟，故孝弟为为仁之本，无乃先名而后实欤？①

人来到世间，便处于一定的人伦关系（如亲子兄弟之间的家庭亲缘关系），这是一种基本的本体论事实。所谓"不可解之情"，即言其既定性；"此之谓实"，则言其现实性。在这种现实的关系之上，逐渐形成了事亲从兄等道德实践，这种道德实践最初似乎具有率性而行的形式，但它同时又包含实际的工夫："孩提知爱知敬，率性而行，道不可离，说是无工夫，未尝无工夫；说是无戒惧，未尝无戒惧。"②在道德实践的工夫由比较自发到较为自觉的衍化中，仁义礼智等道德意识也随之渐渐萌发和发展，此即所谓"有亲亲，而后有仁之名"，"有敬长，而后有义之名"。③ 质言之，有事亲从兄之工夫，斯有仁义礼智之本体；作为精神本体的道德意识，形成于道德实践的工夫。

从上述观点出发，黄宗羲对王阳明亦提出了批评："阳明言，以此纯乎天理之心发之事父便是孝，不知天理从父母而发，便是仁也。"④

---

① 《孟子师说》，卷四。
② 《孟子师说》，卷七。
③ 《孟子师说》，卷七。
④ 《万公择墓志铭》，《南雷文定五集》，卷三。

以纯乎天理之心发于事父,是以本体的先天预设为前提的,其侧重之点在于先天本体对后天工夫的作用;天理从父母而发,则将现实的人伦(亲子关系)及由此而形成的道德实践工夫置于更本源的地位。王阳明固然并不否定后天工夫在达到本体中的作用,但这种达到(致)本身又以所致对象(本体)的既成性(先天性)为前提的,这种预设使王阳明的心学难以完全超越本体与工夫的紧张。黄宗羲对王阳明的以上批评,亦表明他已比较自觉地注意到心学内含的问题。

通过事亲从兄的道德实践而形成仁义等道德意识,更多地着眼于个体。本体与工夫的关系并不限于个体的道德实践,广而言之,它亦指向事功等社会活动:"道无定体,学贵适用。奈何今之人执一以为道,使学道与事功判为两途。"①道无定体,可以视为心无本体的逻辑展开,当然它同时又涉及真理的过程性;此所谓事功,属经世致用的社会实践,它在本质上展开为类(社会)的历史过程;学道则泛指把握普遍的自然法则与社会规范,并进而将其化为主体内在精神本体。这里值得注意的是,黄宗羲将把握道体及化道体为本体的过程与广义的经世过程联系起来,从而使致知工夫由个体的道德践履,进而扩及类(社会)的实践活动。在黄宗羲以前,晚明的东林学者在强调"学问须躬行实践方有益"的同时,亦已开始将经世活动纳入致知工夫。东林会约之一便是"或商经济实事"②,经济实事亦即经世之事。黄宗羲肯定学道与事功的统一,与东林学者的看法无疑有相通之处。不过,黄宗羲由心无本体讲道无定体,更侧重于本体的过程性:所谓学道与事功非两途,意味着将工夫广义地理解为类的历史过程,并进而从类的历史过程这一角度,来规定精神本体。

---

① 《姜定庵先生小传》,《南雷文定五集》,卷三。
② 《东林会约》,《顾端文公遗书》,第五册。

对历史过程的这种注重,在黄宗羲的思想史与学术史论中得到了更深刻的体现。黄宗羲在中国思想史上的地位,在相当程度上是由其思想史与学术史的研究而奠立的,他对宋明思想史与学术史的系统总结与研究,在某种意义上具有开创的意义。他对本体与工夫关系的理解与阐释,亦以思想史的反思和总结为其背景:一个基本的事实是,"心无本体,工夫所至即其本体",便是在其主要思想史著作《明儒学案》的自序中明确提出的。

从思想演进的历史过程看,所谓本体,便是指人类的精神发展形态和以真理的形式表现出来的人类认识成果。这一意义上的心无本体,意味着人类精神的发展形态与作为真理的人类认识成果并不具有先天与预定的性质;工夫所至即是本体,则强调这种精神形态与认识成果即形成于类的认识发展过程之中。当然,人类精神的发展形态与认识成果并不是抽象的,它总是通过不同时代的具体探索而积累和展开。就明代而言,其文化精神的发展,便是通过思想家的探索工夫而逐渐体现出来:"诸先生深浅各得,醇疵互见,要皆功力所至,竭其心之万殊者,而后成家。"①正是思想家们的不同探索,构成了类的精神发展史。在此,工夫具体展示为类的认识演进过程。

由"工夫所至即是本体"的观点考察类的认识史,便应当特别注意不同思想家的创造性见解。在《明儒学案·发凡》中,黄宗羲指出:"学问之道,以各人自用得著者为真。凡倚门傍户,依样葫芦者,非流俗之士,则经生之业。"自用得著者,即通过创造性探索而达到的独到见解。以此为前提,黄宗羲进一步肯定了学术探索与思想发展路向的多样性:"是以古之君子,宁凿五丁之间道,不假邯郸之野马,故其途亦不得不殊。奈何今之君子,必欲出于一途,使美厥灵根者,化为

---

① 《明儒学案·序》。

焦芽绝港。"①从本体与工夫的关系看,这里确认的是本体的形成与展开离不开工夫;就个体性原则与普遍性原则的关系言,它又表现了对个体性原则的注重。

当然,以自用得著者为真与肯定思想探索的多样性,并不意味着以殊途的工夫排斥对道体的把握。以类的精神发展而论,本体既体现于殊途的探索,又具有内在统一性,黄宗羲以"一本而万殊"对二者的关系作了概括:

> 有一偏之见,有相反之论,学者于其不同处,正宜著眼理会,所谓一本而万殊也。以水济水,岂是学问?②

一本即以道体为内容的精神本体(表现真理的类的认识成果),万殊则是不同的思想家在不同历史时代的独特探索。一方面,类的精神本体即形成并存在于万殊的探索工夫之中,故应注重一偏之见、相反之论;另一方面,万殊又构成了普遍本体的不同方面,犹如百川之归海:"夫道犹海也,江、淮、河、汉,以至泾、渭蹄涔,莫不昼夜曲折以趋之,其各自为水者,至于海而为一水矣。"③质言之,统一的精神本体与多样的探索工夫之间,并不存在紧张与对峙。对人类精神现象的这种理解,在相当程度上已打通了心性之辩内含的个体性与普遍性关系和本体与工夫的关系:它既表现出统一本体与工夫的趋向,又从精神本体的形成与展开这一角度,对个体性原则与普遍性原则作了双重确认。黄宗羲思想的这一逻辑演进路向在某种意义上似乎又回到

---

① 《明儒学案·序》。
② 《明儒学案·发凡》。
③ 《明儒学案·序》(改本),《南雷文定五集》,卷一。

了王阳明心学的内在主题,当然,这种回归以心学的分化、发展为前提,其中既可以看到哲学立场的前后差异,又不难注意到哲学思维的历史深化。

附录

理学的衍化
——从张载到王阳明

如何平治天下、安顿社会与如何成就自我,是理学的重要关注点。前者涉及世间秩序,后者关乎人格之境。作为价值的关切,二者都以"当然"为题中之义。从哲学的立场与形态看,理学本身又有注重气、理、心之分,张载、二程与朱熹、陆九渊与王阳明便体现了以上的哲学分野。在理学的系统中,气、理、心并不仅仅是本体论的概念,它们同时或在更实质的意义上涉及"当然";对气、理、心的不同侧重,往往体现了对"当然"的不同理解。与关注"当然"相联系,气、理、心的考察,又和心体与性体、德性之知与见闻之知、格物与诚意、本体与工夫的种种辨析彼此交错,理学由此展开了复杂的思想画卷。

一

　　社会伦理之序与自我的成就,属广义的人道之域,然而,从先秦开始,儒学便注重人道与天道的贯通。这一传统在理学中同样得到了延续。由人道追溯天道、以天道为人道的形上根据,构成了理学的某种思维模式。周敦颐以无极、太极、阴阳、五行、二气、万物解释宇宙的化生过程,并由此阐发"圣人与天地合其德"的思想,已表现了如上趋向。当然,周敦颐主要还只是提出一种思辨的构架,未能将其加以充分的展开。相形之下,在张载那里,天道的内涵得到了更为具体的阐述,天道与人道的沟通,也被赋予了更实质的内容。

　　气为万物之源,这是张载在天道观上的基本观点。较之以往的气论,张载的特点在于进一步区分了气的本然形态与气的特定聚合,并对二者的关系作了规定:

> 太虚无形,气之本体,其聚其散,变化之客形尔。①
> 太虚者,气之体。气有阴阳,屈伸相感之无穷,故神之应也无穷;其散无数,故神之应也无数。虽无穷,其实湛然;虽无数,其实一而已。阴阳之气,散则万殊,人莫知其一也;合则混然,人不见其殊也。形聚为物,形溃反原,反原者,其游魂为变与! 所谓变者,对聚散存亡为文,非如萤雀之化,指前后身而为说也。②

这里所涉及的,首先是存在的本源与存在的多样形态之间的关系,万

---

① 《张载集》,第7页。
② 《张载集》,第66页。

物一方面千差万别,另一方面又有统一的本源。仅仅肯定气为万物之本,往往难以说明世界的多样性;停留于存在的多样形态,则无法把握世界的统一本源。通过确认太虚为气之本然形态,张载同时追溯了万物存在的统一本源,所谓"虽无穷,其实湛然;虽无数,其实一而已";通过肯定气的聚散,张载又对存在的多样性作了说明,所谓"阴阳之气,散则万殊"。这里特别值得注意的是以太虚为气之本体。在哲学的论域中,"虚"往往被视为"无"或"空",佛道在某种意义上便表现了这一思维趋向,由"无"与"空",又每每引向消解存在。张载将终极形态的"虚"(太虚)理解为气之本体,旨在从本源的层面论证世界的实在性:事物的变迁,都无非是气的聚散;万物来自于气,又复归于气,从而世界既非由"无"而生,也不会由"实"走向"空"。质言之,以太虚之气为本体,物只有"如何在"(聚或散)的问题,而没有"是否在"(有或无)的问题:散只是"反原"于太虚,而非走向"无"。在此,对存在方式转化(如何在)的关注,取代了对存在本身的质疑("是否在"),世界的实在性则由此得到了本体论上的确认。

作为儒学的历史复兴,理学在历史与逻辑上都以佛道两教的存在为其背景。从形而上的层面看,佛与道的特点首先表现在以"空"、"无"消解世界的实在性,儒学的复兴在理论的层面无疑需要对此作出回应。张载对这一点有较为自觉的历史意识,事实上,他以太虚为气之本体,在相当程度上便是针对佛道而发:"知虚空即气,则有无、隐显、神化、性命通一无二,顾聚散、出入、形不形,能推本所从来,则深于《易》者也。若谓虚能生气,则虚无穷,气有限,体用殊绝,入老氏'有生于无'自然之论,不识所谓有无混一之常;若谓万象为太虚中所见之物,则物与虚不相资,形自形,性自性,形性、天人不相待而有,陷于浮屠以山河大地为见病之说。此道不明,正由懵者略知体虚空为性,不知本天道为用,反以人见之小因缘天地。明有不尽,则诬世界乾坤为幻化。幽明不能举其要,遂蹦等妄意而然。不悟一阴一阳范围天地、通乎昼夜、三极大中之矩,遂使儒、佛、老、庄混然一途。语天道性命者,不罔于恍惚梦幻,则定以'有生于无'为穷高极微之论。入德之途,不知择术而求,多见其蔽于诐而陷于淫矣。"①不难看到,在这里,以气为本已不仅仅表现为一种哲学本体论的预设,而是同时体现了对儒学的守护和回归,所谓"不悟一阴一阳","遂使儒、佛、老、庄混然一途",便表明了这一点:以阴阳之气立论,构成了儒与佛道相分的前提;不悟此理,则将导致儒与佛道相混,从而难以真正把握性与天道(天道性命)。正是这种观念,使张载的气论同时体现了理学的立场。

当然,张载之以气立论,并不仅仅在于辨儒佛或儒道之异。如前所述,以太虚之气说明万物之源,无疑体现了天道之域的观念,但在张载那里,天道的考察,同时又关联着人道。气的追溯,处处引向人的存在:"气之聚散于太虚,犹冰凝释于水。知太虚即气,则无无。故圣人语性与天道之极,尽于参伍之神变易而已。"②"由太虚,有天之名;由气化,有道之名;合虚与气,有性之名;合性与知觉,有心之名。"③"气有阴阳,推行有渐为化,合一不测为神。其在人也,智义利用,则神化之事备矣。德盛者穷神则智不足道,知化则义不足云。天之化也运诸气,人之化也顺夫时,非气非时,则化之名何有?化之实何施?"④气的聚散属对象世界的变迁,"性"则与人的存在相联系,由气的聚散进而究性与天道之极,本身无疑也体现了天道与人道的相关性;而"合虚与气,有性之名;合性与知觉,有心之名",则肯定了

---

① 《张载集》,第8页。
② 《张载集》,第8页。
③ 《张载集》,第9页。
④ 《张载集》,第16页。

"性"作为与人相关的规定,本于"太虚"之气,从而非空幻抽象;心虽属观念之域,但亦有现实的根据;天道意义上的太虚之气与人道意义上的心性由此得到了进一步的沟通。"天之化"与"人之化"尽管具体内涵不同,但从"运诸气"到"顺夫时",同样既体现了二者的联系,又表现为从天道到人道的进展。在太虚之气与心性、"人之化"的如上关联中:一方面,天道构成了人道的根据;另一方面,天道的考察本身又落实于人道。

以道观之,气的聚散,并非杂而无序,其间包含内在的条理:"天地之气,虽聚散、攻取百涂,然其为理也顺而不妄。气之为物,散入无形,适得吾体;聚为有象,不失吾常。"①"顺而不妄"意味着有法则可循。天道之域的这种有序性,同样体现于人道之域:

> 生有先后,所以为天序;小大、高下相并而相形焉,是谓天秩。天之生物也有序,物之既形也有秩,知序然后经正,知秩然后礼行。②

天序与天秩,属自然之序;"经"与"礼",则涉及社会之序。在张载看来,经之正、礼之行,以"知序"和"知秩"为根据,这一观点的前提,便是天道(自然之序)与人道(社会之序)的联系。在这里,天道的考察进一步引向并体现于人道。

"经"与"礼"所体现的社会之序,更多地与普遍原则相联系,对张载而言,人道意义上的秩序包含更具体的社会伦理内容。在著名的《西铭》中,张载指出:

---

① 《张载集》,第 7 页。
② 《张载集》,第 19 页。

> 乾称父,坤称母;予兹藐焉,乃混然中处。故天地之塞,吾其体;天地之帅,吾其性。民吾同胞,物吾与也。大君者,吾父母宗子;其大臣,宗子之家相也。尊高年,所以长其长;慈孤弱,所以幼其幼。圣其合德,贤其秀也。凡天下疲癃残疾、惸独鳏寡,皆吾兄弟之颠连而无告者也。于时保之,子之翼也。乐且不忧,纯乎孝者也。违曰悖德,害仁曰贼,济恶者不才,其践形,唯肖者也。知化则善述其事,穷神则善继其志。不愧屋漏为无忝,存心养性为匪懈。①

在此,张载将整个世界视为一个大家庭,社会中所有的成员,则被看作是这一大家庭中的一分子。家庭中的亲子、兄弟等关系,既基于自然的血缘,又具有伦理秩序的意义;将家庭关系推广到整个世界,意味着赋予世界以普遍的伦理之序。这一观念后来也为后来的理学家所反复确认,从二程到王阳明,都一再肯定"仁者与天地万物为一体",这种一体,便可以视为民胞物与说的引申。从"乾称父,坤称母",到"尊高年,所以长其长;慈孤弱,所以幼其幼",天道与人道再一次呈现了内在的连续性、统一性,而对自然层面之天秩和天序的肯定,则具体地表现为对社会伦理之序的关切。

正是基于对伦理之序的这种关切,张载进一步提出如下观念:"为天地立心,为生民立道,为去圣继绝学,为万世开太平。"②这里既体现了理想的追求,又包含内在的使命意识。理想的追求以"人可以期望什么"或"人应当期望什么"的问题为指向,使命的意识则以"人应当承担什么"的自我追问为内容。在张载看来,人为天地之心,民

---

① 《张载集》,第62页。
② 《张载集》,第376页。

为社会之本,往圣之学体现了文化的精神命脉,天下安平则构成了历史的目标;理想的追求就在于真正确立人在天地之中的价值主导地位,顺应生民的意愿,延续文化的命脉,实现天下的恒久安平;而人的历史使命,便在于化上述理想为社会现实。不难看到,理想与使命在更内在的层面上所体现的,是普遍的社会责任。如果说,理想从目标、方向上规定了人的责任,那么,使命则通过确认应当做什么而赋予人的责任以更具体的内容。事实上,"为天地立心,为生民立道,为去圣继绝学,为万世开太平",便同时以形而上的方式,突显了人的普遍社会责任。

与天道之域以气的本源性回应佛道对实在的消解相应,人道之域对社会责任的强调,同样以佛教疏离社会人伦的观念与倾向为背景。在评价释氏对"实际"的解释时,张载指出:"释氏语实际,乃知道者所谓诚也,天德也。其语到实际,则以人生为幻妄,有为为疣赘,以世界为阴浊,遂厌而不有,遣而弗存。"①以人生为幻妄,意味着否定社会人伦的实在性,"厌而不有,遣而弗存"则既表现为对社会生活的疏离,也蕴含着对社会责任的消解。在这里,儒佛在本体论(天道观)上的分歧,进一步展开为价值观上的对峙。事实上,对张载以及整个理学而言,儒佛之间差异,更深刻地体现于价值观念,佛家之拒斥现实人生(以人生为幻妄)与儒学之维护社会人伦,佛家之漠视现实人伦和社会责任与儒家强调群臣、父子之义,在价值取向上难以彼此相容。历史地看,理学之反复强调作为当然的人伦之责,既基于佛教对儒家人伦传统的挑战,也表现为对这种挑战的回应,张载的以下论述,便清楚地表明了这一点:"今浮屠极论要归,必谓死生转流,非得道不免,谓之悟道可乎?……自其说炽传中国,儒者未容窥圣学门

---

① 《张载集》,第65页。

墙,已为引取,沦胥其间,指为大道。其俗达之天下,致善恶、智愚、男女、臧获,人人著信,使英才间气,生则溺耳目恬习之事,长则师世儒宗尚之言,遂冥然被驱,因谓圣人可不修而至,大道可不学而知。故未识圣人心,已谓不必求其迹;未见君子志,已谓不必事其文。此人伦所以不察,庶物所以不明,治所以忽,德所以乱,异言满耳,上无礼以防其伪,下无学以稽其弊。自古诐、淫、邪、遁之词,翕然并兴,一出于佛氏之门者千五百年。自非独立不惧,精一自信,有大过人之才,何以正立其间,与之较是非、计得失!"[1]"人伦所以不察,庶物所以不明"所展示的,是佛教流播之后的社会后果,"较是非、计得失"则表现了对儒家价值原则的自觉维护。

儒佛在价值观上的分野,更为集中地体现于对"理"的不同态度。尽管张载没有如后来的二程及朱熹那样,将"理"作为第一原理,也未对这一范畴以充分展开的形式加以论述,但在辨儒佛之异时,亦运用了"理"这一范畴:

> 儒者穷理,故率性可以谓之道。浮图不知穷理而自谓之性,故其说不可推而行。[2]

在此,儒之"理"与佛之"性"彼此相对,而"穷理"与"不知穷理"则进一步将儒佛区分开来。不同于佛之"性"的这种"理",内涵究竟是什么?张载对此也有一个简要的界说:"义命合一存乎理。"[3]"义"者宜也,亦即当然,其具体的内容则涉及应当如何的规范系统;"命"则表

---

[1] 《张载集》,第64—65页。
[2] 《张载集》,第31页。
[3] 《张载集》,第20页。

现为一种人无法决定、选择、左右的力量,包含必然之义。相应于"义"与"命"的如上内涵,以"义命合一"界定理,既把体现社会伦理责任与义务的规范系统作为"理"的题中之义,又似乎将这种规范系统理解为人无法选择、左右的超验原则,后者同时蕴含着以"当然"为必然的趋向。不过,在张载那里,这一趋向尚未得到充分的展开。从理学的演化看,张载主要侧重的,还不是"当然"与必然的融合,如后文所论,融"当然"于必然的理论进路,主要与二程与朱熹相联系。

从外在的伦理关系与规范系统(理)转向作为个体的人,便涉及对人性的理解。张载区分了人性的两种形态,即天地之性与气质之性:"形而后有气质之性,善反之,则天地之性存焉。故气质之性,君子有弗性者焉。"[①]这里的"形"即感性之身,"形而后有气质之性"表明气质之性主要与人的感性存在相联系。与之相对的天地之性,则更多地体现了人作为伦理存在的普遍本质,包括人的理性规定。在张载看来,人一旦作为现实的个体而存在(有其形),则气质之性便随之呈现,气质之性与人的这种相关性,在逻辑上也赋予体现于气质之性的感性规定以存在的理由。然而,张载同时又提出了变化气质的要求,并将其与"为学"联系起来:"为学大益在自能变化气质,不尔,卒无所发明,不得见圣人之奥。故学者先须变化气质,变化气质与虚心相表里。"[②]所谓变化气质,也就是以普遍的伦理原则、规范对人加以改造,使其言行举止都合乎普遍规范的要求。"使动作皆中礼,则气质自然全好"[③],由此进而走向理想的人格之境("见圣人之奥")。变化气质的以上过程,在张载看来也就是反归天地之性的过程,所谓

---

① 《张载集》,第23页。
② 《张载集》,第274页。
③ 《张载集》,第265页。

"善反之,则天地之性存焉",便表明了这一点。在这里,天地之性似乎表征了更为理想的存在形态。基于以上前提,张载对气质之性采取了疏而远之的立场,在"气质之性,君子有弗性者焉"这一结论中,便不难看到疏离气质之性的取向。对人性的如上理解,同时涉及对人的规定:由气质之性复归天地之性,多少蕴含着理性本质对于感性存在的优先性。从张载关于"身"与"道"关系的理解中,可以进一步看到这一趋向:"身而体道,其为人也大。"① "身"体现的是人的感性形态,"道"则包含普遍的原则,后者与理性的品格具有更切近的关系;身而体道,既意味着赋予感性的存在以理性的品格,也表现为理性向感性的渗入。这里无疑包含人不能停留于感性存在之意,但同时也多少强化了理性的主导性与支配性,后一思维趋向在二程与朱熹那里得到了进一步的发展。

与气质之性和天地之性的区分相联系的,是见闻之知与德性之知的分野。见闻属感性之域,德性则不限于见闻。在谈到二者关系时,张载指出:

> 大其心,则能体天下之物,物有未体,则心为有外。世人之心,止于闻见之狭;圣人尽性,不以见闻梏其心,其视天下无一物非我。孟子谓尽心则知性知天,以此。天大无外,故有外之心不足以合天心。见闻之知,乃物交而知,非德性所知;德性所知,不萌于见闻。②

见闻以物为对象,其所及之域也有自身的限度,停留于见闻,则无法

---

① 《张载集》,第25页。
② 《张载集》,第24页。

把握天下之物。圣人的特点在于能够不为见闻所限,以德性之知"体天下之物"。这里所说的德性之知不同于见闻而与"心"相联系,如前所述,见闻有自身限制,"心"则可以超越限制(大其心,则能体天下之物)。与心相联系的这种德性之知具有二重性:它既以道德意识为内容,并相应地渗入了价值内涵,又呈现为认识层面的理性品格;德性之知对见闻之知的超越则既体现了道德关切的优先性,又展现了对理性之知的注重。德性之知的以上二重内涵,在逻辑上潜含了尔后理学发展中尊德性与道问学的不同进路:强化德性之知中的理性维度,则入手的主导方面将放在道问学;突出德性之知中的道德内涵,则尊德性将被推向更为前沿的地位,在程朱与陆王那里,我们分别可以看到以上二重发展趋向。

要而言之,太虚即气,气为万物之源,更多地表现为对实然(天道之域的对象世界)的理解,伦理之序与社会责任则以当然(人道之域的价值理想与规范系统)为实际的内容,从前者到后者的推绎既体现了天道与人道的沟通,又表现为当然与实然的统一。以气质之性和天地之性的预设为前提,人的感性规定与理性本质呈现相关而又相分的关系,而德性之知的二重内涵,则进一步预示了理学发展的不同路向。从以上方面看,张载的哲学无疑构成了理学在实质意义上的开端。

二

从天道走向人道,以当然为人道的价值内涵,这一思维进路在突出"理"的理学流派中也得到了体现,就以上方面而言,张载与注重"理"的理学流派并无根本的差异。然而,在张载那里,与太虚即气、气为本源这一本体论立场相应,天道的考察具体展开为对实然的确认,天道与人道的统一,则具体地表现为当然与实然的沟通;与之相应,以天道为人道的前提,同时表现为以实然为当然的根据。相对于此,在本体论上,以理为第一原理的理学流派,则将关注的重心由气转向理。"气"与"空"、"无"相对,体现的是现实的存在(实然),"理"则首先表现为必然的法则,以"理"为第一原理,同时呈现出化当然为必然的趋向。理学中的以上趋向虽然发端于二程,但其充分的展开,则完成于朱熹。作为理学的集大成者,朱熹本身也是在理学的以上展开过程中显示了其思想的意义。这里的考察,主要便以朱熹的思想为中心。

较之张载强调气的本源性,朱熹首先将关注之点指向理气关系:"天地之间,有理有气。理也者,形而上之道也,生物之本也;气也者,形而下之器也,生物之具也。是以人物之生,必禀此理,然后有性;必禀此气,然后有形。"①这里的气与理分别近于质料因和形式因,人物则指作为具体对象的个人及其他事物,对朱熹而言,理决定了某物之为某物的本质(性),气则规定了事物形之于外的存在形态(形),具体事物的存在既依赖于理,也离不开气。在这里,理与气的关系无疑呈现了统一的一面,朱熹以两个"必"("必禀此理"、"必禀此气")强调了具体事物形成过程中理与气的不可分离性。不过,理与气的这种统一,主要限于经验领域的具体事物:唯有既禀理又禀气,经验对象的发生与存在才成为可能。在从经验的层面理解理气关系的同时,朱熹又从形而上与形而下的维度,对理气关系作了总体上的规定:气为形而下之器,理则是形而上之道。从内涵上看,道具有超越具体对象的普遍品格,作为形而上之道,理相应地构成了存在的普遍根据或本源(生物之本);器是处于特定时空中的有限事物,以气为器,意味

---

① 《答黄道夫一》,《朱文公文集》,卷五十八。

着将气等同于有限的经验对象;所谓生物之具,便既指事物构成的质料,也指具体事物本身。理气与道器的以上对应,显然蕴含了对理气关系的另一种理解。

在关于理气是否有先后的问题上,对理气关系的不同理解得到了具体的展示:"或问:'必有是理,然后有是气,如何?'曰:'此本无先后之可言。然必欲推其所从来,则须说先有是理。然理又非别为一物,即存乎是气之中,无是气,则是理亦无挂搭处。'"①理气"本无先后",是就经验领域的具体事物而言,在这一层面,理并非别为一物,而即在气之中。然而,从形而上与形而下的视域看,则理又具有对于气的优先性,所谓"必欲推其所从来",便是从形而上的角度立论,在此层面,理为万物存在的根据,因而"须说先有是理"。以上关系,朱熹同时从本原与禀赋之分加以解释:

若论本原,即有理然后有气,故理不可以偏全论。若论禀赋,则有是气而后理随以具,故有是气则有是理,无是气则无是理。②

本原是就本体论而言,禀赋则涉及经验领域具体事物的发生或生成,在本体论上,理作为生物之本,具有更为本源的性质,故为先;在经验领域,特定事物的生成则既需理,又离不开气,故理气无先后。类似的辨析在朱熹那里可以一再看到:"或问先有理后有气之说。曰:'不消如此说。而今知得他合下是先有理后有气邪?后有理先有气邪?皆不可得而推究。然以意度之,则疑此气是依傍这理行,及此气之

---

① 《朱子语类》,卷一。
② 《答赵致道》,《朱文公文集》,卷五十九。

聚,则理亦在焉。盖气则能凝结造作,理却无情意,无计度,无造作,只此气凝聚处,理便在其中。且如天地间人物草木禽兽,其生也莫不有种,定不会无种子白地生出一个物事,这个都是气。若理,则只是个净洁空阔底世界,无形迹,他却不会造作;气则能酝酿凝聚生物也,但有此气则理便在其中。'"①"问:'有是理便有是气,似不可分先后。'曰:'要之,也先有理,只不可说是今日有是理,明日却有是气也,须有先后。且如万一山河天地都陷了,毕竟理却只在这里。'"②从经验领域具体事物的存在看,理气都不可或缺,故对理气不必分先后("不消如此说"),但是,气作为形而下之器,是有限的、特殊的,其凝结造作表现为时间中的过程,理作为形而上之道,则同时具有超验特定时空的品格,表现为一个"净洁空阔"、"无形迹"的世界;气在时间中凝结造作的万物尚未出现,理作为超越时间的"净洁空阔"世界已存在("要之,也先有理");同样,时空中的万物都归于消亡(万一山河天地都陷了),时空之外的理却依然存在(毕竟理却只在这里)。

不难看到,在理气关系上,关于理气无先后与理气有先后的不同表述既非朱熹理学系统中简单的内在矛盾,也不是如一些论者所言,表现了朱熹在早年与晚年的不同思想。事实上,同样的观念,在其早年与晚年都可看到。以上所引论述,便同时出自其不同的时期。从更实质的意义上看,理气关系不同的内涵,与不同的考察视域具有对应性,这种不同,主要便表现为经验视域与形上视域之别。经验的视域涉及时空关系中具体事物的生成与存在,形上视域则指向存在的根据与本原。对朱熹而言,在经验领域,具体事物的生成既以理,也以气为其必要前提,理与气在此意义上无先后之分;从形

---

① 《朱子语类》,卷一。
② 《朱子语类》,卷一。

上之域看,理超越于具体时空,构成了存在的普遍本原与根据,作为超时空的存在本原,理既存在于气以及万物化生之前,又兀立于气以及万物既陷之后。"或问理在先气在后。曰:'理与气本无先后之可言,但推上去时,却如理在先,气在后相似。'"①这里的"本无先后"是就经验之域而言,"推上去"或"推其所从来",②则是从形上之域加以追问,与之相应的便是理气"本无先后"与"理在先,气在后"的二重认定。

理气关系的二重规定既肯定了气作为生物之具的意义,又突出了理在本体论上的优先性。与后者相应,朱熹将注重之点更多地放在理之上。从理气有无先后的问题转向存在的具体形态,首先便涉及事物的同与异的关系问题:天下万物,既千差万别,又有共同或普遍之性,如何理解这种存在形态?从理为万物之本的前提出发,朱熹对此作了如下解释:

> 论万物之一原,则理同而气异;观万物之异体,则气犹相近而理绝不同也。气之异者,粹驳之不齐;理之异者,偏全之或异。③

"万物之一原"体现的是物之"同",对朱熹而言,物的这种"同"乃是以理之"同"为其根据,在这里,"理"主要被理解为万物的普遍本质。与"万物之一原"相对的是"万物之异体",后者涉及的是不同类的事物或事物的不同类,这种不同,同样由理所决定,朱熹将"物之异体"

---

① 《朱子语类》,卷一。
② 《朱子语类》,卷一。
③ 《答黄商伯四》,《朱文公文集》,卷四十六。

与"理之不同"联系起来,便表明了这一点。如前所述,张载提出"阴阳之气,散则万殊",其中包含以气的聚散说明事物的差异(万殊)之意。然而,气的聚散主要涉及质料的构成,这一层面的异同,似乎尚带有外在的性质。相对于此,朱熹强调"观万物之异体,则气犹相近而理绝不同",则表现出从"理之不同"理解"物之异体"的趋向。较之以气为出发点,从理的角度理解事物的同异关系,在理论上无疑更深入了一层。

理与物的以上关系,在"有血气知觉"与"无血气知觉"等不同存在形态之间的比较中得到了进一步的阐述:"天之生物,有有血气知觉者,人兽是也;有无血气知觉而但有生气者,草木是也;有生气已绝而但有形质臭味者,枯槁是也。是虽其分之殊,而其理则未尝不同。但以其分之殊,则其理之在是者不能不异。故人为最灵而备有五常之性,禽兽则昏而不能备,草木枯槁,则又并与其知觉者而亡焉,但其所以为是物之理则未尝不具耳。若如所谓才无生气便无此理,则是天下乃有无性之物,而理之在天下乃有空阙不满之处也,而可乎?"①这里区分了有生命且有知觉、有生命但无知觉、曾有生命但生命已终结等不同形态的事物,作为不同的存在形态,它们无疑体现了"分之殊",但"殊"之中又有"同",后者主要表现在它们内含共同之"理"("其理则未尝不同")。然而,既为"分之殊",则内在于其中的理又有差异(其理之在是者不能不异)。通过理之同与理之异的以上分疏,朱熹一方面肯定了不同存在形态中理的特殊性以及事物之殊与理之异的联系,另一方面又确认了理的普遍存在:即使失去生命之物(所谓"枯槁"),仍有其理。与之相应,理既规定了存在的特殊形态,又从普遍的方面制约着事物。

---

① 《答余方叔》,《朱文公文集》,卷五十九。

理对物的二重制约,在理一分殊说中也得到了体现。"理一分殊"的提法最早出自程颐,所谓"《西铭》明理一分殊,墨氏则二本而无分"①。这一语境中的"理一分殊"主要与道德原则及其作用形式相联系。朱熹对此作了引申,使这一命题同时具有本体论的意义。在解释太极与万物的关系时,朱熹指出:"二气五行,天之所以赋授万物而生之者也。自其末以缘本,则五行之异本二气之实,二气之实,又本一理之极。是合万物而言之,为一太极而已也。自其本而之末,则一理之实,而万物分之以为体。故万物之中,各有一太极,而小大之物,莫不各有一定之分也。"②太极是理的终极形态(所谓"一理之极"),由经验对象(末)追溯存在的本原,则万物源于五行,五行产生于阴阳二气,二气又本于太极,故太极为万物的最终本源;自终极的存在向经验领域下推,则太极又散现于经验对象。在这里,"理一"意味着理为万物之本,"分殊"则表明理在具体的事物之中规定着具体事物,二者从不同方面体现了理的普遍制约。

尽管"分殊"在逻辑上蕴含着对多样性的肯定,但作为"理一"的展开,它(分殊)主要又表现为理本身的存在方式和存在形态,其意义首先也体现在理对万物的规定之上。也正是由此出发,朱熹在确认理一分殊的同时,一再强调理一的主导性:

天下之理万殊,然其归则一而已矣,不容有二三也。③
万理本乎一理。④

---

① 《二程集》,第609页。
② 朱熹:《通书注·性理命章》。
③ 《答余正甫》,《朱文公文集》,卷六十三。
④ 《朱子语类》,卷二十七。

本体论意义上的存在是如此,社会伦理实践的领域也是这样:"世间事虽千头万绪,其实只一个道理,理一分殊之谓也。"①质言之,无论是本体论之域,抑或社会伦理的世界,理一与分殊最终展示的都是理的普遍制约与主导性。

作为存在的第一原理,理同时表现为必然的法则,所谓"理有必然"②。当然,在朱熹那里,突出作为必然法则的理,并不仅仅在于确认天道之域中对象世界变迁的必然性,与张载、二程一样,朱熹对天道的考察最后仍落实到人道,在这方面,理学确乎前后相承。就理的层面而言,天道与人道的相关,具体表现为所以然与所当然的统一:

> 至于天下之物,则必各有所以然之故,与其所当然之则,所谓理也。③

"所以然"表示事物形成、变化的内在原因或根据,如上所提及的,在理学的论域中,它与"必然"处于同一序列,理之"所以然",相应地也被表述为"理之所必然";④"所当然"则既指物之为物所具有的规定,也与人的活动相联系,表示广义的当然之则:所谓"理所当然者",同时便指"人合当如此做底"。⑤ 以"所以然"与"所当然"为理的双重内涵,表明理既被理解为"必然",也被视为"当然"。与之相应,对理的把握(明理)也同时指向二者:"所谓明理,亦曰明其所以然与其所当

---

① 《朱子语类》,卷一百三十六。
② 《己酉拟上封事》,《朱文公文集》,卷十二。
③ 《大学或问上》。
④ 参见《朱子语类》,卷七十四。
⑤ 参见《朱子语类》,卷六十。

然者而已。"①事实上,朱熹确乎一再地在理的层面上,将必然与当然联系起来。从实践的层面看,理首先与人应物处事的过程相关:"要得事事物物、头头件件各知其所当然而得其所当然,只此便是理一矣。"②这里作为"理一"的"所当然",便是社会领域(首先是伦理领域)的当然之则,而这种当然之则按朱熹之见同时具有必然的性质,在谈到格致诚正、亲亲、长长的关系时,朱熹便表达了这一点:

> 故不能格物致知,以诚意正心而修其身,则本必乱而末不可治。不亲其亲、不长其长,则所厚者薄而无以及人之亲长,此皆必然之理也。③

是否修身而立本、是否由亲其亲长其长而及人之亲长,所涉及的本来是社会伦理领域中的当然之则,但在朱熹看来,其间又内含必然之理;必然与当然在此亦彼此交融。

较之张载以实然(气化流行)为当然之源,朱熹将当然纳入理之中,似乎更多地注意到当然与必然的联系。当然作为行为的准则,与人的规范系统相联系,从具体的实践领域看,规范的形成总是既基于现实的存在(实然),又以现实存在所包含的法则(必然)为根据,对象世界与社会领域都存在必然的法则,规范系统一方面体现了人的价值目的、价值理想,另一方面又以对必然之道的把握为前提;与必然相冲突,便难以成为具有实际引导和约束意义的规范。朱熹肯定当然与必然的相关性,无疑有见于此。然而,如前所述,当然同时又与

---

① 《答吴伯丰》,《朱文公文集》,卷五十二。
② 《朱子语类》,卷二十七。
③ 《大学或问上》。

人的目的、需要相联系,并包含某种约定的性质。就规范的形成而言,某一实践领域的规范何时出现、以何种形式呈现,往往具有或然的性质,其中并不包含必然性。同时,规范的作用过程,总是涉及人的选择,人既可以遵循某种规范,也可以违反或打破这种规范。这种选择涉及人的内在意愿。与之相对,作为必然的法则(包括自然法则),却不存在打破与否的问题。规范与法则的以上差异,决定了不能将当然等同于必然。

以当然为必然的逻辑结果,首先是赋予当然以命定的性质。在对理之当然与理之所以然作进一步界说时,朱熹指出:"理之所当然者,所谓民之秉彝,百姓所日用者也。圣人之为礼乐刑政,皆所以使民由之也,其所以然,则莫不原于天命之性。"①"秉彝"含有天赋、命定之意,以理之所当然为"民之秉彝",意味着将当然规定为天赋之命,当朱熹强调"所以然,则莫不原于天命之性"时,便进一步突出了这一点:所以然与所当然彼此相通,"理之所以然"原于天命之性,同时也表明"理之当然"来自天所命之性。当然与"性""命"的这种联系,使循乎当然成为先天的规定,而当然本身也似乎由此被赋予某种宿命的性质。

作为先天之命,当然常常被置于超验之域:"说非礼勿视,自是天理付与自家双眼,不曾教自家视非礼,才视非礼,便不是天理。非礼勿听,自是天理付与自家双耳,不曾教自家听非礼,才听非礼,便不是天理。非礼勿言,自是天理付与自家一个口,不曾教自家言非礼,才言非礼,便不是天理。非礼勿动,自是天理付与自家一个身心,不曾教自家动非礼,才动非礼,便不是天理。"②"天理付与"也就是天之所

---

① 《论语或问》,卷八。
② 《朱子语类》,卷一百一十四。

与,在界定仁道规范时,朱熹更明确地点出了此义:"仁者,天之所以与我,而不可不为之理也。"①作为天之所与,规范已不仅仅是一种当然,而且同时具有了必然的性质:所谓"不可不为",便已含有必须如此之意。事实上,朱熹确实试图融合当然与必然,从其如下所论,便不难看到此种意向:"及于身之所接,则有君臣、父子、夫妇、长幼、朋友之常,是皆必有当然之则,而自不容已,所谓理也。"②"自不容已"表现为一种必然的趋势,将当然之则理解为"自不容已"之理,意味着以当然为必然。作为自不容已的外在命令,天理同时被蒙上某种强制的形式:遵循天理并不是出于自我的自愿选择,而是不得不为或不能不然,所谓"孝悌者,天之所以命我,而不能不然之事也"③即表明了此点。不难看到,在道德实践的领域,以当然为必然,总是很难避免使规范异化为外在的强制。

从普遍之道(必然与当然)转向人,便涉及对人性的理解。继张载、二程之后,朱熹也对天地之性(或天命之性)与气质之性作了区分。天地之性或天命之性本于理:"盖天命之性,万理具焉。"④气质之性则源自于气:"气积为质,而性具焉。"⑤作为人性之中的规定,天命之性所具之理主要以社会伦理原则和规范为其内容:"盖天命之性,仁义礼智而已。循其仁之性,则自父子之亲,以至于仁民爱物,皆道也;循其义之性,则自君臣之分,以至于敬长尊贤,亦道也;循其礼之性,则恭敬辞让之节文,皆道也;循其智之性,则是非邪正之分别,亦

---

① 《论语或问》,卷一。
② 《大学或问下》。
③ 《论语或问》,卷一。
④ 《中庸或问上》。
⑤ 《朱子语类》,卷四。

道也。盖所谓性者,无一理之不具。"①仁义礼智等伦理原则体现的是人作为道德主体所具有的本质,它展示了人之为人的普遍规定,以此为内容的天命之性相应地表现为"一",气质之性作为气积而成者,则更多地体现了感性的多样性:"气禀之性,犹物之有万殊,天命之性则一也。"②不难看到,天命之性(天地之性)与气质之性之别,突出的是人的普遍伦理本质(所谓"一")与多样的感性规定(所谓"万殊")之间的区分。

与具体事物之中理气相即而不相分一致,天命之性(天地之性)与气质之性在具体的个人之中也无法彼此分离:"若无气质,则这性亦无安顿处。"③如同理需要以气作为承担者一样,天命之性也依托于气质之性。另一方面,气质之性本身又有待提升与成就,在这一意义上,二者呈现互相依存的关系:"性非气质,则无所寄;气非天性,则无所成。"④在朱熹以前,二程已有"论性不论气,不备;论气不论性,不明"之说,⑤朱熹的以上看法无疑与之前后相承。对天命之性(天地之性)与气质之性相关性的以上肯定,同时也注意到了人的理性本质与感性规定之间的联系。

然而,按朱熹的理解,气质之性的作用,主要便在于安顿天命之性,从目的与手段的关系看,这种作用更多地呈现手段的性质。就气质之性本身而言,它则似乎缺乏内在的价值意义:

> 性只是理,然无那天气地质,则此理没安顿处。但得气之清

---

① 《中庸或问上》。
② 《答万正淳》,《朱文公文集》,卷五十一。
③ 《朱子语类》,卷四。
④ 《朱子语类》,卷四。
⑤ 《二程集》,第81页。

明,则不蔽锢此理,顺发出来。蔽锢少者发出来,天理胜;蔽锢多者则私欲胜。便见得本原之性无有不善,孟子所谓性善,周子所谓纯粹至善,程子所谓性之本与夫反本穷源之性是也。只被气质有昏浊,则隔了。故气质之性,君子有弗性者焉,学以反之,则天地之性存矣。故说性,须兼气质说方备。①

天地间只是一个道理,性便是理。人之所以有善有不善,只缘气质之禀各有清浊。②

气质之性固然为天命之性提供了安顿之处,但作为手段与目的意义上的联系,二者并未达到内在的、实质层面的统一,天命之性即使被安顿在气质之性上,也是各自平行,所谓"气自是气,性自是性":"未有此气,已有此性;气有不存,而性却常在。虽其方在气中,然气自是气,性自是性,亦不相夹杂。"③就气质之性自身而言,它始终有昏有浊,这种昏浊规定同时构成了恶(不善)产生的根源,从而更多地呈现负面的意义。也正是在此意义上,朱熹接受并进一步发挥了张载"气质之性,君子有弗性者焉"之说。

与性相联系的是心。对应于天命之性与气质之性的分野,朱熹区分了道心与人心。关于道心与人心的涵义,《中庸章句·序》中有一具体阐述:"心之虚灵知觉,一而已矣,而以为有人心道心之异者,则以其或生于形气之私,或原于性命之正,而所以为知觉者不同,是以或危殆而不安,或微妙而难见耳。然人莫不有是形,故虽上智不能无人心;亦莫不有是性,故虽下愚不能无道心。"④在此,人心与道心分

---

① 《朱子语类》,卷四。
② 《朱子语类》,卷四。
③ 《朱子语类》,卷四。
④ 《中庸章句·序》。

别以形气和性命为源,"形气"与气质层面的规定相联系,体现了人的感性存在;"性命"则相应于天命之性,并从伦理之维展示了人的理性品格。"形气"作为感性的存在,涉及特定之欲;"性命"则以普遍之理为内容:"此心之灵,其觉于理者,道心也;其觉于欲者,人心也。"①可以看到,对"心"的以上论析既不是着眼于心理学,也非本于认识论,它的关注之点,主要在于人的社会伦理规定,后者未超出广义的当然之域。

作为现实的存在,人既呈现形气之身,又以性命或义理所体现的伦理品格为其普遍规定,与之分别相联系的人心和道心,也构成了内在于人的两个方面,无论圣凡,都不例外:"道心是义理上发出来底,人心是人身上发出来底,虽圣人不能无人心,如饥食渴饮之类;虽小人不能无道心,如恻隐之心。"②饥而欲食、渴而欲饮,这是体现感性需要的欲求,以之为内容的人心,虽圣人亦不能免;另一方面,作为伦理的存在,人总是具有基本的道德意识(如恻隐之心),以之为内容的道心即使在道德境界并不很高者(所谓小人)中亦可发现。道心与人心的如上并存表明,对人心的现实存在,不能以虚无主义立场加以对待。

然而,现实的存在所呈现的主要是实然。实然并不能等同于应然或当然,同样,现实之在也有别于应然之在。按朱熹的理解,人心由于源自"耳目之欲",因而有其伦理意义上的危险性,而道心则基于义理,从而能够保证所思所为的正当性:"知觉从耳目之欲上去,便是人心;知觉从义理上去,便是道心。人心则危而易陷,道心则微而难著。"③事实上,当朱熹肯定道心出于"性命之正"并将人心与"形气之

---

① 《答郑子上》,《朱文公文集》,卷五十六。
② 《朱子语类》,卷七十八。
③ 《朱子语类》,卷七十八。

私"、"危殆而不安"联系起来时,已蕴含对人心与道心的不同价值定位。由此出发,在肯定人心实际地存在于人的同时,朱熹又要求确立道心对人心的主导性:"饥欲食渴欲饮者,人心也;得饮食之正者,道心也。须是一心只在道心上,少间那人心自降伏得不见了。人心与道心为一,恰似无了那人心相似,只是要得道心纯一。"①"饥欲食渴欲饮者,人心也",这是实然;"须是一心只在道心上"、"只是要得道心纯一",等等,则属应然(当然)。在朱熹看来,饥欲食渴欲饮这一类的人心固然是现实的存在(实然),对此不能完全无视,但承认这一事实并不意味着人"应当"停留于或自限于这种"实然",毋宁说,从应然或当然的层面看,人恰恰"应当"超越以上存在形态,所谓"须是一心只在道心上"、"恰似无了那人心相似,只是要得道心纯一",侧重的便是这一点。不难注意到,在承认实然(人心的现实存在)的同时,又强调实然与当然的区分,构成了朱熹论道心与人心的基本立场之一。

与实然和当然相联系的是必然。如前所述,朱熹所理解的理具有当然与必然二重涵义,当然之则往往同时被视为不得不然的必然法则。以理为内涵,道心既表现为当然之则的内化形态,也被赋予某种必然的性质。另一方面,人心按其自身的发展之势而言,蕴含着"危殆而不安"的趋向,这种趋向在朱熹看来也具有必然性:"人心亦未是十分不好底,人欲只是饥欲食、寒欲衣之心尔,如何谓之危?但既无理义,如何不危!"②所谓"既无理义,如何不危",所强调的便是:一旦离开了源于理义的道心,则人心必然走向危殆。由此,朱熹强调:

> 必使道心常为一身之主,而人心每听命焉,则危者安,微者

---

① 《朱子语类》,卷七十八。
② 《朱子语类》,卷七十八。

著,而动静云为,自无过不及之差矣。①

在这里,道心对人心的主导性,进一步被规定为道心对人心的主宰,而这种主宰同时呈现无条件的、绝对的性质:"必使道心常为一身之主"之"必",便突出地表明了这一点。实然与当然之分,在此已开始引向当然与必然的沟通:人心"应当"超越现实形态而合于道心,被强化为人心"必须"无条件地听命于道心。

当然与必然的以上交融,不仅在规范的意义上使道心对人心的制约具有某种强制的性质,而且也在本体论的意义上蕴含了对人的存在形态的规定,后者具体表现为化人心为道心:"盖以道心为主,则人心亦化而为道心矣。"②对人心与道心关系的这种理解既与理气之辩前后一致,也与气质之性和天命之性的分疏彼此呼应:化人心为道心,在某种意义上即可视为变化气质的逻辑引申。对人心如此转化的结果,在逻辑上意味着将人主要规定为理性的化身,所谓"恰似无了那人心相似,只是要得道心纯一",便已多少蕴含此意,而"圣人全是道心主宰",③则从理想人格的层面表达了同一意向。在"道心纯一"、"全是道心"的形态下,人的多方面存在规定似乎难以得到适当定位。

对性(天命之性和气质之性)与心(道心和人心)的辨析与定位,其意义并不仅仅限定于心性本身,从更广的视域看,它所指向的是人的存在及其行为。如前所述,作为儒学的新形态,理学关注的中心问题之一是人格的成就与行为的完善。如何成就理想的人格并达到行

---

① 《中庸章句·序》。
② 《答黄子耕》,《朱文公文集》,卷五十一。
③ 《朱子语类》,卷七十八。

为的完善?在朱熹关于心性的看法中,已蕴含着回答以上问题的思路。如前所述,天命之性与道心都以理为本,如果说,天命之性主要从本体论的层面突显了人作为理性存在的品格,那么,道心的内容则更直接地表现为实践理性。以天命之性优先于气质之性、道心主宰人心的理论预设为前提,朱熹将关注之点更多地指向道问学。

从肯定理为存在的第一原理出发,朱熹首先将成就人格与明理或穷理联系起来:

> 夫"天生蒸民,有物有则",物者,形也;则者,理也。形者,所谓形而下者也;理者,所谓形而上者也。人之生也,固不能无是物矣,而不明其物之理,则无以顺性命之正而处事物之当,故必即是物以求之。知求其理矣,而不至夫物之极,则物之理有未穷,而吾之知亦未尽,故必至其极而后已,此所谓"格物而至于物,则物理尽"者也。物理皆尽,则吾之知识廓然贯通,无有蔽碍,而意无不诚、心无不正矣。①

意之诚、心之正,属成就人格或成就德性,知求其理,则是成就知识,朱熹认为一旦"知识廓然贯通",便可以达到"意无不诚、心无不正",显然以成就知识为成就德性的条件。不难看到,这里展示的,是一种由知而入德的进路。

朱熹所理解的穷理或明理,既指向天道之域,也包括人道之域;既涉及小学层面的日常之理,也关乎大学层面的形上对象。而能否把握广义的理,则不仅与个体的德性相关,而且也制约着天下国家之治:"理有未穷,故其知有不尽。知有不尽,则其心之所发必不能纯于

---

① 《答江德功》,《朱文公文集》,卷四十四。

义理而无杂乎物欲之私,此其所以意有不诚,心有不正,身有不修,而天下国家不可得而治也。昔者圣人盖有忧之,是以于其始教为之小学,而使之习于诚敬,则所以收其放心,养其德性者,已无所不用其至矣。及其进乎大学,则又使之即夫事物之中,因其所知之理推而究之,以各到乎其极,则吾之知识亦得以周遍精切而无不尽也。若其用力之方,则或考之事为之著,或察之念虑之微,求之文字之中,或索之讲论之际,使于身心性情之德,人伦日用之常,以至天地鬼神之变,鸟兽草木之宜,自其一物之中,莫不有以见其所当然而不容已与其所以然而不可易者。"①从自然现象到社会领域,从个体的性情到人伦日用,穷理的过程展开于各个方面,与之相联系的是"知识亦得以周遍精切"。这一过程不仅仅体现了天道与人道的统一,而且在更内在的意义上突出了人格成就中的自觉原则,后者的实质内容,是通过把握"所当然"与"所以然"而达到实践理性层面的道德自觉,由此进一步提升内在的德性。由穷理致知而正心诚意、养其德性,无疑将由知而入德的进路具体化了。从理学的演化看,在朱熹之前,二程已一再强调通过致知而诚意:"未致知,便欲诚意,是躐等也。"②由知而入德的进路,与之显然前后相承。

成就德性的方式,同时关联着成就德行。以"知识廓然贯通"、"知识"周遍精切为正心诚意、成就德性的前提,决定了达到行为的完善也离不开穷理而致知的进路。与德性成就过程一样,这里的穷理,也主要指向"所以然"与"所当然":"穷理者,欲知事物之所以然与其所当然者而已。知其所以然,故志不惑;知其所当然,故行不谬。"③在

---

① 《大学或问下》。
② 《二程集》,第187页。
③ 《答或人》,《朱文公文集》,卷六十四。

此,天道与人道、当然(所当然)与必然(所以然)同样彼此交融,行为的正当(行不谬),以自觉地把握当然之则(知其所当然)为前提,而当然与必然(所以然)的合一,则使行其当然成为人的定向:知其必然而一意行此,故可超越游移、彷徨、疑惑(志不惑)。

作为伦理的存在,人无疑包含理性的品格,明其当然并进而行其当然,构成了道德主体的内在规定。正是对当然之则的自觉把握,使人能够在不同的存在境遇中判断何者当为、何者不当为,并由此作出相应的选择,而对当然之则的自觉意识,则基于广义的认识过程。如前所述,当然不同于实然与必然,但又非隔绝于后者(实然与必然),对当然之则的理解和把握,也相应地涉及以上各个方面。无论是对当然之则本身的理解,抑或对其根据的把握,都无法离开致知的过程,道德的主体也正是在这一过程中,逐渐形成了自觉的伦理意识,并由此区别于自然意义上的存在。就道德实践而言,完美的道德行为不同于自发的冲动而表现为自觉之行,这种自觉品格既关乎"应该做什么",也涉及"应该如何做",前者与当然之则的把握相联系,后者则进一步要求了解行为的具体背景,二者在不同的意义上关联着广义的"知"。二程及朱熹以致知明理为成就人格与成就行为的前提,无疑有见于以上方面。

然而,在强调道德主体及道德行为应当具有自觉品格的同时,二程和朱熹对德性形成过程及道德行为的多方面性和复杂性未能给予充分的注意。明其当然或明其理固然是成就德性的一个方面,但仅仅把握当然,并不能担保德性的成就:理或当然之则作为知识的对象,往往具有外在的性质,这一层面的知识积累与内在人格的完善之间,存在着逻辑的距离。朱熹认为一旦"知识廓然贯通",则"意无不诚、心无不正",既不适当地突出了理性的意义,也似乎将问题过于简单化了。

从实践之域看,道德行为诚然具有自觉的品格,但过于强调理性的自觉,往往容易忽视道德行为的其他方面。在二程那里,已可看到这一趋向。在谈到明理与循理的关系时,二程曾指出:

> 学者固当勉强,然不致知,怎生行得?勉强行者,安能持久?除非烛理明,自然乐循理。①

这里所说的"乐",有乐于、愿意之意,"乐循理"也就是自愿地遵循当然之则。然而,对二程而言,"乐循理"同时又以"烛理明"为前提:一旦明理,便"自然乐循理",所谓"烛理明"也就是自觉地把握当然之则。这样,自觉之中,便似乎已蕴含自愿。类似的思想在朱熹那里得到了更明确的表述:"要须是穷理始得。见得这道理合用恁地,便自不得不恁地。……且如今人,被些子灯花落手,便说痛,到灼艾时,因甚不以为痛?只缘知道自家病合当灼艾,出于情愿,自不以为痛也。"②"合用恁地"也就是应当如此,知道合当如此,是一种理性的明觉,出于情愿则属意志的自愿选择,朱熹认为知道了"合当"如此,同时也就是"出于情愿",显然将自愿纳入了自觉之中。自觉对自愿的如上消融,既以穷理过程为前提,又与消除自主的选择相联系,所谓"自不得不恁地",便意味着别无选择。

以理为存在的第一原理,朱熹上承二程,既表现出某种构造形上世界图景的超验趋向,又延续了儒学沟通天道与人道的传统。通过理气关系的辨析,朱熹在肯定理为超验本原的同时,又对形上之理与经验领域中具体事物(分殊)的关系作了考察,从而在不同的层面确

---

① 《二程集》,第 187—188 页。
② 《朱子语类》,卷二十二。

认了理为存在的普遍根据。作为存在所以可能的根据,理又被赋予所以然与所当然二重涵义,与之相联系的是融当然于必然,正是在这里,以理为存在的第一原理的内在涵义得到了真正的展示。当然与必然的沟通既使当然之则的规范意义得到强化,也突出了人的理性本质:明理(把握所当然与所以然)与循理(遵循当然之则)都以人是理性的存在这一预设为前提,而天命之性对气质之性的超越、道心对人心的主宰,则在不同的层面确立了理性本质的这种优先性。当然和必然、天命之性和道心分别从外在与内在两个方面展开了普遍之理,后者(理)在人格的成就与行为的成就中具体表现为自觉的原则,在以自觉的原则确证人不同于其他存在之本质规定的同时,朱熹又或多或少表现出以自觉原则消解自愿原则的趋向。

三

相对于张载以气为出发点,二程及朱熹以理为第一原理,理学中的另一些人物更多地将关注之点指向心,如所周知,后者的代表性人物主要便是陆九渊与王阳明。陆、王的具体思想(包括对心的理解)存在种种差异,但在以心立说这一点上,二者无疑前后相承。当然,心学的系统展开,主要完成于王阳明,这里对心学的考察,也以王阳明为中心。

与朱熹以理气关系为主要指向有所不同,王阳明对存在的考察首先表现为以心观之,后者具体展开为在心与物的关系中规定对象世界:"心之所发便是意;意之本体便是知;意之所在便是物。如意在于事亲,即事亲便是一物;意在于事君,即事君便是一物;意在于仁民爱物,即仁民爱物便是一物;意在于视听言动,即视听言动便是一物。

所以某说无心外之理,无心外之物。"①此处之物不同于本然的存在,本然的存在尚未成为意识的对象,作为"意之所在"的物,则已进入意识之域并成为意识的对象。意之在物既是一个意向(意指向对象)的过程,又是主体赋予对象以意义的过程。对缺乏伦理、政治意识者来说,亲(父母)、君、民等只是宽泛意义上的外物,只有当心体指向这种对象之时,亲、君、民才呈现伦理、政治等意义。同样,事亲、事君、仁民、爱物作为人的活动,也唯有在与主体意识的互动中,才获得道德实践、政治实践等意义。

要而言之,意之所在即为物,并不是意识在外部时空中构造一个物质世界,而是通过以心观之(意向活动),赋予存在以某种意义,并由此建构主体的意义世界;所谓心外无物,亦非指本然之物(自在之物)不能离开心体而存在,而是指意义世界作为进入意识之域的存在,总是相对于人才具有现实意义。可以看到,这种意义世界不同于形而上的本体世界:它不是外在于人的自在之物,而是首先形成并展开于人的意识活动之中,并与人自身的存在息息相关。王阳明从意义世界的层面考察对象,与朱熹以理为存在的形上根据(生物之本),无疑体现了不同的形上视域。

作为一个过程,意义世界的形成并不是一种凭空的构造。王阳明曾认为:"你未看此花时,此花与汝心同归于寂。"②这里的"同归于寂"颇有寓意。意义世界的建构诚然离不开心体的作用,但就心体的意向活动而言,外部对象同样不可或缺;在心体作用之前,对象固然无从进入意义世界,但缺乏对象,心体的作用也无从展开:所谓同归于寂,便是二者尚未相遇时的情形。疏离于外部对象,不仅意义世界

---

① 《传习录上》,《王阳明全集》,第6页。
② 《王阳明全集》,第108页。

将往往缺乏现实性,而且心体本身的真切性也将成为问题:"我的灵明离却天地鬼神万物,亦没有我的灵明。如此,便是一气流通的,如何与他间隔得?"①质言之,在意义关系中,心体与对象不可相离,与之联系,心体不能完全在对象世界外凭空造作。这样,以意义世界的建构为视域,心物之间呈现相互作用、彼此依存的关系。

从本体论上看,气所体现的是实然和本然,张载以气为本源,首先突出了实然的世界和本然的存在;理则不同于经验领域的实然而更多地展示了必然,朱熹在从经验层面肯定理气不可分的同时又强调理为生物之本,其关注之点主要指向了形上意义上的必然。相对于此,心物关系中的意义世界既不同于气所体现的本然存在,也有别于与理相联系的超验必然。在心与物的互为体用中,一方面,天道层面的存在与人道层面的存在以更内在的形式融合为一;另一方面,理的至上性、绝对性开始受到抑制:存在的意义不再由超验之理规定,而是由心(人的意识)所赋予。进而言之,在王阳明那里,心或心体具有二重性:它既包含作为当然的理,又内在于个体,后者不仅仅表现为特定的存在,而且与现实之身、情与意等相联系。身作为生命存在(血肉之躯),包含自然的规定;情与意既有人化的内容,又同时涉及天性(自然的趋向)。与之相应,由心体建构意义世界,同时蕴含着当然与自然的沟通。

如前所述,朱熹要求以天命之性超越气质之性、以道心主宰人心,表现出肯定理性本质优先于感性存在的趋向,与之所不同,王阳明明确地表示不赞同朱熹关于道心为主之说:

今日道心为主而人心听命,是二心也。②

---

① 《传习录下》,《王阳明全集》,第 124 页。
② 《传习录上》,《王阳明全集》,第 7 页。

这种责难的背后,是对过度强调理性优先的责难与批评。在王阳明看来,心体固然内含理,但它同时又与经验内容及感性存在相联系:"耳目口鼻四肢,身也,非心安能视听言动？心欲视听言动,无耳目口鼻四肢亦不能,故无心则无身,无身则无心。"①身更多地与感性规定相联系。"无心则无身",肯定的是人的感性存在及其活动无法离开心的制约；"无身则无心",则强调了心及其作用与感性存在的关联性。

从另一方面看,心不能离身(无身则无心),意味着心难以疏离于经验内容。心与情的关系,进一步表明了这一点:"喜、怒、哀、惧、爱、恶、欲,谓之七情。七者俱是人心合有的。"②相对于理性的灵明觉知,情感既与天性(自然)相联系,亦属于感性经验的序列,王阳明将七情视为人心的题中应有之义,同时意味着对先验的心体与经验的内容加以沟通。心同时与乐相涉:"乐是心之本体,虽不同于七情之乐,亦不外于七情之乐。虽则圣贤别有真乐,而亦常人之所同有。但常人有之而不自知,反自求许多忧苦,自加迷弃。虽在忧苦迷弃之中,而此乐又未尝不存。"③乐诚然有感性层面的快感与理性层面的愉悦之分,但乐的不同形态又都关乎情感的认同,后者不同于抽象的逻辑思维而涉及经验之域。

在理学的前后传承中,孔颜乐处一再成为关注之点。不过,在理学的正统二程与朱熹那里,孔颜之乐主要被理解为理性化的精神境界而与感性的情感相对,前文已提及,二程所谓"乐循理"便以理性的自觉("烛理明")为前提,这一意义上的"乐"显然不同于通常的情

---

① 《王阳明全集》,第90—91页。
② 《王阳明全集》,第111页。
③ 《王阳明全集》,第70页。

感。王阳明对乐的理解,与之有所不同。对王阳明而言,作为心之本体,乐总是无法离开自然之情,而并非仅仅与理相关。《传习录下》记载:"问:乐是心之本体。不知遇大故于哀哭时,此乐还在否? 先生曰:须是大哭一番方乐,不哭便不乐矣。虽哭,此心安处,即是乐也,本体未尝有动。"①就外在形式而言,哀哭似乎与乐相对,然而作为情感的表达形式,它也可以使人达到渲畅之乐。在此,王阳明所强调的是不应将情感的真实流露与心体对立起来。

从以上所论不难注意到,以心为体既有本体论的意义,又在更内在的层面涉及对人自身的理解。从心体出发,王阳明在抑制形上之理的超验性的同时,又从正面肯定了感性规定(包括情感)的存在意义,从而避免了以天命之性及道心所体现的理性本质过度地消解气质之性和人心所体现的感性规定。天道与人道的统一在这里进一步表现为对理性本质与感性存在的双重肯定。

心体的阐释所蕴含的对人的理解,同时构成了考察如何成就人格与如何成就行为的前提。事实上,在理学的系统中,对人的理解和规定,总是指向人格的成就与行为的成就,在这一思维路向上,王阳明与程朱并无不同,不过,对人的不同理解,则使他们对如何成就人格与如何成就行为形成了不同的看法。

怎样在日用常行中为善去恶,是理学所关心的问题之一。为善去恶离不开分别善恶,而善恶分辨则表现为一个知的过程(知善知恶)。如前所述,程朱突出穷理尽性,在某种意义上以"知当然"为"行当然"的逻辑前提。这一看法既在知行之辩上蕴含着知先行后的观念,又在道德实践中赋予致知以优先性。

就"知当然"与"行当然"的关系而言,王阳明未限于以上视域。

---

① 《王阳明全集》,第 112 页。

对他来说,格物致知与道德实践之间似乎具有更为复杂的关系。在评价朱熹的格物之说时,王阳明指出:

> 朱子所谓格物云者,在即物而穷其理也。即物穷理,是就事事物物上求其所谓定理者也。是以吾心而求理于事事物物之中,析心与理而为二矣。夫求理于事事物物者,如求孝之理于其亲之谓也。①

这里区分了在物之理与在心之理,前者是外在于人的"定理",后者则取得了心与理为一的形式。按王阳明的理解,即物而穷理,指向的是外在定理,停留于此,往往导致心与理的分离,难以达到二者的内在统一。在道德实践过程中,明其规范固然重要,但不能将它仅仅归结为对象性的理解过程。以孝而言,它的前提并不是在孝的对象(亲)之上去求"孝之理":求孝之理于其亲,既意味着规范与行为主体的分离,也容易将道德实践的根据对象化。王阳明对朱熹格物说的理解是否适当,无疑可以进一步讨论,从实质的方面看,他的如上责难的意义在于强调以孝等形式表现出来的道德行为无法离开内在的根据。

在王阳明那里,道德实践的内在根据,具体即表现为以良知、心体为形式的德性。作为道德行为所以可能的条件,德性的形成展开为一个实有诸己的过程:"良知即天理。体认者,实有诸己之谓也,非若世之想象讲说者之为也。"②所谓实有诸己,即是通过自身的体察与践履,使道德意识成为主体的内在德性。以良知为具体形态,这种内在德性同时构成了道德实践中真实的自我:"夫吾之所谓真吾者,良

---

① 《传习录中》,《王阳明全集》,第44—45页。
② 《与马子莘》,《王阳明全集》,第218页。

知之谓也。"①在这种真实的自我(真吾)中,穷理尽性的致知过程已内在于道德实践之中,知善知恶的理性意识与为善去恶的道德意向,也不再彼此分离。以真实的自我为道德认识和道德实践的主体,"知当然"与"行当然"之间的鸿沟,开始被跨越。

真实的德性不仅为沟通道德知识与道德实践提供了内在根据,而且规定着知与行的性质及作用方向。从知识及其作用看,如果缺乏内在的德性,则"知识之多,适以行其恶也;闻见之博,适以肆其辩也;辞章之富,适以饰其伪也。"②按其本来形态,知识带有某种价值中立的特点,可以用于不同的价值目的。相对于单纯的知识,德性已超越了价值的中立而具有善的定向,这种善的德性同时作为稳定的意识结构而逐渐凝结为主体的人格,并制约着知的作用方向。在逻辑的层面,实然之知不一定化为善的行为,但在价值的领域,内在的德性却为知识的正面作用提供了某种担保。

德性不仅制约着知识及其作用方向,而且构成了行为的内在引导力量。以良知而言,按王阳明的理解,作为德性或本真之我,良知同时表现为自我评价的准则。价值领域的评价固然涉及知识,但它又不同于事实领域的认知:善恶的判定总是为行为的选择提供了依据。在此意义上,价值评价不仅指向知善知恶,而且引向择善拒恶。王阳明以良知为内在准则,同时也确认了内在德性对行为的范导意义。

从现实的形态看,成就德性与成其德行往往难以分离。德行作为具体的道德行为,内在地关联着当然之则或普遍规范。如前所述,朱熹在沟通当然与必然的同时,又在某种程度上将当然之则视为必

---

① 《从吾道人记》,《王阳明全集》,第 250 页。
② 《传习录中》,《王阳明全集》,第 56 页。

然法则,从而使当然之则(理)对行为的制约多少带有强制的性质。与朱熹所突出的天理有所不同,作为德性的良知和个体存在有着更为切近的联系。良知既内在于个体,又包含情意等维度,它在某种意义上已扬弃了外在的形式,而王阳明也正是着重从真实的自我(真吾)这一角度对其加以规定。良知与天理(道心)的如上不同规定,蕴含了对道德行为的不同理解。朱熹要求行为出于普遍的理性规范,无疑注意到了道德行为应当是自觉的。然而,仅仅强调以普遍规范"命"我,不仅无法避免道德实践的他律性,而且往往容易使行为趋于勉强而难以达到自然向善。较之超验天理的外在命令,作为德性的良知更多地表现为主体的自我要求。良知固然也包含理性之维,但这种理性已与情意等相融合,成为实有诸己的存在。在天之所命的形式下,行为往往表现为对天理的外在服从。以良知引导自我,则意味着行为出于内在意愿。

基于以上看法,王阳明对行为的自愿性质予以了相当的关注,以为行其良知(依良知而行)的过程也就是一种求自慊的过程:"心得其宜之谓义。能致良知,则心得其宜矣,故集义亦只是致良知。君子之酬酢万变,当行则行,当止则止,当生则生,当死则死,斟酌调停,无非是致其良知,以求自慊而已。"[1] 宜即应当,主要体现为一种理性的要求,"当行则行,当止则止",指行为应合乎理性的准则;"自慊"则是由于行为合乎主体意愿而产生的一种愉悦感和满足感。在王阳明看来,行为固然应当得其宜(合乎理性的原则),但不能仅仅将其归结为对外在规范的服从,完美的行为在于"得其宜"与"求自慊"的统一。

与肯定求自慊相应,王阳明对出于人为与出于自然作了区分:

---

[1] 《传习录中》,《王阳明全集》,第73页。

"出乎心体,非有所为而为之者,自然之谓也。"① 出乎心体亦即本于德性,有所为而为则是以规范约束行为,前者表现为内在德性的自然流露,后者则具有人为努力的特征。良知作为德性,其作用方式也以自然为特点:

> 知是心之本体。心自然会知:见父自然知孝,见兄自然知弟,见孺子入井自然知恻隐,此便是良知,不假外求。②

以良知为内在根据,善的意向同时成为自然的趋向。这里的"外求",首先相对于在对象之上求外在定理而言。从外在定理出发,行为往往具有单向的依循、服从等特点,从而难以摆脱行为的勉强性、他律性,以德性为本,则向善便具有出于自然的品格:"出乎其心之所欲,皆自然而然,非有所强。"③ 王阳明以先天良知为自然向善之源,无疑表现为抽象的思辨之论,但其肯定内在德性与自然向善之间的联系,则不无所见。

按王阳明的理解,仅仅注重人为努力是不够的:"为学工夫有浅深。初时若不着实用意去好善恶恶,如何能为善去恶?这着实用意便是诚意。然不知心之本体原无一物,一向着意去好善恶恶,便又多了这分意思,便不是廓然大公。书所谓无有作好作恶,方是本体。"④ "着实用意"亦即有所为而为,它诚然不失为初步的入手工夫,但执着于此,往往不免趋于有意矫饰,所谓"多了这分意思"、"不是廓然大

---

① 《答舒国用》,《王阳明全集》,第 190—191 页。
② 《传习录上》,《王阳明全集》,第 6 页。
③ 《与黄宗贤》,《王阳明全集》,第 149 页。
④ 《传习录上》,《王阳明全集》,第 34 页。

公"便是就此而言。与之相对,"无有作好作恶"则是出乎心体(德性)之自然,它既非勉强服从外在规范,亦非刻意矫饰,从而体现了更高的行为境界。

当然,如前所述,以自然为更高之境,并不意味着放弃为学工夫。事实上,自然作为理想的行为境界,虽不限于自觉但又包含着自觉,正是这一点,使之区别与单纯的自发之境。当王阳明肯定"初时若不着实用意去好善恶恶,如何能为善去恶"时,他无疑也强调了自然之境需基于自觉的工夫。对王阳明而言,行为的自然向度有其内在根据,他以树木为喻,对此作了阐述:

> 譬之树木,这诚孝的心便是根,许多条件便是枝叶。须先有根,然后有枝叶,不是先寻了枝叶,然后去种根。《礼记》言:"孝子之有深爱者,必有和气;有和气者,必有愉色;有愉色者,必有婉容。"须是有个深爱做根,便自然如此。①

和气、愉色、婉容属行为过程中的自然体现,而其前提,则是先有"诚孝的心",后者构成了德性的具体内涵。唯有形成了真实的德性之后,个体才可能"冬时自然思量父母的寒,便自要去求个温的道理;夏时自然思量父母的热,便自要去求个凊的道理。"②王阳明在此特别区分了作为内在根据的德性(诚孝的心)与作为枝叶的"条件",这里的"条件"也就是特定境遇中行为的多样形式,前者作为本原,构成了自然向善(如冬时自然为父母求温、夏时自然为父母求凊)的前提,而它的形成,则离不开培养工夫。

---

① 《传习录上》,《王阳明全集》,第 3 页。
② 《传习录上》,《王阳明全集》,第 3 页。

如何理解道德行为的内在品格？前文已提及，程朱一系的理学着重突出的是行为的自觉之维，他们固然也注意到了自然与勉然等区分，但对天理、道心的强调，使其同时将自觉地服从理性规范放在更为优先的地位。相对而言，原始儒学则展示了更为开阔的理论视域。孔子在肯定仁知统一的同时，又强调自我的意向与意愿在行为过程中的作用："我欲仁，斯仁至矣。"①在这里，自我的意愿（意欲），构成了仁道价值理想得以体现的前提。由此出发，孔子进一步将"从心所欲，不踰矩"②视为人生的更高境界，"从心所欲"即出于内在意愿，"不踰矩"则是合乎普遍的理性规范，从道德实践的层面看，以上二个方面所体现的，是自觉与自愿的统一。仅仅肯定行为应出于理性之知，往往容易使理性规范变为外在强制，在程朱那里，我们已不难看到此种倾向。相对于程朱，孔子要求将自觉的合乎规范（不踰矩）与出于自我的内在意愿（从心所欲）结合起来，无疑体现了对道德行为的不同理解。

不过，合乎规范所体现的理性取向和从心所欲所内含的意志选择在某种意义上都仍是有意而为之。在理性的接受与意志的选择中，行为固然也可以取得自我决定的形式，但这种决定与有意而为之相联系，往往仍不免带有勉强的性质：基于理性自觉的意志选择，常常便伴随着对各种冲动的抑制，后者显然离不开内在的努力。同时，在理性的自觉与意志的选择中，对普遍规范的认同无疑居于更为主导的方面，而当这种认同衍化为无条件的内在服从时，行为便很难完全摆脱他律性：上述意义上的自我决定固然非出于外在强制，但仍以勉力服从为特点。如何扬弃行为的勉强性与他律性？在此显然应对

---

① 《论语·述而》。
② 参见《论语·为政》。

行为的情感维度予以特别的关注。如果对现实的道德实践作一较为完整的分析,便可注意到,除了理性的权衡与意志的选择之外,具体的道德行为总是同时包含着情感认同。相对于理性接受与意志选择的人为倾向,情感认同更多地表现出自然的向度。休谟已注意到,对善恶的情感回应,是一种出于天性的自然过程,这种理解当然不免有其经验论的局限,但肯定情感与自然的联系,却并非毫无所见。就道德行为而言,情感的认同确乎不同于人为的勉强,而具有自然的趋向;正如好好色、恶恶臭总是不假思勉一样,道德行为中的好善恶恶也并非有意为之。这种自然的趋向,使道德中的情感认同表现为自我的真诚要求。完善的道德行为既基于理性的判断,从而具有自觉的品格,又出于意志的选择和情感的认同,并相应地呈现自愿和自然的形态。以德性(良知)为行为的根据,王阳明在某种程度上已注意到道德行为的以上特征。

不过,王阳明固然通过赋予良知或心体以理性的规定而确认了自觉的原则,但与知识和德性的区分相联系,他在强调自然与自愿的同时,往往未能充分关注广义之知在道德实践中的作用。对王阳明而言,重要的首先是确认心体的本源意义,较之心体,广义之知可以悬而不论:"大端惟在复心体之同然,而知识技能非所与论也。"[1]这种看法显然包含内在偏向。事实上,缺乏必要的知识前提,不仅现实的道德行为难以具体落实,而且道德实践的自觉之维也将受到限制。尽管王阳明所说的良知包含道德层面的自觉意识,但他对更广意义上的知识技能却未能予以必要的关注,后者无疑限定了王阳明对道德行为的理解。

从理学的演进看,张载在以气为本源的前提下,从天道走向人

---

[1] 《传习录中》,《王阳明全集》,第55页。

道,并由此沟通了当然与实然。通过区分天地之性与气质之性,张载又突出了人作为理性存在的普遍规定,并由此进而彰显了人的伦理责任与道德使命,从而使理学的内在精神及价值取向得到确立。以理为第一原理,朱熹在分别经验世界与形上之域的同时,又赋予理以所以然和所当然二重规定,并由此联结了当然与必然,而在天命之性对气质之性的优先、道心对人心的主导中,人的理性本质被提到了更为突出的地位。然而,在这一进路中,人的多方面规定(包括感性的规定)却未能得到适当的定位。从心体(良知)出发,王阳明在以意义世界转换形上存在图景的同时,也多少扬弃了理的超验性和绝对性,而心体(良知)和个体存在的联系,则使理性本质之外的感性规定也获得了存在的根据;以身与心的互动、情与意的兼容为前提,价值领域的当然与自然也呈现彼此交融的形态。与价值理想、伦理责任与道德义务相联系的"当然"在理学之中无疑具有主导的地位,然而,在气论、狭义上的理学以及心学等不同系统中,"当然"分别与实然、必然、自然相沟通,后者既使理学呈现不同的形态,也蕴含了各自独特的理论意蕴。

初版后记

当本书的最后一个句号落下时,我的思绪不觉又回到了十年前。当时我正受教于冯契先生门下,博士论文刚完成,而论题也涉及王阳明的哲学。那是一段难忘的岁月,先生授业解惑的情景,至今仍历历在目。然而,在我再度回到王阳明哲学时,先生却已作古。遥忆当年,又一次唤起了我对先师的怀念。

哲学史上曾出现了不少具有原创性的哲学家,他们以其独特的思想魅力,吸引着后人不断对其回省。柏拉图、康德属于这一类的哲学家,王阳明也是如此。也许正是王阳明哲学内含的深沉意蕴,促发我在十年前初涉其思想之后,又延缓了牛津访学时(1994—1995年)所拟定的研究计划,再度把心学列为研究对象。当然,尽管涉及的对象相近,但前后切入的角度并不相同。作为博士论文的《王学通论》，主要着重于思潮的历史考察，本书则更多地以心学意蕴的理论阐释为内容。二者都力图体现历史与逻辑的统一，但在历史与逻辑的各自侧重上，则又有所不同。

本书所作的，当然仍是一种哲学史的研究。不过，哲学史的研究，总是很难离开哲学之思。黑格尔曾提出过一个著名的论点，即哲学是哲学史的总结，哲学史是哲学的展开。这一看法在学界虽然并不陌生，但真正理解和认同却不很容易。从现实的形态看，哲学史是在历史过程中展开的哲学，离开了从古希腊到现代西方的诸种哲学体系，也就没有西方哲学；同样，在先秦以来的百家众说之外，也不存在另一种中国哲学。撇开哲学的历史，便无法解决哲学究竟是什么的问题。就哲学思考与研究而言，一方面，哲学不能凭空构造，任何新的哲学建构都要以以往哲学提出的问题或积累的思维成果为出发点；另一方面，对哲学史的疏理阐释也总是以研究者的哲学观为"先见"，并渗入了研究者的哲学见解。在此意义上可以说，哲学史的研究同时也就是哲学的研究，历史的分疏与理论的阐发难以彼此相分。哲学与哲学史或思与史的这种统一，也可以看作是本书所试图体现的研究原则。

近代以前，中国哲学与西方哲学曾经过了不同的发展过程并形成了各自的传统，二者的这种发展基本上并不以彼此的影响为背景。然而，步入近代以后，中西哲学相互隔绝的历史便逐渐终结，对中国哲学来说，西方哲学的存在，已成为一种本体论的事实：无论是对古典哲学的诠释，抑或哲学的重建，都无法绕过这一事实。历史地看，与形式逻辑未受重视相应，中国哲学所展开的主要是实质的体系，而在形式的体系化这方面则显得较为薄弱；相对而言，西方哲学从早期开始便较为注重形式的体系化，对概念的界定、命题间的逻辑关系的阐释等亦往往比较清晰，在现代的分析哲学系统中，这一点表现得尤为明显。对传统哲学的任何阐释,都在不同程度上表现为一个逻辑重建的过程,后者总是涉及形式的体系化,而西方哲学在这方面无疑可以提供某些范式。当然,以西方哲学为研究背景以及运用比较研究的方式,如果处理不当,也可能带来某些问题,如比较导向比附、古人思想被现代化等,这种偏向无疑应当抑制。但是,不能因此而完全拒斥西方哲学的背景和比较研究的方法。如果无条件地贬抑西方哲学的范式与比较研究的方式,试图从中国哲学的研究中净化一切西方哲学的印痕,以为非如此则不足以纯化中国哲学,那就很难步入健全的进路。在中西哲学的相遇已成为一种本体论事实的历史条件下,以纯化的方式来研究中国哲学,只能是回到传统的经学式的疏解,这显然是非历史的:解释的历史性决定了它无法超越解释者所处的特定视域。事实上,人类思维固然因东西方的不同历史背景而呈现不同的特点,但它面对的问题往往又有相近之处;或者说,提问的方式及解决问题的理路有所不同,但问题的内涵又常常相通,后者为中西哲学之间深层面的比较与对话等提供了可能。正是在此意义上,王国维等早在本世纪初即已强调学无中西,而这一点同样构成了本书的视域。

历史上一切真正的哲学家,其思想往往很难通过一两次研究来穷尽。随着学与思的展开,我们总是可以"读"出更多的东西。从这一意义上看,本书所作的,也只是一次历史的解读,它的内容,不可避免地具有其自身的限度。

杨国荣

1996 年 6 月

2021年版后记

本书初版于1997年,由生活·读书·新知三联书店印行。出版后不久,便发现了若干讹误,虽然其中的部分讹误在不久以后出版于海外的繁体字版中得到校改,但简体字版却一直未能订正。2009年,作为我的著作集中的一种,该书由华东师范大学出版社再版,原书中某些讹误、脱漏也由此获得了补正的机会。2010年,中国人民大学出版社将其收入"当代中国人文大系",再次出版。2015年,生活·读书·新知三联书店将其作为我的"作品系列"中的一种,加以重版。

作为二十余年前的著作,本书在心学的研究之域已形成了其特定的意义,此次重版,对内容未作实质的改动,以保持其历史原貌。不过,为把握心学的源流和历史背景,书后增补了有关理学演变的文稿。

杨国荣
2021 年 1 月